21 世纪高职高专教材·物流管理系列

国际航空物流实务

（修订本）

李旭东　编著

清华大学出版社
北京交通大学出版社
·北京·

内 容 简 介

实践性强、立足前沿、国际化程度高是本教材的主要特色，教材的设计切实立足于工学结合模式，紧密结合工作岗位的实践技能、行业发展的前沿、业务操作的国际标准，采用"项目-任务"体例，对国际航空物流主要业务项目及典型工作任务进行深度剖析，重构知识与技能的学习框架，与同类教材相比，编排体系与内容让读者耳目一新。

全书分为 8 个项目，涵盖了国际航空物流业务的主要内容，同时加入了跨境电商航空物流、国际航空集约物流、国际航空危险品物流等诸多领域的最新内容。本书精选了大量前沿实务案例、业务单证、操作文件、运作流程、辅助性图片等材料，这些材料均来源于企业日常实践并融合了行业的国际标准。每个项目安排了若干实操训练任务，具有较强的指导性和实践性。

本书既可作为高职报关与国际货运、物流管理、国际商务等相关专业的教材，也可作为应用型本科国际物流、物流管理、国际贸易等相关专业的教材，还可作为国际物流企业的员工培训教材及工作参考用书。

本书封面贴有清华大学出版社防伪标签，无标签者不得销售。
版权所有，侵权必究。侵权举报电话：010-62782989 13501256678 13801310933

图书在版编目（CIP）数据

国际航空物流实务 / 李旭东编著. —北京：北京交通大学出版社：清华大学出版社，2017.1（2024.1 重印）
 ISBN 978-7-5121-3145-3

Ⅰ. ①国… Ⅱ. ①李… Ⅲ. ①国际运输-航空运输-货物运输-物流 Ⅳ. ①F560.84

中国版本图书馆 CIP 数据核字（2017）第 010094 号

国际航空物流实务
GUOJI HANGKONG WULIU SHIWU

责任编辑：赵彩云

出版发行：	清华大学出版社	邮编：100084	电话：010-62776969	http://www.tup.com.cn		
	北京交通大学出版社	邮编：100044	电话：010-51686414	http://www.bjtup.com.cn		

印　刷　者：北京虎彩文化传播有限公司
经　　　销：全国新华书店
开　　　本：185 mm×260 mm　印张：13.75　字数：352 千字
版　　　次：2020 年 8 月第 1 次修订　2024 年 1 月第 4 次印刷
书　　　号：ISBN 978-7-5121-3145-3/F·1666
定　　　价：45.00 元

本书如有质量问题，请向北京交通大学出版社质监组反映。对您的意见和批评，我们表示欢迎和感谢。
投诉电话：010-51686043，51686008；传真：010-62225406；E-mail：press@bjtu.edu.cn。

前　言

在我国产业转型升级加快、跨境电子商务迅猛发展、空港自贸区建设持续推进的新形势下，时间越来越显示出独特的价值。像电子通信、贵重物品、中高端服装、生鲜产品、精密仪器、安防产品、生物医药、新材料等科技含量或自身价值较高的产品，其特征是生命周期不断缩短、时效要求越来越高、市场敏感度高、交货期短，具有运量较小、运费承担能力较强等优势，对国际航空物流服务保持高度依赖性与强劲的市场需求。中国民用航空局统计数据显示，2015年至2019年，中国国际航线货邮运输量从184.8万吨增至241.91万吨，国际航线货邮周转量从140.4亿吨公里增至184.61亿吨公里；中国海关总署统计数据表明，2019年中国进出境飞机1 084 557架，比上一年增长7.9%；2020年，在受到疫情影响的情况下，虽然航空客运受到较大冲击，但我国航空物流逆势增长，以跨境电商为例，海外消费者的购物需求较多从线下转移到线上，带来出口跨境电商订单增长，尽管2020年第一季度我国外贸进出口整体水平下降6.4%，但海关跨境电商管理平台数据显示，跨境电商进出口仍增长34.7%；同时，中国民航局发布数据表明，截至2020年5月，全货机货邮运输量继续保持较快增长，当月共完成22.8万吨，同比增长21.8%。

我国国际航空物流业具有广阔的发展前景，需要高职院校培养大量高技能、高素质的国际航空物流人才，介绍国际航空物流业务知识与实操技能的教材不可或缺。目前，国际航空货运、国际货运代理（含空运）或物流运输方面的教材非常多，但是良莠不齐；虽然不少教材在结构和思路上体现了工学结合，但是在内容上却未真正实现与企业实践、发展前沿及国际标准紧密对接。相比之下，本书在这几方面有所突破，具有以下特色。

第一，实践性强。本书设计理念、素材、知识与技能来源于编写团队在企业的长期实践，多家世界500强国际航空物流企业的技术骨干也参与了教材的编写策划、体系与结构设计、内容选取等工作，提供了大量来自实践领域的第一手材料，完善和丰富了本书内容的实践性，保障了专业知识与技能的可操作性、实用性，因此本书是一本实际意义上的工学结合型教材。

第二，立足前沿。教材编写团队多年来在国际航空物流领域践行产学研相结合，长期参与国际航空物流企业生产实践、从事专业教学、提供技术研发服务，保障了教材内容的实时更新、与前沿实务的及时对接。本书涵盖了跨境电商航空物流、国际航空集约物流、国际航空危险品物流等领域的最新内容，站在国际航空物流领域实践发展的前沿，参考、借鉴了国内外许多学者与专家最新研究成果，查阅了大量专业著作和论文，比较系统地介绍了国际航空物流理论与实践的最新发展状况。

第三，国际化程度高。当前，我国国际航空物流企业在不同程度上缺失统一服务标准与操作规范，本书在结合我国国情的基础上，融入了IATA/FIATA的国际航空物流业务的国际标准，在内容上与国际规范紧密接轨，使学生所学知识与技能更能适应国际航空物流业务境内外操作一体化日益增强的岗位工作要求。

在体例上，本书突破传统教材结构，采用"项目-任务"体例，对国际航空物流主要业务项目及典型工作任务进行深度剖析，重构知识技能学习内容框架：以业务部门工作流程（营销揽货、物流操作、客户服务等）为主线，以主要工作岗位（营销员、操作员、客服员等）为载体，以典型工作任务为驱动。在学习内容的设计上，遵循以下思路：明确目标（能力目标、知识目标）——提出问题（通过引导资料导入工作背景、案例与任务）——分析问题（工作任务分解与知识技能讲解）——解决问题（提出应对措施、方法或解决方案）——巩固测评（知识技能测试与实操训练），不仅融入了岗位能力标准，还将职业素养要求、做事规则、文化要素等渗透其中，注重职业能力与职业素养双方面的培养。

本书作者曾在全球领先的国际航空物流企业——德国敦豪（DHL）公司任职11年，先后在广东分公司航空货运部、华南区市场营销部、中国区全球物流部等核心部门分别担任操作主管、全球客户经理、物流项目策划经理，任职期间三次获年度EOY（Employee of the Year）荣誉，现任广东交通职业技术学院物流管理系副教授，近年来先后被评为"教学名师""教学能手"，并多次获得"教学质量优秀奖"，已编著出版的教材主要有《国际航空货运实务》《国际物流与货运代理》《供应链管理》《物流运输管理实务》等。

全书由李旭东负责策划设计、统筹写作及最后统稿，李旭东负责编写项目2至项目7、李淑艳负责编写项目1、曾立雄负责编写项目8。在写作过程中，北京交通大学物流研究院博士生导师王耀球教授提出了非常宝贵的指导意见；德国敦豪公司的Norman Leung经理、美国联邦快递公司的Aroc Lee经理和美国卡特彼勒物流公司的Ken Wong经理等人对教材设计与内容规划提出了很多专业化建议，并提供了不少典型案例、业务数据和行业发展的最新资讯；何芷筠、陈华萍、郑海燕、郑美雪、陈燕然和曾俏玲认真细致地协助整理了基础性内容。本书参考、借鉴了国内外许多学者的研究成果，在结尾以参考文献的形式或在书中以案例的形式编写其中。在此，对以上提供支持和帮助的个人、单位、文献作者致以衷心、诚挚的谢意！

由于水平有限，本书难免存在疏漏和不足之处，敬请各位专家、同行及读者予以批评指正，以便逐步完善。

编　者

2020年6月

目　　录

项目 1　国际航空物流基础认知 ·· 1
　　任务 1.1　理解国际航空物流 ·· 2
　　　　1.1.1　国际航空物流的概念 ·· 2
　　　　1.1.2　国际航空物流企业 ·· 2
　　　　1.1.3　国际航空物流的特点 ·· 2
　　任务 1.2　认识国际航空物流组织 ·· 3
　　　　1.2.1　国际航空运输协会 ·· 3
　　　　1.2.2　国际民用航空组织 ·· 4
　　　　1.2.3　国际航空电信协会 ·· 5
　　　　1.2.4　中国航空运输协会 ·· 5
　　任务 1.3　计算飞行时间 ·· 6
　　任务 1.4　掌握国际航空 IATA 代码 ·· 8
　　　　1.4.1　国家/地区两字代码 ·· 8
　　　　1.4.2　机场三字代码 ·· 8
　　　　1.4.3　航空公司三字/两字代码 ·· 9
　　　　1.4.4　其他常用的 IATA 业务代码 ·· 11
　　任务 1.5　了解民用航空飞机 ·· 11
　　　　1.5.1　两大飞机制造商 ·· 11
　　　　1.5.2　民航飞机的分类 ·· 13
　　　　1.5.3　货机机型介绍 ·· 14
　　任务 1.6　思考与练习 ·· 16

项目 2　国际航空物流流程解析 ·· 19
　　任务 2.1　国际航空物流流程基础认知 ·· 20
　　　　2.1.1　业务流程的参与主体 ·· 20
　　　　2.1.2　核心主体——国际航空物流企业 ·· 20
　　　　2.1.3　国际航空物流企业的业务部门 ·· 21
　　任务 2.2　国际航空物流流程解析 ·· 22
　　　　2.2.1　营销揽货 ·· 23
　　　　2.2.2　物流操作 ·· 29
　　　　2.2.3　客户服务 ·· 38
　　　　2.2.4　费用结算 ·· 38
　　任务 2.3　思考与练习 ·· 39

项目 3　国际航空物流运费与运单 ·· 43
　　任务 3.1　运价与计费重量认知 ·· 44

    3.1.1 运价概述 ·· 44
    3.1.2 IATA 运价 ·· 44
    3.1.3 计费重量 ·· 45
  任务 3.2 普通货物运价与运费计算 ······························ 47
    3.2.1 概述 ·· 47
    3.2.2 经济分界点 ·· 48
    3.2.3 运费计算 ·· 49
  任务 3.3 指定商品运价与运费计算 ······························ 52
    3.3.1 概述 ·· 52
    3.3.2 指定商品分组与编码 ································ 52
    3.3.3 指定商品运价的使用规则 ···························· 53
    3.3.4 运费计算与运单填制 ································ 54
  任务 3.4 等级货物运价与运费计算 ······························ 57
    3.4.1 概述 ·· 57
    3.4.2 活动物运价与运费 ·································· 58
    3.4.3 贵重货物运价与运费 ································ 62
    3.4.4 书报杂志运价与运费 ································ 64
    3.4.5 作为货物运输的行李运价与运费 ······················ 65
  任务 3.5 国际航空运单基础认知 ································ 66
    3.5.1 概述 ·· 66
    3.5.2 国际航空运单的作用 ································ 67
    3.5.3 国际航空运单的构成 ································ 68
    3.5.4 国际航空运单的填开责任 ···························· 68
  任务 3.6 国际航空运单填制 ···································· 69
    3.6.1 填制的基本要求 ···································· 69
    3.6.2 各栏目填写规范 ···································· 69
  任务 3.7 思考与练习 ·· 76

项目 4 国际航空集约物流 ·· 82
  任务 4.1 国际航空集约物流基础认知 ···························· 83
    4.1.1 国际航空集约物流的概念 ···························· 83
    4.1.2 国际航空集约物流的主要类型 ························ 83
    4.1.3 国际航空集约物流的优势 ···························· 84
  任务 4.2 集运基础认知 ·· 84
    4.2.1 集运操作流程 ······································ 84
    4.2.2 集运与直运的区别 ·································· 86
    4.2.3 集运文件 ·· 86
  任务 4.3 集运运费与利润核算 ·································· 88
    4.3.1 集运收入核算 ······································ 88
    4.3.2 集运成本与利润核算 ································ 90

4.3.3 "密泡组合"重量差原理 …………………………………… 91
任务 4.4　集运运单填制 …………………………………………………… 92
　　　4.4.1 分运单与总运单对比 ………………………………………… 92
　　　4.4.2 分运单填写 …………………………………………………… 93
　　　4.4.3 总运单填写 …………………………………………………… 93
任务 4.5　包箱板运输 ……………………………………………………… 94
　　　4.5.1 集装器介绍 …………………………………………………… 94
　　　4.5.2 集装器与飞机货舱的适配 …………………………………… 98
　　　4.5.3 包箱板运输实务 ……………………………………………… 99
　　　4.5.4 包箱板集装操作 …………………………………………… 101
　　　4.5.5 集装箱利用率最大化 ……………………………………… 103
任务 4.6　包机运输 ……………………………………………………… 105
　　　4.6.1 包机运输定义 ……………………………………………… 105
　　　4.6.2 包机费用计算 ……………………………………………… 106
　　　4.6.3 包机运输实务 ……………………………………………… 106
任务 4.7　思考与练习 …………………………………………………… 108

项目 5　国际航空特货物流

任务 5.1　国际航空危险品物流 ………………………………………… 114
　　　5.1.1 国际航空危险品物流概述 ………………………………… 114
　　　5.1.2 法规介绍 …………………………………………………… 115
　　　5.1.3 培训规定 …………………………………………………… 116
　　　5.1.4 主要参与人的责任 ………………………………………… 118
　　　5.1.5 危险品的分类 ……………………………………………… 118
　　　5.1.6 危险品空运限制 …………………………………………… 123
　　　5.1.7 危险品识别 ………………………………………………… 127
　　　5.1.8 危险品包装 ………………………………………………… 128
　　　5.1.9 危险品包装的标记和标签 ………………………………… 130
　　　5.1.10 危险品文件 ………………………………………………… 133
　　　5.1.11 危险品收运 ………………………………………………… 134
　　　5.1.12 危险品存储 ………………………………………………… 135
　　　5.1.13 危险品装载 ………………………………………………… 135
　　　5.1.14 危险品应急处置 …………………………………………… 138
任务 5.2　鲜活易腐货物收运 …………………………………………… 140
　　　5.2.1 概述 ………………………………………………………… 140
　　　5.2.2 收运条件 …………………………………………………… 140
　　　5.2.3 收运操作 …………………………………………………… 141
任务 5.3　活动物收运 …………………………………………………… 141
　　　5.3.1 概述 ………………………………………………………… 141
　　　5.3.2 收运条件 …………………………………………………… 142

  5.3.3 收运操作 ············ 142
 任务5.4 贵重货物收运 ············ 144
  5.4.1 概述 ············ 144
  5.4.2 收运操作 ············ 144
 任务5.5 超大超重货物收运 ············ 145
  5.5.1 概述 ············ 145
  5.5.2 收运操作 ············ 146
 任务5.6 作为货物运送的行李收运 ············ 146
  5.6.1 概述 ············ 146
  5.6.2 收运条件 ············ 146
  5.6.3 收运操作 ············ 146
 任务5.7 思考与练习 ············ 147

项目6 跨境电商航空物流 ············ 152
 任务6.1 跨境电商航空物流基础认知 ············ 153
  6.1.1 跨境电子商务 ············ 153
  6.1.2 跨境电商航空物流及服务类型 ············ 154
 任务6.2 跨境电商国际航空快递 ············ 155
  6.2.1 国际航空快递概述 ············ 155
  6.2.2 国际航空快递运作流程 ············ 156
  6.2.3 快递运费计算 ············ 156
  6.2.4 跨境电商快递运单填制 ············ 159
  6.2.5 快递运单背面条款认知 ············ 160
 任务6.3 跨境电商海外仓物流 ············ 162
  6.3.1 海外仓物流概述 ············ 162
  6.3.2 海外仓物流运作流程 ············ 163
  6.3.3 中国境内新型海外仓——空港跨境电商保税仓 ············ 164
  6.3.4 海外仓物流费用及其计算 ············ 165
 任务6.4 跨境电商税收 ············ 170
  6.4.1 跨境电商零售进口税收政策 ············ 170
  6.4.2 跨境电商零售出口税收政策 ············ 171
 任务6.5 思考与练习 ············ 171

项目7 国际航空物流法规与应用 ············ 175
 任务7.1 国际航空物流法规认知 ············ 176
  7.1.1 国际航空公约：蒙特利尔公约 ············ 176
  7.1.2 中国航空法规：中国民航法 ············ 179
 任务7.2 国际航空物流事故的责任划分 ············ 180
  7.2.1 国际航空物流事故的概念 ············ 180
  7.2.2 国际航空物流事故的责任划分流程 ············ 180
  7.2.3 当事人与受雇人或代理人的责任划分 ············ 182

任务 7.3　国际航空物流事故的索理赔 ·· 183
　7.3.1　国际航空物流事故的发现 ·· 183
　7.3.2　索赔原则与条件 ·· 183
　7.3.3　索赔程序 ·· 184
　7.3.4　理赔 ·· 186
任务 7.4　国际航空物流事故处理案例分析 ·· 186
　7.4.1　案例：国际航空运输货物丢失的处理 ······························ 186
　7.4.2　案例：国际航空物流货物延误的处理 ······························ 187
　7.4.3　案例：国际航空物流部分货物受损的处理 ······················ 187
　7.4.4　案例：陆路运输期间货物受损的处理 ······························ 188
　7.4.5　案例：多个主体参与的国际航空物流事故的处理 ·········· 188
　7.4.6　案例：空中运输未开始的责任认定 ·································· 189
任务 7.5　思考与练习 ·· 189

项目 8　国际航空物流信息管理 ·· 193

任务 8.1　物流信息技术应用 ·· 194
　8.1.1　条码技术 ·· 194
　8.1.2　无线射频识别技术 ·· 196
　8.1.3　电子数据交换技术 ·· 198
　8.1.4　跟踪技术之 GPS ·· 200
　8.1.5　跟踪技术之 GIS ··· 202
　8.1.6　新一代信息技术 ·· 202
任务 8.2　物流信息管理 ·· 203
　8.2.1　国际航空物流信息管理概述 ·· 203
　8.2.2　国际航空物流信息管理系统 ·· 204
任务 8.3　思考与练习 ·· 206

参考文献 ·· 208

项目 1

国际航空物流基础认知

学习内容

理解国际航空物流;认识国际航空运输组织;计算飞行时间;掌握国际航空IATA代码;了解民用航空飞机。

能力目标

会正确计算飞行时间;能正确解释国际航空主要国家、机场、航空公司的 IATA 代码含义及常用的 IATA 业务代码含义;能熟练列举常用货机机型和查明主要参数。

知识目标

熟悉国际航空物流特点;了解国际航空运输组织;熟悉两大飞机制造商的系列机型及飞机的分类。

引导资料

国际航空物流业的好前景,从业者的好机遇

全球经济一体化的推进、国际市场需求灵活化和多样化发展,越来越凸显时间的独特价值。节约时间有利于抓住先机、降低风险与节约成本,是企业塑造核心竞争力的重要因素,于是科技含量高、市场敏感度高、时效性强、交货期短的产品越来越依赖国际航空物流服务。尤其是2005年以来,关税开始下降和第三方物流的快速兴起,为我国国际航空物流业提供了绝佳的外部环境,空运周转量呈稳增势头。中国民用航空局统计数据显示,2015年至2019年,中国国际航线货邮运输量从184.8万吨增至241.91万吨,国际航线货邮周转量从140.4亿吨公里增至184.61亿吨公里;中国海关总署统计数据表明,2019年中国进出境飞机1 084 557架,比上一年增长7.9%,而其他发达国家国际航空物流业增速则明显放缓,大多数国家增速在5%以下,英国、澳大利亚、日本还出现了负增长或零增长。

分析:我国国际航空物流业具有广阔的发展前景,为有志于从事这一行业的人士提供了

良好的发展机遇。然而，扎实掌握国际航空物流职业技能和专业知识是从业者必须具备的基本条件。本书从项目 1 的基础内容开始，全面介绍国际航空物流实务的知识和技能。

任务 1.1　理解国际航空物流

1.1.1　国际航空物流的概念

物流（logistics）是物品从供应地到需求地的实体流动过程。国际航空物流是以国际航空运输为核心、物品从境内供应地到境外需求地的实体流动过程，是以客户需求为中心，由国际航空运输、仓储、搬运装卸、包装、配送、信息处理、流通加工等服务功能组合而成的有机整体。本书不同项目的内容对上述功能介绍的侧重点不同，但是各项目在不同程度上都涵盖了国际航空物流的基本功能。国际航空物流的一般过程如图 1-1 所示。

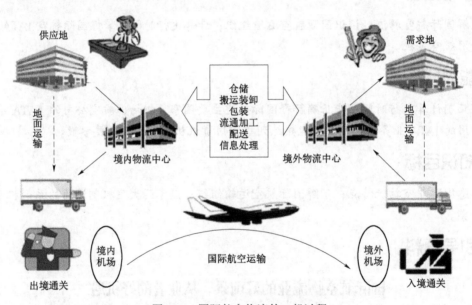

图 1-1　国际航空物流的一般过程

1.1.2　国际航空物流企业

国际航空物流企业是国际航空物流活动的主体，是国际航空物流服务的提供商（provider）。既可以理解为国际航空物流运作过程的参与型企业，包括提供国际航空运输、订舱配载、辅助性地面运输、货站服务、跨境通关、仓储与配送、单证与信息处理等服务的相关企业，也可以理解为整合上述各种服务的集成型企业。随着客户乃至市场对一站式服务需求的日益增长和行业的快速发展，集成型国际航空物流企业逐渐成为主流。

1.1.3　国际航空物流的特点

从时空角度，国际物流一般分为国际航运物流、国际航空物流、国际公路物流、国际铁路物流；与其他物流方式相比，国际航空物流具有非常鲜明的特点，主要包括以下几个方面。

1. 快捷高效

国际航空物流采用飞机作为运送货物的主要工具，现代喷气式飞机时速通常在 900 km 左右，最显著的特点就是速度快。当前市场竞争日益激烈，对运输速度要求高的货物越来越多，国际航空物流快捷高效的特点适应了这些货物的物流需求。全球经济一体化的发展，要求企业对国际市场的变化作出快捷灵敏的反应，及时抢占商机是竞争制胜的重要因素，如缩短国际贸易、跨境电商订单的交货期，新产品在海外及时上市而获取更高的利润等，都需要国际航空物流强有力的支撑才更容易实现。因此，从效率的角度看，国际航空物流适合时效要求高、市场敏感性强、交货期短等的货物（如高科技产品、时装、鲜活货物、季节性强的货物、紧急物资、部分危险品），这是其他物流方式所不具备的优势。

2. 安全可靠

在安全保障方面，与其他物流方式相比，国际航空物流的管制更为严格、完善，程序手续相对简单，中间环节较少，加上飞机运行比较平稳，在运输过程中发生货失货损的机会也就少得多。因此从安全的角度看，航空物流尤其适合精密仪器、价值高、易碎易破损等货物。

3. 空间广袤

空间广袤、跨度大是国际航空物流的另一个重要特征，在有限的时间内，飞机的空间跨度是最大的，宽体飞机的航程一般在 7 000 km 以上，目前最先进的货机之一 B747-8F 即使在最大载重（140 t）情况下航程仍可达到 8 275 km，足以完成跨洋飞行运输。

4. 运量小、运价高

由于飞机本身载重和容积的限制，国际航空物流的运量比航运、铁路小得多。快捷高效、安全可靠的优点和运量小的缺点，加上航空燃油价格持续上涨、碳排放限制等诸多因素，导致国际航空物流的运价较高。尽管如此，对于相当一部分货物来说，它具有的优势是其他物流服务所无法替代的，航空物流运价偏高的不利因素往往被它所提升的综合经济效益所抵消。同时，对于计费重量低至几十公斤乃至几公斤的轻小型货物，其他物流方式采取的起步运价往往超过了国际航空物流运价，甚至不接收这类货物。

综上所述，国际航空物流快捷高效、安全可靠、空间广袤的优势使交货周期大大缩短，充分实现了时间的独特价值，尤其适合科技含量高、价值高、安全要求高、市场敏感度高、时效性强、交货期短、轻小型的产品，因此，它在物流这个大系统中具有独特的重要地位，具有强劲的市场潜力和广阔的发展前景，在跨境商务贸易中发挥着越来越重要的作用。

任务 1.2　认识国际航空物流组织

1.2.1　国际航空运输协会

国际航空运输协会（International Air Transport Association，IATA）是各国航空运输企业之间的联合组织，它的前身是六家航空公司参加的国际航空业务协会，处理航空公司之间的业务以及其他方面的关系问题。1944 年，世界各国航空公司开始建立新的组织——国际航空运输协会，1945 年 4 月审议了协会章程，58 家航空公司签署了文件，1945 年 10 月，国际航空运输协会正式成立,在加拿大蒙特利尔召开第一届年会,并在此设立总部。IATA 标志如图 1-2 所示。

图 1-2　IATA 标志

1. 协会的宗旨和目标

(1) 为了世界人民的利益,促进安全、正常和经济的航空运输,扶植航空交通,并研究与此有关的问题。

(2) 为直接或间接从事国际航空运输服务的各航空运输企业提供协作的途径。

(3) 与国际民航组织及其他国际组织协力合作。

协会的目标是调解有关商业飞行上的法律问题,简化和加速国际航线的客货运输,促进国际航空运输的安全和世界范围内航空运输事业的发展。

2. 协会的基本职能

(1) 运价协调。国际航空运输协会通过召开运输会议确定运价,经有关国家批准后即可生效。第二次世界大战以后,确立了通过双边航空运输协定经营国际航空运输业务的框架。在此框架内,由哪一家航空公司经营哪一条航线及运量的大小,由政府通过谈判确定,同时,在旅客票价和货物运费方面也采用一致的标准,而这个标准的运价规则是由国际航空运输协会制定的。如有争议,有关国家政府有最后决定的权利。为便于工作,协会将全球划分为三个区域,一区包括北美洲和南美洲,二区包括欧洲、中东地区和非洲,三区包括亚洲(中东除外)、澳大利亚和太平洋地区。

(2) 运输服务。协会制定了一整套完整的标准和措施以便在客票、货运单和其他有关凭证以及对旅客、行李和货物的管理方面建立统一的程序,主要包括旅客、货运、机场服务三个方面,也包括多边联运协议。

(3) 代理事务。协会制定了代理标准协议,为航空公司与代理之间的关系设置了模式。协会举行一系列培训代理的课程,为航空销售业培养合格人员。

(4) 法律支持。协会的法律工作首先表现在为世界航空的平稳运作而设立文件和程序的标准,如合同;其次是为会员提供民用航空法律方面的咨询和诉讼服务;最后是在国际航空立法中,表达航空运输承运人的观点。

(5) 技术支持。协会在国际航空运输技术标准制定、技术研发与推广等方面起到了重要的作用,在技术领域开展了大量的工作,主要包括航空运输危险品规则、航空电子和电信、工程环境、机场、航行、简化手续及航空保安工作等。

1.2.2　国际民用航空组织

国际民用航空组织(International Civil Aviation Organization,ICAO)是各国政府组成的

国际航空运输机构，也是联合国的一个专门机构。1944年12月7日，52个国家（含中国）在美国芝加哥举行国际民用航空会议，签订了《国际民用航空公约》（通称《芝加哥公约》），1947年4月4日，《芝加哥公约》正式生效，国际民航组织也因之正式成立，并于5月6日召开了第一次大会。1947年5月13日，国际民航组织正式成为联合国的一个专门机构，总部设在加拿大的蒙特利尔。2013年9月28日，中国在加拿大蒙特利尔召开的国际民航组织第38届大会上再次当选为一类理事国。国际民航组织标志如图1-3所示。

图1-3　国际民航组织标志

国际民航组织的宗旨和目的在于发展国际航空的原则和技术，促进国际航空运输的规划和发展；保证全世界国际民用航空安全、有秩序地发展；鼓励为和平用途的航空器的设计和操作技术；鼓励发展国际民用航空应用的航路、机场和航空设施；满足世界人民对安全、正常、有效和经济的航空运输的需要；防止因不合理的竞争而造成经济上的浪费；保证缔约各国的权利充分受到尊重，每一缔约方均有经营国际空运企业的公平机会；避免缔约各方之间的差别待遇；促进国际航空飞行安全；促进国际民用航空的全面发展。

以上几条共涉及国际航空运输两个方面的问题，一方面为技术问题，如在航空安全领域持续制定、更新《危险品航空安全运输技术细则》（简称TI）；另一方面为经济和法律问题，主要是公平合理，尊重主权。两方面的共同目的是保证国际民航安全、正常、有效和有序地发展。

1.2.3　国际航空电信协会

1949年12月23日，荷兰、法国、英国、瑞士等11家欧洲航空公司代表在布鲁塞尔成立了国际航空电信协会（Society International De Telecommunication Aero-nautiques，SITA），它是联合国认可的一个非营利组织，是世界航空运输业领先的电信和信息技术解决方案的集成供应商。SITA不仅为各国航空公司提供网络通信服务，还提供共享系统，如机场系统、行李查询系统、货运系统、国际票价系统等。为适应航空运输的快速发展，SITA的发展策略由原来的网络提供者转变为一个整体方案的提供商，SITA为航空运输企业提供互联网与企业内部网之间的整合性解决方案。

1.2.4　中国航空运输协会

中国航空运输协会（China Air Transport Association，CATA），是依据我国有关法律规定，以民用航空公司为主体，由企、事业法人和社团法人自愿参加，不以营利为目的，经中华人民共和国民政部核准登记注册的全国性社团法人,由中国航空集团公司牵头,中国东方航空集团公司、中国南方航空集团公司、海南航空股份公司、上海航空股份公司、中国民用航空学院(中国民航大学前身)、厦门航空有限公司、深圳航空有限责任公司、四川航空股份公司九家单位发起,成立于2005年9月。

中国航空运输协会的基本宗旨:遵守宪法、法律法规和国家的方针政策,按照社会主义市场经济体制要求,努力为航空运输企业服务,为会员单位服务,为旅客和货主服务,维护行业和航空运输企业的合法权益,促进中国民航事业健康、快速、持续地发展。

CATA航空运输资质是指由中国航空运输协会颁发的经营民用航空旅客运输和货物运输的销售代理资格,是正规代理商所必备的资质。代理资格主要根据经营航线分为一类资格与二类资格。一类航空运输销售代理资格,是指经营国际航线或者中国香港、澳门、台湾地区航线的民用航空旅客运输和货物运输销售代理资格。二类航空运输销售代理资格,是指经营国内航线除香港、澳门、台湾地区航线外的民用航空旅客运输和货物运输销售代理资格。

任务1.3 计算飞行时间

 小资料

国际时区

1884年在华盛顿召开的一次国际经度会议(又称国际子午线会议)上,规定将全球划分为24个时区(东、西各12个时区),每个时区横跨经度15°,时间正好是1小时,每个时区中央经线上的时间就是这个时区内统一采用的时间,称为区时。并且规定,通过英国格林威治天文台原址的经线为本初子午线,即0°经线,0°经线向东向西各跨经度7.5°构成中时区,中时区的区时被称为世界标准时,即Greenwich Mean Time(GMT);最后的东西第12时区以东、西经180°为界,各跨经度7.5°。国际时区划分如图1-4所示。

飞行时间是指自始发地机场至目的地机场之间的航空运输时间,包括中转时间。

国际航班时刻表上的出发和到达时间都是以当地时间(local time)公布的(但实际飞行常受风向等因素的影响,实际到达时间和公布到达时间有时会有差异),所以,计算航班的飞行小时,要将起飞和到达的当地时间换算成世界标准时,或者在起飞当地时间和到达当地时间之间进行换算。计算步骤如下。

首先,查出始发地与目的地的标准时间。

然后,将始发地与目的地的时间换算成同一时间,有两种方法:一是将两地的时间换算成GMT时间,二是将一地的时间换算成另一地的时间。

最后,用到达时间减去起飞时间。

项目 1　国际航空物流基础认知

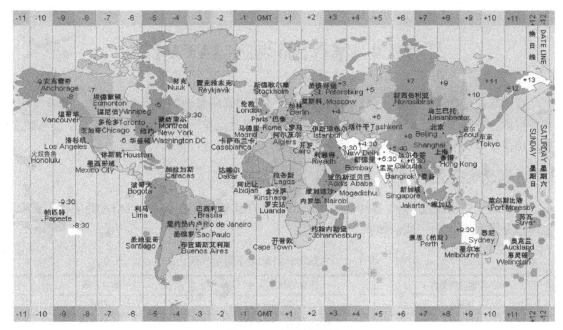

图 1-4　国际时区划分

[例]

某货物从北京（IATA 代码：PEK）空运到华盛顿（IATA 代码：IAD），飞机从北京起飞时间为 9 月 10 日 9:44，到达华盛顿时间为同日 15:30，计算该航班的飞行时间。

[解]

查出起飞和到达城市的标准时间：北京为 GMT+08:00，华盛顿为 GMT-05:00。

➢ 方法 1：将起飞时间和到达时间换算成 GMT

（1）将起飞时间与到达时间换算成 GMT：

北京 GMT=9:44-8:00=GMT 1:44

华盛顿 GMT=15:30+5:00=GMT 20:30

（2）用到达时间减去起飞时间：

飞行时间=20:30-1:44=18:46，即 18 时 46 分。

➢ 方法 2：将一地的时间换算成另一地的时间

（1）将一地的时间换算成另一地的时间：

华盛顿和北京的两地时差=8:00+5:00=13:00，前者比后者早 13 小时。

将华盛顿时间换算成北京时间=15:30+13:00=28:30

（2）用到达时间减去起飞时间：

飞行时间=28:30-9:44=18:46，即 18 时 46 分。

以方法 2 为例，解题过程可简写如下：

Time lag=5:00+8:00=13:00

IAD time→PEK time=15:30+13:00=28:30

【完整表达：IAD time changed (converted) as PEK time=15:30+13:00=28:30】

Flying time=28:30-9:44=27:90-9:44=18:46

7

任务 1.4 掌握国际航空 IATA 代码

在国际航空物流过程中，IATA 规定的各种业务代码所起到的作用非常显著，具有简洁、节省资源、容易识别及高效沟通等优点，有利于克服货运单证篇幅的限制、有利于提高航空货运操作效率和准确率，在此对国际航空货运的主要代码进行重点介绍。

1.4.1 国家/地区两字代码

在国际航空物流过程中，各种业务单证和信息的国家/地区名称采用 IATA 两字代码表示，全球部分国家/地区两字代码如表 1-1 所示。

表 1-1 全球部分国家/地区两字代码

国家/地区中文名	国家/地区英文名	两字代码
中国	China	CN
中国香港	Hong Kong SAR, China	HK
中国台湾	Chinese Taipei	TW
韩国	Korea	KR
日本	Japan	JP
新加坡	Singapore	SG
泰国	Thailand	TH
马来西亚	Malaysia	MY
印度	India	IN
澳大利亚	Australia	AU
英国	United Kingdom	GB
德国	Germany	DE
法国	France	FR
荷兰	Netherlands	NL
意大利	Italy	IT
美国	United States	US
加拿大	Canada	CA
巴西	Brazil	BR
阿根廷	Argentina	AR
南非	South Africa	SA
埃及	Egypt	EG
尼日利亚	Nigeria	NG

1.4.2 机场三字代码

国际航空货运业务单证和信息的机场名称采用 IATA 三字代码表示，小部分机场代码与机场所在城市的代码一致，如深圳机场代码与城市代码都是 SZX、天津都是 TSN；但是大部分机场代码与机场所在城市的代码不同,如北京机场代码是PEK,而北京的城市代码是BJS,巴黎戴高乐机场代码是CDG,而巴黎的城市代码是PAR,伦敦希思罗机场代码是LHR,而伦敦的城市代码是LON,因此应仔细辨别识记。表1-2是全球部分国际机场的IATA三字代码。

表1-2 全球主要国际机场IATA三字代码

序号	所在国家	机场中文名	机场英文名	三字代码
1	中国	北京首都	Beijing Capital	PEK
2	中国	北京大兴	Beijing Daxing	PKX
3	中国	广州白云	Guangzhou Baiyun	CAN
4	中国	深圳宝安	Shenzhen Baoan	SZX
5	中国	上海浦东	Shanghai Pudong	PVG
6	中国	上海虹桥	Shanghai Hongqiao	SHA
7	中国	香港赤鱲角	Chek Lap Kok	CLK
8	中国	台北桃园	Taipei Taoyuan	TPE
9	日本	东京成田	Narita	NRT
10	日本	大阪关西	Kansai	KIX
11	韩国	首尔仁川	Seoul Incheon	ICN
12	新加坡	新加坡樟宜	Singapore Changi	SIN
13	阿联酋	迪拜	Dubai	DXB
14	澳大利亚	悉尼	Sydney	SYD
15	英国	伦敦希思罗	London Heathrow	LHR
16	德国	法兰克福	Frankfort	FRA
17	法国	巴黎戴高乐	Paris Charles De Gaulle	CDG
18	荷兰	阿姆斯特丹史基辅	Amsterdam Schiphol	AMS
19	美国	孟菲斯	Memphis	MEM
20	美国	纽约约翰肯尼迪	John F Kennedy	JFK
21	美国	休斯敦	Houston	HOU
22	美国	洛杉矶	Los Angeles	LAX
23	美国	旧金山(三藩市)	San Francisco	SFO
24	巴西	圣保罗	Sao Paulo-Guarulhos	GRU
25	南非	约翰内斯堡	Johannesburg	JNB

1.4.3 航空公司三字/两字代码

在国际航空货运业务中,航空公司的信息既采用IATA三字代码,也采用两字代码。航空运单与机票号码中的航空公司信息采用前缀三字代码(阿拉伯数字),航班号中的航空公司信息采用前缀两字代码(英文字母)。表1-3是全球部分航空公司的IATA代码;表1-4是全球部分货运航空公司的IATA代码。

表1-3 全球部分航空公司 IATA 代码

航空公司英文名称	航空公司中文名称	运单与机票号码前缀三字代码	航班号前缀两字代码
US Airways	美国航空	037	US
Delta Airlines	美国达美航空	006	DL
United Airlines	美国联合航空	016	UA
Southwest Airlines	美国西南航空	526	WN
China Southern Airlines	中国南方航空	784	CZ
China Eastern Airlines	中国东方航空	781	MU
Fedex Express	美国联邦快递	023	FX
Air China	中国国际航空	999	CA
KLM Royal Dutch Airlines	荷兰皇家航空	074	KL
Air Canada	加拿大航空	014	AC
Lufthansa Airlines	德国汉莎航空	020	LH
British Airways	英国航空	125	BA
Air France	法国航空	057	AF
Cathay Pacific	香港国泰航空	160	CX
China Airlines	台湾中华航空	297	CI
Emirates Airlines	阿联酋航空	176	EK
Qatar Airways	卡塔尔航空	157	QR
Singapore Airlines	新加坡航空	618	SQ
Korean Air	韩国大韩航空	180	KE
All Nippon Airways	全日空航空	205	NH
Malaysia Airlines	马来西亚航空	232	MH
Thai Airways	泰国航空	217	TG
India Airlines	印度航空	058	IC
Qantas Airways	澳洲航空	081	QF
Lanchilie Airlines	智利国家航空	045	LA
Ethiopian Airlines	埃塞尔比亚航空	071	ET

表1-4 全球部分货运航空公司 IATA 代码

航空公司英文名称	航空公司中文名称	运单前缀三字代码	航班号前缀两字代码
Air China Cargo	中国国际货运航空（国货航）	999	CA
China Cargo Airlines	中国货运航空（中货航，属东航）	112	CK
Yangtze River Express Airlines	扬子江快运航空	871	Y8
Fedex Express	美国联邦快递	023	FX
United Parcel Service	美国联合包裹服务	406	5X
DHL Airways	德国敦豪航空	423	ER
Lufthansa Cargo	德国汉莎货运航空	020	LH

续表

航空公司英文名称	航空公司中文名称	运单前缀 三字代码	航班号前缀 两字代码
Cargolux Airlines	卢森堡货运航空	172	CV
Cathay Pacific Cargo	香港国泰货运航空	160	CX
Korean Air Cargo	韩国大韩货运航空	180	KE
China Airlines Cargo	台湾中华货运航空	297	CI
Eva Air Cargo	台湾长荣货运航空	695	BR

1.4.4 其他常用的 IATA 业务代码

在国际航空货运业务单证和信息中经常用到一些缩写，这些缩写也是以代码形式表示的，掌握这些代码有助于提高业务操作及沟通效率。表 1-5 为其他常见的 IATA 业务代码。

表 1-5 其他常见的 IATA 业务代码

代码	英文全称	中文全称
SLI	SHIPPER'S LETTER OF INSTRUCTION	托运书
AWB	AIR WAYBILL	航空运单
HWB	HOUSE AIR WAYBILL	航空分运单
MWB	MASTER AIR WAYBILL	航空总运单
AWC	AIR WAYBILL CHARGE	航空运单费
NVD	NO VALUE DECLARED	无声明价值
NCV	NO COMMERCIAL VALUE	无商业价值
FSC（MYC）	FUEL SURCHARGE	燃油附加费
GCR	GENERAL CARGO RATE	普通货物运价
SCR	SPECIAL COMMODITY RATE	指定商品运价
CCR	COMMODITY CLASSIFICATION RATE	等级货物运价
GW/VW/CW	GROSS WEIGHT/VOLUME WEIGHT/CHARGEABLE WEIGHT	毛重/体重/计重
ULD	UNIT LOAD DEVICE	集装器
DGR	DANGEROUS GOODS REGULATIONS	危险品规则
LAR	LIVE ANIMALS REGULATIONS	活动物规则
SDR	SPECIAL DRAWING RIGHT	特别提款权

任务 1.5　了解民用航空飞机

1.5.1 两大飞机制造商

1. 美国波音公司（Boeing）

成立于 1916 年，由威廉·爱德华·波音创建，全球航空航天业的领先公司，总部位于芝加哥。1997年波音公司与另一个飞机制造巨头美国麦道公司强强合并，成为世界上最大的民用和军用飞机制造商。该公司生产的民用运输机主要产品包括：B717、B727、B737、B747、B757、B767、B777、B787系列飞机，提供从100座级别到500多座级别以及货运专用型号在内的各种民用运输机。全球同时在现役运营波音民用飞机有上万架之多。近年波音公司已经开发出B787系列飞机，目前重点研发波音797产品项目。

2. 空中客车公司（Airbus）

1970年在法国成立，总部在图卢兹，创立公司的国家包括法国、德国、西班牙与英国，是一个欧洲联合企业，其创建的初衷是为了同波音和麦道那样的美国公司竞争。空中客车的生产线是从A300机型开始启动的，该机型是世界上第一个双通道、双引擎的飞机，发展到A320机型时就获得了巨大的商业成功，产品系列主要包括：A300、A310、A318、A319、A320、A330、A340、A350、A380系列飞机。目前空中客车的三个装配厂分别位于法国图卢兹、德国汉堡及中国天津。波音与空客公司主要民用机型简介如表1-6、表1-7所示。

表1-6 波音公司主要民用机型简介

主要机型	载客量	客舱布局	最大航程/km	动力装置	机型特点
707系列	174人	3-3	5 800	四台JT3D-3B	波音在KC-135基础上研制成功的民用客机
717系列	106人	2-3	3 815	两台BR7151	由MD95发展而来短程高频率的支线客机
727系列	145人	3-3	4 600	三台JT8D-17	世界上首款投入商业运营的三发喷气客机
737系列	110~215人	3-3	5 665	两台CFM56-3	迄今为止世界航空史上最成功的民航客机
747系列	416人	3-4-3	13 450	四台PW4062	波音公司生产的四发远程宽机身运输机
757系列	289人	3-3	6 426	两台RB-211	能够在全世界几乎所有机场运营的机型
767系列	181~375人	2-3-2	10 196	两台PW4000	第一种采用双人制驾驶舱的宽体飞机
777系列	440人	3-4-3	14 316	两台PW4077	迄今为止世界上最大的双发喷气飞机
787系列	289人	3-4-3	15 700	两台遄达1000	低油耗，高巡航速度，舒适的客舱环境

表1-7 空客公司主要民用机型简介

主要机型	载客量	客舱布局	最大航程/km	动力装置	机型特点
A300系列	361人	2-4-2	7 500	两台CF6-80C2	第一架只需两位飞行员驾驶的宽体客机
A310系列	250人	2-4-2	7 963	两台CF6-80C2	A300B基础上研制的200座级中短程客机
A320系列	186人	3-3	5 000	两台CFM56-5	单通道飞机最宽敞的机身
A330系列	253~380人	2-4-2	16 700	两台CF6-80E1	现役空客飞机中航程最远的双发飞机
A340系列	380人	3-4-3	14 360	四台CF6-80E1	先进大型四发远程宽体客机
A350系列	253人	2-4-2	16 300	两台GEnx	拥有无与伦比的低油耗和经济性
A380系列	555人	3-4-3	15 000	四台遄达900	全球首款全机身长度双层客舱4通道客机

1.5.2 民航飞机的分类

1. 按机身宽窄分类

按机身宽窄分类,可分为宽体飞机和窄体飞机。

宽体飞机指的是机身宽度直径 5 至 6 m 以上的飞机;对于客机而言,至少有两条走道,经济舱座位每排有 7 至 10 个,通常可搭载 200 至 500 人。

窄体飞机指的是机身直径在 3 到 4 m 之间的飞机;对于客机而言,只有一条走道,经济舱座位一排有 2 到 6 个座位,通常可搭载 200 人以下。

常用宽体机型和窄体机型见表 1-8。

表 1-8 常用宽体机型和窄体机型

常用宽体机型	常用窄体机型
B747	B707
B767	B717
B777	B727
B787	B737
DC-10	B757
MD-11	DC-8
A300/310	DC-9
A330/340	MD-80
A350/A380	A320

2. 按主要用途分类

按主要用途分类,可分为货机、客机、客货混用机。

(1) 货机 (cargo aircraft 或 air freighter),是以包机或定期航班的形式专门运输货物的飞机,其主舱和下舱全部用来载货,货机型号末位通常为字母 F (代表 freighter)。

(2) 客机,是以定期航班的形式载运旅客的飞机,但实际上大多数客机的下舱也用来载货。

主要宽体货机 B747-400F 和主要宽体客机 B747-400 的机舱结构对比如图 1-5 所示。

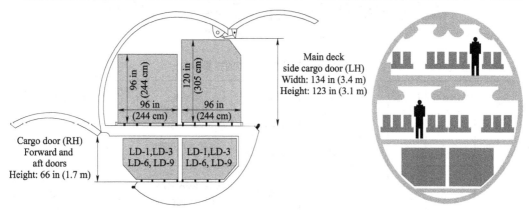

图 1-5 B747-400F(左)与 B747-400(右)机舱结构对比

（3）客货混用机，通常主舱一部分载客、另一部分载货，下舱内也可装载货物，此类机型为数不多，实践中使用也少。

1.5.3 货机机型介绍

很多干线机型都有专门的货机型号，如 B747 的 B747-400F、A300 的 A300-600F，都是全货机。全货机机舱一般设计为集装设备型货舱，货舱地板大多数配置了滚轴及集装器固定系统，便于配载集装板和集装箱。

目前，大多数货机由客机改装而成；为了载货的需要，除了将客舱内的座椅、装饰和服务设施拆卸外，还要将地板加强，提高承压能力；在货舱前侧设置较大的货舱门，门的高度在 2 m 以上，宽度超过 3 m；货机还装设地板滚轮（棒）系统和起重吊车等，便于装卸货物；一些货机在必要时可以恢复成客机或客货混用机，这种飞机通常称为可转换飞机。

专门为货运而设计的民用飞机较少，目前主要机型有最常用的 B747-400F 货机，最新的 B747-8F 货机，以及迄今为止最大的安-225 货机。

1. 常用货机机型

目前的全球航空货运市场上，货机与客机一样，由波音、空客两大公司的系列产品唱主角，常用货机机型主要包括 B747-400F、B777-200F、B737-300F、A300-600F、A330-200F，除了 B737-300F 为窄体货机，其他全为宽体货机，以适应航空货运市场对运力的强劲需求；其中，仅 B747 系列货机的运力就占全球航空货运总运力的一半左右。B747-400F 货机如图 1-6 所示。常用货机机型的主要参数如表 1-9 所示。

图 1-6 B747-400F 货机

表 1-9 常用货机机型的主要参数

常用机型	货运业务载量/t	货舱容积/m³	舱门尺寸 宽×高/cm	地板承受重量/(kg/m²)	可装载集装板数量	收货重量限制/kg	收货尺寸限制 宽×高(×长)/cm
B737-300F	14.5	98.3	主舱 269×168 散舱 121×86	主舱 976 散舱 732	主舱 8 P1P/P6P	3 175	主舱 259×158 散舱 111×76
B747-400F	120	726	主舱 340×305 前舱 264×168 后舱 264×168 散舱 119×112	主舱 1952 前舱 976 后舱 976 散舱 732	主舱 30PAG+PMC 前舱 5 P1P/P6P 后舱 4 P6P	3 730	主舱 330×295 前舱 270×158 后舱 270×158 散舱 109×102

续表

常用机型	货运业务载量/t	货舱容积/m³	舱门尺寸宽×高/cm	地板承受重量/(kg/m²)	可装载集装板数量	收货重量限制/kg	收货尺寸限制宽×高(×长)/cm
B777-200F	115	650	主舱 362×305 前舱 269×168 后舱 269×168 散舱 121×90	主舱 1952 前舱 976 后舱 976 散舱 732	主舱 22 P1P/P6P 前舱 8 P1P/P6P 后舱 6 P6P	2 800	主舱 352×295 前舱 259×158 后舱 259×158 散舱 111×80
A300-600F	54.5	378	前舱 270×178 后舱 181×171 散舱 95×95	前舱 1050 后舱 1050 散舱 732	前舱 33 P1P/P6P 后舱 13 P1P/P6P	2 800	前舱 260×168 后舱 171×161 散舱 85×85
A330-200F	69	533	前舱 244×170 后舱 244×170 散舱 95×95	前舱 1050 后舱 1050 散舱 732	前舱 37 P1P/P6P 后舱 13 P1P/P6P	2 800	前舱 234×160 后舱 234×160 散舱 85×85

2. 最先进货机

随着 2005 年空中客车 A380 首飞成功和投入运营，波音 B747 垄断大型远程民航飞机市场的格局被打破，波音公司一方面研发新一代机型 B787，另一方面着手改进波音 B747，研制其加长型飞机——B747-8，2007 年的单位造价为 2 855 万～3 000 万美元。

B747-8F 是专门为货运而设计的 B747-8 的货机型号，属于 747-400F 货机的衍生品。B747-8F 的载货量和空间比 B747-400F 大 16%，并且融合了 B787 最先进的技术，噪声更低，燃油经济性更强，废气排放也更少，是目前世界上最先进的货机。其主要技术参数如下。

- 机长：76.40 m。
- 翼展：68.50 m。
- 机高：19.40 m。
- 货舱容积：854 m³（主舱 688 m³，下舱 166 m³），比 B747-400F 多装 4 个主舱集装板和 3 个下货舱集装板。
- 载货重量：140 t。
- 航程：8 275 km（最大载重）。
- 发动机：4 台 GEnx-2B67，推力 66 500 磅。

首架 B747-8F 于 2010 年 2 月试飞成功，随后投入运营。B747-8F 货机如图 1-7 所示。

图 1-7　B747-8F 货机

3. 最大货机

安–225（Antonov-225）"梦幻"运输机是迄今为止全世界最大的货物运输机，比最大的客机 A380 还要大，被誉为"超级空中巨无霸"，由现属乌克兰的安托诺夫（Antonov）设计局开发，是原本用于苏联太空计划的航空运输设备，在 1988 年 12 月 21 日首度试飞。

2020 年 4 月 12 日 23 点 10 分，天津滨海国际机场迎来了安–225 运输机。这是这架全世界仅生产了一架的巨型运输机第二次来到天津，第一次是备降。随着新冠疫情在全球范围的蔓延，全球多国派飞机来中国运输防疫物资。安–225 这次来中国是其在乌克兰进行了长达一年多的维护和升级后的首次商业飞行。

- 机长：84.00 m。
- 翼展：88.40 m。
- 机高：18.20 m。
- 货舱尺寸（长×宽×高）：43.0 m×6.4 m×4.4 m，货舱容积约 1 210 m³。
- 载货重量：250 t。
- 最高速度：850 km/h。
- 航程：4 000 km（最大载重），9 600 km（100 t 载重）。
- 发动机：6 台 229.5 kN（23.4 t）D-18T 涡扇。

图 1–8　安–225 运输机

任务 1.6　思考与练习

（一）单选题

1. （　　）是各国航空运输企业之间的联合组织。
   A. IATA　　　　B. ICAO　　　　C. SITA　　　　D. CATA

2. （　　）是各国政府之间的国际航空运输机构。
   A. IATA　　　　B. ICAO　　　　C. SITA　　　　D. CATA

3. （　　）是联合国认可的一个非营利组织，是世界航空运输业领先的电信和信息技术解决方案的集成供应商。

  A. IATA   B. ICAO   C. SITA   D. CATA

4. IATA 的国家/地区代码中 GB 代表（　　）。

  A. 中国   B. 法国   C. 英国   D. 德国

5. 香港赤鱲角机场的 IATA 代码是（　　）。

  A. HKG   B. CLK   C. HOK   D. HLK

6. 中国国际航空公司的 IATA 三字代码为（　　）。

  A. 781   B. 784   C. 789   D. 999

7. 中国南方航空公司的 IATA 二字代码为（　　）。

  A. CX   B. CZ   C. MU   D. CA

8. 在常见的 IATA 业务代码中，MWB 代表（　　）。

  A. 航空运单   B. 航空主运单   C. 航空分运单   D. 舱单

9. 在常见的 IATA 业务代码中，NVD 代表（　　）。

  A. 航空运单   B. 运费到付   C. 无声明价值   D. 无商业价值

10. （　　）机型不是宽体机。

  A. B747   B. A380   C. B737   D. A340

（二）多选题

1. 国际航空物流企业可提供的服务包括（　　）。

  A. 国际空运、代理订舱   B. 地面运输、货站服务

  C. 跨境通关   D. 仓储与配送

2. IATA 机场代码错误的有（　　）。

  A. 上海浦东机场：SHA   B. 广州白云机场：GZH

  A. 深圳宝安机场：SZX   D. 北京首都机场：BJG

3. 民用航空飞机按机身的宽窄可以分为（　　）。

  A. 货机   B. 宽体飞机   C. 窄体飞机   D. 客机

4. 民用航空运输飞机按用途不同可以分为（　　）。

  A. 货机   B. 客机   C. 客货混用机   D. 宽体飞机

5. 常用货机中的宽体机型包括（　　）。

  A. B747-400F   B. B737-300F   C. A300-600F   D. 330-200F

（三）判断题

1. 中国航空运输协会是以民用航空公司为主体、不以营利为目的的全国性社团法人。（　　）

2. 国际航空运输协会与国际民航组织的英文简称分别为 IATA 和 ICAO。（　　）

3. B737 和 A320 分别是波音公司和空客公司的窄体机型。（　　）

4. 上舱载客、下舱载货的飞机称为客货混用机。（　　）

5. 客机只能载客不能载货。（　　）

6. B747-400F 的货舱分为上舱、主舱和下舱。（　　）

7. 大部分机场的 IATA 代码与机场所在城市的代码不同。（　　）

8. 安-225 是目前世界上最先进的货机，B747-8F 是世界上最大的货机。（　　）

9. 中华航空公司和香港国泰航空公司的 IATA 两字代码分别是 CX 和 CI。（   ）
10. ULD 是航空集装器的 IATA 业务代码。（   ）

（四）简答题
1. 简述国际航空物流的概念。
2. 简述 IATA 的主要职能。
3. 请识记表 1-3，然后按照机场名称复述其 IATA 三字代码。

（五）实操题
某票货物从广州空运到阿姆斯特丹（IATA 代码 AMS，GMT+1:00），于北京时间 2 月 8 日 23:55 起飞，于当地时间 2 月 9 日 6:45 到达。请计算该票货物的飞行时间。

项目 2

国际航空物流流程解析

学习内容

国际航空物流业务流程的参与主体；国际航空物流营销揽货；国际航空物流操作；国际航空物流客户服务；国际航空物流费用结算。

能力目标

能阐述国际航空物流企业的核心主体地位；会准确解释 6P 营销组合的含义、列举每个 P 的若干项常见变量；会举例运用客户拜访的每个阶段的主要技能；能按正确的顺序复述空运操作流程的 12 个环节以及每个环节包括的主要步骤。

知识目标

了解国际航空物流业务流程的参与主体、国际航空物流企业业务部门及相互关系；领会营销组合策略；熟悉客户拜访过程；领会营销人员的素质与活动要求；知道客户服务流程及费用结算的要点。

引导资料

业务流程的运作特征和合作的重要性

小王毕业后进了一家国际航空物流公司操作部，成为订舱配载组的一员。该部门还有货物与单证操作组、报关组，按照物流操作流程，三个小组的工作环环相扣、相互配合，关系十分密切。但三组的关系却很微妙，当业务操作顺利的时候各组之间相安无事，但是一旦遇到需对某票货物的操作错误负责或者需承担风险的时候，不同小组的同事就相互推卸，给小王的感觉就是，有了好成绩各组都在努力表明自己所做的工作，但如果出了什么事故大家也在努力推脱。时间一长，即使是一些小事或是误会，也动不动相互指责，小组之间逐渐形成了不信任、不配合、不和谐的气氛。本来三个小组能够协作解决好的问题，往往在谁对最后结果负责的纠缠中，增加了问题的复杂性，也拖延了解决问题的时间，反而增加了各种操作失误，使公司的服务质量下降。

分析：本案例反映了业务流程的运作特性，表明了流程上下游的和谐合作至关重要。上述各小组的工作处于同一个流程链条上，但未讲求整体效率，甚至争功诿过，导致流程运作不顺畅，如果不及时改进将使问题恶性循环，势必严重影响物流企业的服务质量。

任务 2.1　国际航空物流流程基础认知

2.1.1　业务流程的参与主体

国际航空物流业务流程以国际航空物流企业为核心企业，参与主体主要有物流企业、货主、航空公司（如专用货运站、货运部门）、报关行、国际机场（如公共货运站、地面代理）、关境机构（如海关、检验检疫局）等，其中航空公司既包括采用全货机的货运航空公司，也包括采用客机下舱载货的客运航空公司。国际航空物流业务流程的参与主体如图2-1所示。

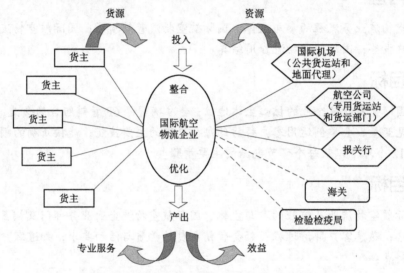

图 2-1　国际航空物流业务流程的参与主体

2.1.2　核心主体——国际航空物流企业

从图2-1可看出，国际航空物流企业（以下简称物流企业）是货运业务流程中的核心主体，是整个运作链条中的组织者和协调者。一方面，物流企业通过开拓客户（货主）、承揽规模化货源，成为货运业务流程的驱动者、发动机；另一方面，物流企业通过与各方建立战略合作伙伴关系，有效整合、集成航空公司、报关行、机场等参与主体的分散资源，产出专业服务和经济效益。

就国际航空货运业务而言，物流企业的法律地位主要有两种，一种是当事人（principal），另一种是代理人（agent）。当事人的业务角色相当于国际海上货运中的无船承运人（NVOCC），在此就是"无机承运人"，而航空公司就相当于海运中的船公司；代理人的业务角色只是中间人。一般来说，代理人型物流企业在责任风险承担、业务规模、服务水平、综合实力等方面均不如当事人型物流企业,随着市场需求的演变,当事人型物流企业逐渐成为行业发展的主流,代理人型物流企业逐渐减少。物流企业在国际航空货运业务中的法律地位对比如表2-1所示。

表2-1 物流企业在国际航空货运业务中的法律地位对比

对比项目		当事人（无机承运人）	代 理 人
法律地位	物流企业与托运人关系	承托关系	委托关系
	双方签订的合同性质	航空货物运输合同	航空货运代理协议
	物流企业的业务角色	空运业务的承运人	空运业务的中间人
	主要责任	不仅承担自身过失造成的责任,而且承担受雇人过失造成的责任	仅仅承担自身过失造成的责任
	主要权利	有权收取运费、留置货物、享受法律规定的免责及责任限额等	无权收取运费、留置货物、享受法律规定的免责及责任限额等
	收入性质	运费（赚取价格差）	代理服务费或佣金
	运单签发	可签发自己的运单,属于运输合同（或运输合同的证明）、货物收据以及费用结算凭证	不能签发运单,只能领取承运人签发的运单再转交给托运人

2.1.3 国际航空物流企业的业务部门

国际航空物流企业的业务部门一般包括营销部、操作部、客服部和财会部,中大型企业可能把营销部再细化为市场部和销售部（业务部）；此外,企业通常还设有人力资源部、行政部或总经理办公室等非业务部门。业务部门的设置如图2-2所示。

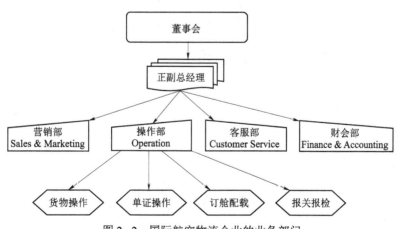

图2-2 国际航空物流企业的业务部门

业务部门之间是紧密合作关系,单靠某个部门无法向任何一个客户提供完整的国际航空物流服务、无法就任何一票货物实施完整的国际航空物流业务流程。

就开发与维护客户的整体工作而言，各业务部门的活动相互支撑，"你中有我，我中有你"。营销部门通常是业务流程的火车头，也就是说营销人员成功获取订单后，由操作部履行订单、由客服部提供售后服务、由财会部跟进费用结算工作；但是其他部门也可能成为业务的驱动者，如以下的情况时有出现：客服部根据客户来电的内容向营销部提供重要的揽货信息，操作部通过派送进口货物时发现的动态向营销部传达客户希望与我司合作的情报。

就围绕单票货物提供的服务而言，各业务部门的活动在业务流程中存在一个大致的先后顺序：营销揽货—物流操作—客户服务—费用结算。但此流程及顺序并非一成不变的，尤其在特殊情况下。例如，在物流操作活动的订舱配载、报关、起运等环节出现意外的情况下，客服部往往早已把信息传递给了货主，而不会等到物流操作完全结束后才进行滞后沟通；临时托运货物的不固定客户的运费通常在受理托运时就已经结算完毕，不会留到最后一个环节以赊销月结的形式进行结算。

任务 2.2　国际航空物流流程解析

下面以一般情况为例、以物流操作为重点，解析国际航空物流企业（以下简称物流企业）营销揽货、物流操作、客户服务以及费用结算的业务流程，如图 2-3 所示。

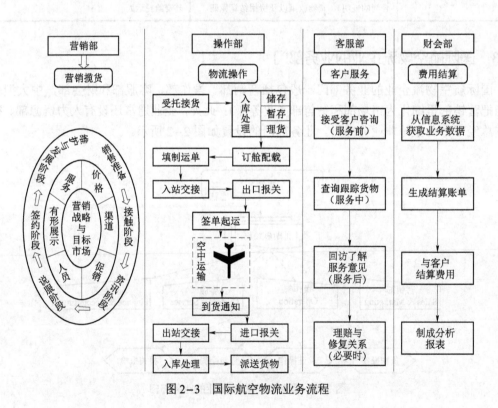

图 2-3　国际航空物流业务流程

2.2.1 营销揽货

 小资料

认识营销的重要性

企业的营销能力是企业盈利的根本保证。如果产品或服务的需求不足，那么财务、运营、会计和其他方面的努力也只不过是虚无缥缈的东西，因为只有通过足够的需求，企业才能真正获得利润。由于市场营销是一切活动的基础，所以几乎每家国际货运企业都设置了营销团队，越来越多的企业设立了营销总监或首席营销官（CMO），享有重要的业务地位。对于国际航空物流企业而言，成功揽货并满足客户对航空物流服务的需求，是营销活动的基本任务。物流企业只有成功承揽到货物、飞机舱位只有配载了货物，才有了利润源泉，因此可以说营销揽货处于业务流程的龙头位置，该部门业绩的高低对物流企业的持续发展影响重大。

1. 营销揽货的总体思路

市场营销是一个复杂而微妙的过程。物流企业首先应制定营销战略与计划，确定目标市场，结合本身的资源和实力选择适合的经营领域，形成自己的核心竞争力。具体到日常营销活动，一方面，营销经理必须及时策划设计出新服务（把何种新需求、新创意纳入新服务之中）、为客户设定合理的价格、确定更有效的营销渠道、考虑花多少钱来做广告和进行促销或推广。同时，与有形产品有所不同，服务是无形的，在人员和有形展示方面通常比产品更为重要。另一方面，企业最大的风险之一就是既未能持续开发新客户、维护老客户，也未能监视和遏制竞争对手的活动，因此营销人员开发新客户的系统活动和维护发展老客户的过程管理就颇为重要。

2. 确定营销战略与目标市场

战略是实现企业长期发展目标的策略与途径，也是企业较长远的、统领性的、全局性的计划。营销战略是指企业为实现其经营目标，对一定时期内市场营销活动的总体设想和规划。一般而言，物流企业制定营销战略，应根据国际航空物流市场与竞争环境的变化，紧密结合本身的资源和实力选择适合的目标市场，设计符合客户需求的国际航空物流服务，形成自己的核心竞争力，并通过差异化策略在竞争中取胜。

营销计划是营销战略的主要部分，是指导和协调营销活动的核心工具。一般而言，营销计划包括战略营销计划和战术营销计划。战略营销计划是在市场调研和客户行为分析的基础上确定目标市场并提出目标市场竞争策略。战术营销计划则描绘了特定时期的营销战术，包括服务、价格、渠道、促销、人员和有形展示等，即无形服务的 6P 营销组合。

3. 开展营销组合活动

物流企业营销部门的主要任务之一是设计营销活动，以便为客户创造、传播国际航空物流服务的价值。在 6P 营销组合中，每个 P 都包含若干特定的变量，国际航空物流服务营销活动 6P 的常见变量和主要价值如表 2-2 所示。营销者需要就如何设计、组合诸多变量作出决策，以便为客户创造、传播有竞争力的价值，乃至对市场产生积极的影响。

营销者可以根据目标市场的需求特征，为一般客户群体设计普通的服务，为重点客户量身定做专门的服务或提供有针对性的综合解决方案，在此基础上制定符合市场水平的、科学合理的价格体系，构建有利于高效获取客户的营销渠道，开展系列促销活动，建立专职开发与维护客户的营销员梯队，通过有形展示获得强有力的营销辅助效应。

表 2-2 国际航空物流服务营销 6P 的常见变量和主要价值

营销组合	常见变量	主要价值
服务 service	国际航线网络覆盖面	交货范围广、可达性强
	运输与出入库速度	省时、交货快捷
	物流安全性与可靠性	损失最小化
	代理进出口报关报检	无须为烦琐的通关手续耗时耗力
	境内外物流中心服务（仓储、配送、包装等）	第三方专业服务降低综合成本与自营风险
	货物交接方式（机场—机场，门—门）	因地制宜、货物交接便利
	货物查询跟踪方式多样化	及时监控物流动态
	空铁/空海/空卡联运能力	享受不慢的速度、支付不高的费用
价格 price	与市场竞争联动的价格体系	提高服务性价比
	基于重量分段的价格折扣	有利于大宗货物的运费控制
	临时与固定客户的区别折扣	有利于长期固定合作的运费控制
	便利的报价与收费方式	结算简便
	预付/到付/第三方付等多样化付款方式	消除垫付和汇率转换的麻烦
	账单准确性与及时性	对账与支付快捷
渠道 place	人员营销	开发与维护中大型客户
	"互联网+"营销渠道；O2O 营销渠道	提高营销成效，节省交易成本
	电话营销	开发与维护中小型客户
	服务中心与门店营销	推广品牌、赢得上门客户
	非直控区域的代理营销	用有限资源获取非直控区域的市场份额
促销 promotion	广告	传播服务与价值，提高品牌知名度
	网络促销	有力促进网上与网下营销
	营业推广（积分制、折扣券、抽奖、赛事、展会等）	有效鼓励、激发客户的购买行为
	公关（新闻发布、赞助、庆典、谈判、危机处理等）	塑造组织形象，建立与公众的良好关系
人员 person	区域营销人员的活动	开发与维护各市场区域的普通客户
	重点客户经理的活动	管理与本土重点客户的关系并扩展合作
	全球客户经理的活动	管理与跨国公司客户的关系并扩展合作
	操作、客户服务和财会部门人员的活动	营销无处不在，各部门配合促进全员营销
有形展示 physical evidence	参观物流中心、空运货站、企业驻地等实体环境	展示雄厚实力、增强客户对服务的信心
	参观专业装卸搬运设备、车辆、飞机等设备设施	引导客户对服务保障产生积极的期望
	赠送车辆飞机模型、荣誉宣传册等有形物传递信息	在客户群体中持续地推广、树立品牌

4. 营销人员开发与维护客户

服务与产品不同，服务是无形的，除了进行有形展示外，对人员营销的依赖性通常比有形产品更强。前面讲到，物流企业最大的风险之一就是未能持续开发新客户、维护老客户，因此对新老客户的系统营销活动至关重要，而营销活动的核心行为是拜访客户。

随着"互联网+"模式在各领域的推广，拜访客户除了面对面拜访方式，还包括网络平台拜访（接触）方式，但不管采取哪种方式，无论是开发新客户的业务还是扩展与老客户的合作，拜访客户的活动一般包括销售准备、接触阶段、资讯阶段、说服阶段、签约阶段、维护与发展阶段。当然，客户的具体特征千差万别，对一些客户的拜访活动可较为简略。

（1）销售准备阶段。该阶段的主要工作是按照《拜访前计划表》做好拜访计划，如表2-3所示。

表2-3 拜访前计划表

客户公司名称	客户联系人	联系人职位	联系人联系方式与地址
你的拜访目标是什么？			
拜访类型：开发新客户的业务（　　）；扩展与老客户的合作（　　）			
接触阶段 与客户面谈时，你将如何开场？			
资讯阶段 你将提出哪些CORK问题？			
说服阶段 1. 你将用哪些关键的服务特色、优势和利益（FAB）说服客户？ 2. 可能会出现哪些反对异议/障碍？你将如何应对客户的异议和可能出现的障碍？			
签约阶段 你将如何与客户达成协议？			
维护与发展阶段 结合该客户的具体特征，你将采取什么策略进行维护与发展？			

（2）接触阶段。无论是回访还是初次拜访，其开场方式都应该吸引客户足够的注意力，并把谈话导向你特定的拜访目标。短暂的题外话、寒暄一般是（并不总是）必要的，但必须较快地回到正题，谈话的内容必须和客户的公司相关，而不是关于你或你自己的公司，尽量

多听少说。

（3）资讯阶段。资讯是指被及时地获得并利用且能在较短时间内带来价值的信息，在这里是指与客户对国际航空物流服务的需求密切相关的信息。营销员在资讯阶段的根本任务是通过向客户提出一系列问题，全面收集、分析客户的需求资讯。这些问题大致可以归纳为四类：① 处境问题；② 障碍问题；③ 后果问题；④ 关键问题，简称为CORK问题（circumstance，obstacle，repercussion，key for solution）。例如，围绕国际航空物流的运输环节，CORK问题如表2-4所示。营销人员可以按照这种先后顺序向客户提出四类问题，也可以根据客户的业务情况、自己关注的重点和拜访时间的限制有所侧重地提出某一两类问题，只要能准确把握住客户的实际需求即可。

表2-4 资讯阶段的CORK问题

类型 项目	① 处境问题	② 障碍问题	③ 后果问题	④ 关键问题
目的	了解客户的业务及货物空运方面的信息	了解客户空运货物面临的困难及不满意的方面	了解障碍、困难造成的后果，包括对客户业务的和客户本人的	了解客户所期待的解决方案和改进效果，将其作为自己方案的蓝本，对于获得客户的认同很有利
举例	"目前贵公司怎样安排进出口货物的空运？"	"贵公司的货物空运存在哪些困难？""货物空运到哪些国家不太顺利？"	"对你的业务会产生哪些不好的影响？""这种情况会不会使实际的总费用增加？"	"你希望到×××的空运效率改进到什么程度？""如果采取……的方案，你觉得怎么样？"
影响	问题的数量要适当，不宜提出过多处境问题，否则客户容易厌烦	通常有效，可让客户把思路集中在他们真正关心的问题上	直接了解到客户面临的影响、后果，有利于在后面有的放矢地提出解决方案	产生正面积极的影响，引导客户自己说出有效的改善方法
建议	如对方是关键人物，尽量少提此类问题，所需信息应在拜访前尽量收集好	拜访前应事先了解和列出客户可能存在的障碍，并在拜访中随时验证、修正	提出后果问题后，考虑如何使用本公司的服务为客户解决问题	通过提出这类问题，有利于引导客户认同我方空运服务和解决方案

（4）说服阶段。在这一阶段，营销员有针对性地向客户介绍本公司国际航空物流服务的特色（feature）、优势（advantage）及其带给客户的实际利益（benefit），目的是说服客户同意或尝试合作。

首先确定客户需求和本公司满足客户需求的服务特色和优势，这些特色和优势必须准确和具体，而且可以量化、可以衡量，如空运速度更快的具体时间、上门收货范围更大的具体区域、舱位更充足的新型货机机型、可实时查询货物的详细网址或工具、收费更简便的具体方式等。然后把服务的特色和优势转化为给客户带来的利益，目的是不仅使客户认识到我方服务不错，更重要的是能让客户的公司受益，也能提高客户自己的工作成绩（既满足业务的需求，也满足个人的需求），如节省运输时间，降低物流成本，增强物流安全性，处理业务更方便、更省心等。

需强调的是，不要刻意贬低竞争对手，因为那样做反而会损害企业形象，是不受欢迎的；应该首先把重点放在FAB方面，从正面增加客户的好感，产生更好的心理效果；然后间接地与竞争对手（不指名为佳）作比较，在无形中证明本公司提供的服务更优于对手。

报价是本阶段另一项重要的工作。只有说服客户接受了服务的价格，才有可能说服客户同意签约合作。结合国际航空物流行业的实践情况，报价通常须遵循以下三大原则。

① 知己。知己是知道自己的价值，即明确本公司的服务带给客户的切实利益，进行最有利的价值定位。报价前紧密结合客户的需求，突出我方服务的 FAB，尤其是带给客户的每一点利益，将价格谈判的重点放在价值上，而不是价格上，因为有高价值才能有高价格。

② 知彼。一般来说，决定报价的因素有五个：客户（货量和价格期望）、对手（服务与价位）、行情（市价走势）、供应商（采购成本）、本公司内部（利润目标）；后两种因素通常由公司高层和专职人员关注和把握，营销人员需直接关注的是前三种因素。知彼的"彼"首先是谈判对手——客户，然后是竞争对手。一方面，准确收集客户的货量、目的地等信息，分析判断客户的谈判风格和期望价格，对报价和折扣的把握才能更加有的放矢；另一方面，关于竞争对手的价格和服务竞争力的信息无疑是越多越有利，在此基础上，结合当前市场的价位行情进行分析，报价才会更合理、更科学。

③ 知策略。价格谈判需讲究专业套路和章法，制定合理的报价目标；如果让步，须有让步的计划并按计划行事。下列要点可供参考：

➤ 合理的、较高的价格目标对客户认同本公司的服务有正面的影响；
➤ 低目标会将谈判局限在低层次，目标定得越低，成交的价格也越低；
➤ 价格总是可以降低，但再想提高就非常困难，因此初次报价不能过低；
➤ 让步的速度和态度会向对手传递正面或负面信息，一般来说缓慢及不情愿的让步比快速及过分热情的让步更加有利；
➤ 让步不要局限于价格，服务的各种可变因素也是丰富的交换筹码，尤其要大力发掘那些对本公司代价较小但对客户较有价值的可变因素，如适当扩大接货或交货的地理范围、推迟截止接货的时间、定期提供物流服务报告、免费加固货物包装、稍微延长付款期限等，这些筹码可以有力地缓解降价压力，增强双赢的效果。

总而言之，报价可谓技术活，切不可草率和轻视，营销人员需在实践中不断总结经验与教训，持续地提高报价能力。

（5）签约阶段。选择签约的时机非常重要。营销员可能急于求成也可能因为没把握时机而未能达成协议。识别一些典型的"购买信号"是必要的，它们可能是肢体动作，如拿起协议书仔细地看条款、对着报价表点头等；也可能是口头语言，如"怎么样向你们下订单""怎样填写货物托运书"等。如果收到这样的购买信号，营销员可以更进一步，回答上述问题后，及时向客户提出达成协议、签约的主张。

至少有七种技能（各种之间可组合和变化）有助于与客户达成协议。

① 假定：要对客户的肯定回答和购买信号保持积极的态度，假定客户已经明确了购买的意向，把谈话导向成交，如"你希望我们什么时候开始合作""你会什么时候试用我们的服务"。

② 选择：在时间、支付方式、发货等方面提供两个（或以上）正面的选项。如"你希望在星期一还是星期二发货""这一次空运的运费是预付还是到付"。

③ 总结：简单地总结一下刚才讨论和陈述的要点，聚焦在与客户的业务需求、个人愿望、关键问题有关的利益；可以通过与竞争对手的比较（不要刻意贬低对手），强调本公司服务优势所在，即其他公司不可比拟的优势有哪些。

④ 实例：选取若干个有影响力的客户实例，介绍和他们已经合作的情况，描绘本公司在实例中的 FAB，有利于树立客户的信心，同时表明也可以为该客户提供同样或类似的 FAB。

案例必须是真实的，提供相关文件、图片、客户赞赏或推荐的书面材料等可以明显地提高可信度，如果以当地名气较大的客户为例，效果更佳。

⑤ 让步：借让步引导客户尽快做出决定。这种让步要么是时间上的限制（如马上订购可以略降价格），或者是该客户的重要性值得为之提供特别待遇（如在条款上有所变动而无须花费额外费用）。让步必须是到最后不得已而为之，如果太早就让步了，或者是看似每个客户都能得到，它的效果就会大打折扣。

⑥ 告诫：说明不达成协议的损失来提醒客户，如"如果过两周再签协议则错过了这条航线的价格优惠期""马上进入旺季，如果合同在下个月才签订和生效的话，我们无法申请调低燃油附加费的费率"。

⑦ 隔离：对于客户在签约前提出进一步要求的情况，可和客户确认还有没有其他因素妨碍签约，如"要是我们能满足你的这条要求，那你决定使用我们的服务了吗？""如果我们解决你在这方面的问题，我们可以达成协议吗？" 采用隔离技巧，可防止陷入客户要求的无底洞。

（6）维护与发展阶段。"开源节流"是客户管理的基本准则。一方面要赢取新客户，不断开发业务和利润的源泉，为"开源"。另一方面所有新客户经历一段合作时间后都会成为老客户，而维护发展老客户更是任重道远，这里有两个层次：第一是维护层次，做好既有客户的关系管理，通过与各部门协作为客户提供优质服务，培育客户的满意度和忠诚度，严防客户流失到竞争对手，为"节流"；第二是发展层次，也叫"深耕"层次，有计划、有策略地扩展与老客户的业务合作，从航线、货物种类、服务方式、服务创新等方方面面延伸合作领域，尤其对于重点客户，当合作模式与本企业的长期发展战略契合时，双方需努力形成战略联盟关系。

5. 营销人员要求

（1）素质要求。主要包括专业知识、业务技能、通用能力三方面。

一是专业知识，常言道："知识就是力量"，毫无疑问，专业知识是营销员的力量源泉，包括市场营销和客户管理知识、国际航空物流与相关物流知识、业务流程各环节知识（尤其是主要环节的截货时间、主要环节中每环所需时间、航线分布、航班信息、订舱配载要求、进出口报关手续、单证要求等）、货物特性与运输要求、客户所属行业的基本知识等。二是业务技能，营销员需在这方面具备扎实的功底，包括新客户开发技能、老客户维护与发展技能、因客户及对手而异灵活制定营销策略的技能、专业英语应用技能等。三是通用能力，它包括沟通能力、人际交往能力、团队合作能力、应对各种压力的心理调适能力等。

（2）活动要求。在营销活动中既要有"勇"也要有"谋"，活动的"量"和"质"相结合。也就是说，一方面要有足够的活动量，努力地收集客户信息、勤奋地预约与拜访客户，刻苦地开拓市场与货源；另一方面要讲究营销策略，紧密结合本公司的 FAB、客户需求和竞争对手状况，灵活调整营销策略，有的放矢地开发和维护客户。注重以上一方面和兼顾两方面的区别，或者说一手抓和两手抓的区别，是事倍功半和事半功倍的效果区别。

初步从事国际航空物流营销工作的人员可从以下几个基本点着手。

① 勤奋刻苦的作风、积极进取的态度与持之以恒的毅力，是成功的营销员必不可少的。

② 从宏观到微观，深入了解所负责市场区域的综合状况。通过各种调研活动、各部门员工配合收集信息、多种媒体资源等渠道千方百计、想方设法地获取信息和资料，包括本市场区域的经济发展和产业布局、对本公司服务有需求的产业及企业类型、对本公司服务有当前

需求或潜在需求的企业名单、经过筛选的目标客户名单、目标客户详细信息档案（物流服务决策者和使用者、联系方式、货类、货量、航线目的地、运费额、付款方式等），此外还必须与时俱进，密切关注产业升级及企业转型对国际航空物流服务需求产生的各种影响。

③ 制订每月营销目标（新客户数量、货物票数、重量、营业收入等）与营销计划，再据此制订每周与每日客户拜访计划；制订客户拜访计划时，根据收集的信息选择正确的拜访人，结合本公司 FAB 与客户需求，认真填好《拜访前计划表》，妥善制定拜访过程的洽谈策略。

④ 认真实施与灵活调整营销计划，每周乃至每天及时检查计划的实施情况，积极调整、改进行动，按 PDCA（plan→do→check→action）循环方法持之以恒地开展营销活动。

⑤ 反复实践客户拜访的六个阶段的营销技能，总结成功经验、吸取失败教训并加以灵活应用，不断提高营销成效。

⑥ 时刻谨记"知己知彼，百战不殆"的道理，密切关注竞争对手的发展变化，特别是对手争抢客户、进攻我方市场的动态；如果一时没有足够的能力收集对手信息或监视对手，务必在短期内提高这方面的能力，途径包括与团队成员交流研讨、寻求专业工具等相关资源、争取操作或客服部门的配合获得信息等，必要时可向公司争取更充分的支持，如组织专门力量调查竞争对手、外包竞争对手的调研工作等。

2.2.2 物流操作

物流操作是指从托运人发货到收货人签收，对国际航空物流过程的货物、单证和信息进行操作和控制管理的全过程。物流操作流程一般包括以下环节：受托接货、入库处理、订舱配载、填制运单、入站交接、出口报关、签单起运、（经过空中运输）到达通知、进口报关、出站交接、入库处理、派送货物。

以上操作流程和步骤顺序供读者参考。在实践中，不存在完全统一的国际航空物流操作流程标准，也不存在严格固定的步骤顺序，即使是国内最大的几个机场所在地之间，操作流程也仅仅是大致相同。在实际工作中为了高效统筹、节省时间，有些环节的活动常常可以在同一时段开展，并非一定要分先后，如订舱配载和填制运单、入站后交接货物和向海关申报、报检（如需）和报关前的各环节等，都可实现同步操作。甚至在同一所在地，由于物流企业所合作的各家航空公司规定不同，某些环节的操作要求也可能不同，如总运单是否可以授权物流企业填制（不含签单）、货物进入货运站之前是否可由物流企业自行装箱打板、物流企业在货运站先交接出口货物还是先报关、物流企业与航空公司结算运费必须次结还是可以月结。

下面对国际航空物流操作的一般流程及各环节操作细则进行介绍。

1. 受托接货

营销员与客户磋商达成合作协议后，客户通过电话、互联网、专门沟通工具等向物流企业客服部门下单，通知其上门接货；客服部须要求客户提供详细的接货地址、联系人、电话、接货时间等相关信息，然后通过信息系统将订单信息传输给操作部的运输调度人员；调度员根据当前人车运行状态，及时安排人员与车辆前往客户指定地点上门接货，并将详细的接货信息发送给接货员。

也存在客户主动要求自行送货的情况。客服部收到客户的委托信息后，需向客户提供具体的送货地址、联系人、电话、时间等相关信息，以便客户及时送货到物流企业操作中心的仓库。实践中此种方式较为少见，总体上以物流企业在始发地上门接货、目的地上门送货为主（门到门方式）。

接货员上门办理接货手续时，须做好以下几项工作。

（1）督导客户正确填写"国际空运货物托运书"（shipper's letter of instruction，SLI）。托运书列有填制航空运单所需的主要内容，是物流企业填制运单的依据，客户作为托运人须对托运书的内容尤其是货物名称与价值等信息的真实性负责，因此托运书实际上是一份重要的法律性文件。接货员需督导客户正确填写托运书并签字盖章，物流企业根据托运书上的要求办理国际空运的各项后续手续。

小资料

托运书应由托运人填写

根据《蒙特利尔公约》第七条第（1）款和第（4）款规定，航空运单应由托运人填写，也可由承运人或其代理人代为填写。但在实践中，由于运单填制工作的专业性较强，一般由承运人或其代理人代为填制。然而托运书却不应被代填，因为它是填制运单的依据，应由托运人自己填写，且托运人须在上面签字盖章。

"国际空运货物托运书"如表2-5所示。由于托运书是物流企业填制航空运单的依据，通常一式多联（至少含托运人1联、物流企业1联或另设订舱联），上面列有填制运单所需的主要内容，因此托运书的格式和栏目设计与运单相似，关于各个栏目的含义和填写规范，在项目3专门作全面细致的介绍，在此不赘述。

表2-5 国际空运货物托运书

国际空运货物托运书 SHIPPER'S LETTER OF INSTRUCTION FOR INTERNATIONAL AIR FREIGHT				
托运人名称地址 Shipper's Name and Address	GUANGZHOU SUNSHINE TRADING CO.，LTD. No. 123 BINJIANG EAST ROAD，HAIZHU DISTRICT GUANGZHOU 510260，CHINA			托运人账号 Shipper's Account Number
				600567321
收货人名称地址 Consignee's Name and Address	GENNEO TRADING CO. LTD. 168 PORO AVENUE LOS ANGELES，CA96766，USA CONTACT PERSON：SMITH JIMSON，TEL：001-1-4659220			收货人账号 Consignee's Account Number
				960123987
始发机场与代码 Airport of Departure&Code	GUANGZHOU，CHINA	CAN	到达机场与代码 Airport of Destination&Code	LOS ANGELES，USA	LAX
预订航班及日期 Flight/Date	2020年5月 21日 CA906	付费方式 Payment Type	供运输用声明价值 Declared Value for Carriage	供海关用声明价值 Declared Value for Customs	保险金额 Amount of Insurance
		COLLECT	CNY60000	CNY60000	NIL
操作处理信息 Handling Information	1. 保持向上和小心轻放。 2. 另请通知：AIRSTAR BROKER LTD. 186 GRANDWOOD AVE，CA96766，USA. CONTACT PERSON：CALVIN TOMSON，TEL：001-1-4659226			

续表

件数 No. of Pieces	毛重（公斤） Gross Weight（Kg）	计费重量（公斤） Chargeable Weight（Kg）	货物品名与数量（包括货物尺寸或体积） Nature and Quantity of Goods (Incl. Dimensions or Volume)
30 CTNS	300.0	400.0	饰灯 DECORATIVE LAMPS 50×40×40（CM）×30
重要操作信息 与备注 Handling Information & Remarks	预计报关日期 2020 年 5 月 20 日　　运价 CNY 30.00/Kg　　燃油附加费 10.0 % 航空运单免费□　　向承运人声明价值☒　　另行投保□ 其他：使用 CNY 结算，SDR 兑换 CNY 汇率为 9.1996；运单费 CNY50.00；声明价值附加费费率为 0.75%		
托运人 联系 信息	电话：8620-84086423 电子邮箱：zhouliqun@cn.strading.com 联系人：周立群 公司名称和地址： 广州阳光贸易有限公司 广州海珠区滨江东路 123 号		托运人签字盖章 （签字及印章）
受理托运经办人	（签字）	制单日期	2020 年 5 月 20 日

（2）审查货物。物流企业必须对操作、客服、营销等业务部门开展有关禁运品和限运品的培训，尤其是操作部员工。有关禁运限运品的具体规定也通常被作为重点内容列入物流企业的国际航空物流服务手册（或称服务指南）。接货员必须严格按照服务手册的规定，初步审查货物的合法性和安全性，拒收禁运品（包括被禁运的一部分危险品），正确处理限运品。如果有疑问，应及时联系本公司相关人员咨询清楚再接货。

（3）索要单证。接货员应向客户索要全套报关单证，并初审单证的完整性。所需单证根据贸易方式的要求而不同，基本单证包括报关单、报关委托书、贸易合同、发票、装箱单，其他常见单证有许可证、原产地证、进料/来料加工核销本、返修协议、到付保函（适用运费到付方式）等。

假设货物必须商检，如果客户自行安排了报检，则此时接货员应向客户索要商检机构签发的单证以便海关验放；如果客户委托物流企业代理报检且物流企业可提供代报服务，则接货员应向客户索要代理报检委托书和报检所需的各种单证；接货员回到操作中心后须立即和报检人员交接，马上启动代理报检工作。

2. 入库处理

物流企业一般在国际机场附近建有储存与理货的物流中心仓库，包括境内与境外仓库，本环节的入库为境内仓库，后面环节的入库为境外仓库。按照货物入库后在库时间长短与活动的差异，"入库"分为"入库储存"或"入库暂存"两种情况，二者存其一，通常不会并存；前者计收储存等相关费用，后者不计收。

1）入库储存

一部分货物进入境内物流中心仓库以后作较长时间的停留，短则几周、长则几个月甚至更久，仓储等综合物流活动应运而生，在此情况下货物入库批量通常较大。在此期间，物流企业受客户委托并根据具体需求，以物流中心为核心，向客户提供货物储存（含库存控制）、搬运装卸、包装、流通加工、配送、信息处理等综合功能的物流服务（部分或全部）。此后，一旦接收到客户出口空运货物的订单指令，物流中心按照操作流程马上启动后续各环节工作，按订单要求安排货物出库并完成国际空运等一系列任务。随着社会分工专业化的快速发展，越来越多的货主不再自营货物储存、配送等物流业务，而是外包给物流企业去管理，既可以提高物流效率，又可以节约综合成本。

同理，在境外物流中心，一部分货物完成入库分拆后马上被派送给收货人，另一部分货物会在仓库停留较长时间，物流中心为客户提供综合物流服务，此后接收到客户的订单指令，物流中心才向收货人配送货物。

2）入库暂存

另一部分货物进入境内物流中心仓库以后作短暂停留，短则几个小时、长则几天，一旦完成理货、制单、订舱等工作，马上出库运往机场货运站，完成后续各环节工作。

3）理货

不管是入库储存还是入库暂存，物流中心都要在货物出库前进行理货，然后安排客户领取入库单（如果是入库暂存也可用分运单代替）。理货工作一般包括复查货物与单证、检查货物包装、称量重量和体积、查标记贴标签等活动。

（1）复查货物与单证。

① 由操作员复查货物的合法性和安全性，对于违规货物应移交客服部联系客户办理退货或其他手续。

② 复查单证完整性、准确性与单单之间的一致性。除了检查所需单证是否齐全、正确，认真核查以上单证之间的一致性也非常重要，如核查各种单证中货物的名称、价值、数量等信息是否一致，如果出现差异须联系客户询问并更正。

③ 复查单货一致性。理货时应仔细对照实际货物，检查单证的货物名称、价值、数量等信息与实物是否一致，如有误差，必须与客户核实并及时纠正。

以上第②、③项的工作，由于专业性较强，通常需联合报关方面的审单人员共同完成。

（2）检查货物包装。

理货时应检查货物的外包装是否符合运输要求。对包装的基本要求有：

① 包装坚固、完好、轻便；

② 不得用木屑、草末等材料进行包装；

③ 包装上详细写明收货人和托运人的姓名、地址；

④ 包装出现轻微破损的情况下，须在航空运单的"Handling Information"栏目中详细注明；

⑤ 液体类货物的瓶装、灌装或桶装的容器内至少有 5%～10%的空隙，封盖严密，还须外加装有内衬物和吸湿材料的木箱包装，并在木箱上加贴易碎物品标签；

⑥ 易碎物品每件毛重不超过 25 kg，确保包装上贴有易碎物品标签；

⑦ 精密仪器和电子设备须采用多层包装，内衬物要有一定弹性，包装上贴易碎物品标签和不可倒置标签；

⑧ 混运货物须分别包装，但不得包含下列货物：贵重货物、动物、骨灰、外交信袋、行李等。

(3)称量重量和体积。

在实践中由于算法不同、操作误差等多种原因,客户声明的重量和体积经常与实际情况有偏差,操作员既要将受托货物过磅、仔细称重(复查毛重),也要认真丈量货物外包装尺寸(用以确定体积、体积重量和计费重量),这是接下来向航空公司准确订舱、向客户正确计收运费的依据。计算货物毛重、体积重量和计费重量的过程具有严格的操作规范,详见项目3。

小资料

自动化称量系统

一些大型物流企业在操作中心流水线上安装了自动化称量平台系统,只需将货物接入或搬运上流水线,经过该平台的称量和三维扫描,系统即可自动获取每票货物的毛重和体积重量的数据,破解了人工称量缓慢和误差多的难题,大大提高了货物称量效率和准确性。

如果托运人是临时客户(未签约、合作不固定的客户),由于已经确认计费重量,此时通常由操作部直接向客户收取运费,包括可预计、将在后续环节产生的其他费用;临时客户的费用通常只能按公开价目计收,即使货量较大也只能享受较低的折扣,除非短期内转换成签约客户。如果是固定客户(已签约的常规客户),则在整个物流操作过程结束后,由财会部门按照营销人员在合同中与客户约定的协议运价和付费周期进行结算,无须操作部门负责。

需指出的是,正确计算运费对于物流企业维持正常的营业秩序非常重要,除了正确称量货物,该项工作更涉及较为复杂的运价体系,本书在项目3作了全面细致的介绍。

(4)查标记贴标签。

应由托运人注明的货物外包装标记包括托运人和收货人的公司名称、联系人、地址、电话、唛头、合同号等;如果有操作或储运注意事项,如小心轻放(Handle with Care)、保持向上(Keep Upside)、不要暴晒(Don't Expose to Sunlight)、防潮(Keep Dry)等,须检查托运人是否粘贴对应的操作标签,如图2-4所示。

图2-4 操作标签

根据标签的作用,通常分为识别标签、特种货物标签、操作标签等。① 识别标签。包括物流企业(当事人型)标签和航空公司标签,如图2-5所示。为避免识别混乱,一般不能在货物外包装上同时贴两种标签，贴谁的标签取决于谁是货主的承运人。物流企业标签是当事人型物流企业印制的识别标签，标签内容包括分运单号、目的地/机场代码、始发地/机场代码、件数序号/总件数、总重量等信息。航空公司标签是航空公司印制的识别标签，代理人型物流企业向航空公司单独托运的货物贴此标签，标签的格式和内容与物流企业标签基本一致。② 特种货物标签，指用以说明特种货物性质的各类标签，分为活动物标签、危险品标签和鲜货易腐物品标签等，此类标签示意图见项目5。③ 操作标签。指用以说明货物操作或储运注意事项的各类标签，一般应由托运人粘贴或印制在外包装上，这里的理货环节只是查漏补缺，即如果发生了操作标签遗漏、脱落或模糊不清等现象，才由操作员补齐。

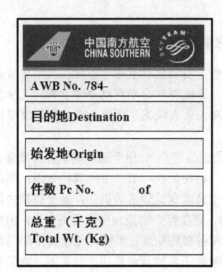 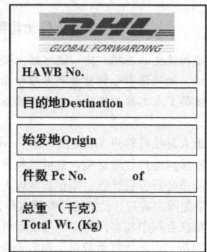

图 2-5 航空公司标签（左）和物流企业标签（右）

3. 订舱配载

从该环节开始，物流企业的角色转换成了航空公司的托运人，前者向后者订舱，订舱单既可能使用国际空运货物托运书的订舱联，也可能使用专用订舱单，但两者格式及内容相似。不管物流企业属于代理人型还是当事人型，订舱都需要注意几点。① 货物种类：如果是特种货物，须在订舱单中向航空公司特别说明，具体操作规范详见项目5。② 客户的运输时间要求：如果需加急，也须在订舱单中特别说明，并与航空公司专门沟通航班的安排。③ 航空公司的航班计划：可参考始发地机场或航空公司定期出版的《航班时刻表》。④ 淡旺季：遇旺季舱位紧张，一般须将订舱的时间前移，还须留意运价成本的上涨。

代理人型物流企业订舱相对简单。但是当事人型物流企业通常采取集运或包运方式向航空公司托运货物，不管采取哪一种方式，都须应用到一系列的操作技术，集运、包运操作水平的高低对业务具有决定性的影响，影响面涉及服务质量、运作效率、营业收入、成本和盈利等。由于集运操作和包运操作是当事人型物流企业的核心活动，本书将在项目4进行系统、详尽的介绍，此处按集运和包运两种方式分别介绍订舱配载的操作要求。

（1）集运方式下订舱配载。如果物流企业采取集运方式，须按航空公司规定的时间要求提前订舱，申报同一航班同一批次货物的总量。此时，物流企业需填写订舱单并尽快提交给航空公司。订舱单内容包括目的地机场、货物总重、总体积、起运日期/时间、货物种类、运输特别要求等；如果某航线航班数量较多，可注明首选和备选航班。物流企业提交订舱单之后应及时与航空公司书面确认或通过信息系统确认舱位。航空公司安排舱位的优先顺序通常是：有固定配额的货物—邮件和快件—运价较高的货物—已订舱的零散货物—未订舱的货物。一旦首选航空公司未能配舱，物流企业必须马上采取应对措施，包括转配备选航班、联系其他航空公司等。

（2）包运方式下订舱配载。如果物流企业采取包运方式，预先向航空公司承包、提取了约定数量的集装器和承诺交运的货量，这就等于已经向航空公司提前预订了这些集装器将占用的飞机舱位，也就无须再向航空公司专门订舱，只需向航空公司发出集装器实际使用预报。通常，操作人员早在理货时已从航空公司货运部门将集装器领回操作中心，物流企业在这一环节的重点工作是制订集装方案，自行装箱打板，直接向航空公司移交已集装货物，详见项目4。

4. 填制运单

（1）两种运单及关系。航空运单分成分运单（HAWB）和总运单（MAWB）两种。分运单由当事人型物流企业印制签发（代理人型物流企业并不签发分运单）；总运单由航空公司印制签发，不管物流企业采用集运还是包运方式，凡是采用同一日期同一航班的货物，使用同一份总运单；凡是同一份总运单的货物，由总运单项下多张分运单的货物集拼而成。

（2）填制运单。分运单的填制和签发是物流企业的重要活动，也是制单人员的核心任务。此时客户签章的托运书（SLI）则成为填制分运单最重要的依据。总运单原则上应由航空公司填制，但是在实践中，为了节省填制时间、提高效率，很多航空公司的做法是定期向物流企业批量登记发放空白总运单，并授权物流企业代其填制总运单，待双方在货站交接货物和单证并由海关放行后，航空公司再对总运单进行签单确认。交接单货时，物流企业还须提供一份集运舱单（详见项目4）或包运舱单，以详细说明它所代填的总运单具体包含了哪些分运单项下的货物。

通常仅在货主直接向航空公司托运货物的情况下，总运单才由航空公司亲自填制。

每票货物的分运单号码是通过预排号印制或信息系统自动分配的方式确定的，使用此号码可以有效识别每票货物的"身份"，以便在后续工作中清晰准确地沟通、指代每票货物。

分、总运单的格式基本一致。由于航空运单是国际航空物流业务中最重要的单证，而且各栏目的填制具有严格的操作规范，因此在项目3专门作全面细致的介绍。

5. 入站交接

国际航空货运站，通常分为航空公司公用货站和大型航空公司专用货站，一般直接接受机场海关的监管，相当于海关监管库，这是与国内空运货运站最重要的区别。入站交接指物流企业将货物运至机场，进入受监管的货运站，与航空公司交接货物及单证。物流企业为了提高效率，当货物入站时，通常交接与（向海关）申报同步进行。也有一些机场的货运站不受海关监管，在这种情况下就必须先将货物运到海关监管库，报关完成后再转移到货运站与航空公司交接。

代理人型物流企业采取先交接、后装箱打板的方式；当事人型物流企业有两种方式。

（1）集运方式下入站交接。一般是先交接、后装箱打板。物流企业将货物运到航空公司货运站（受监管），进行安全检查、复查货物的重量体积和单证，航空公司在交接单（常以集运舱单代替）上面签章确认，将相关联退回给物流企业，然后由航空公司负责装箱打板，再将货物转移到监管区域，等待海关查验放行。一般在交接货物的同时，向海关申报的工作正在进行或已经完成。

（2）包运方式下入站交接。通常是先装箱打板、后交接。主要环节有：① 航空公司吨控部门根据包运合同向物流企业发放集装器领取凭证，物流企业向航空公司箱板管理部门办理领取手续，将约定数量的集装器提回自己的操作中心，自行完成货物装箱打板。② 完成集装后，物流企业将货物运到机场货运站（受监管）与航空公司进行交接。③ 货运站进行安检、核查货物和单证后，在交接单（常以包运舱单代替）上面签章确认，将相关联退回物流企业，再将货物转移到监管区域，等待海关查验放行。一般在交接货物的同时，向海关申报的工作正在进行或已经完成。

6. 出口报关

客户委托物流企业或指定其他报关行向机场海关办理出口报关手续，交验规定的全套单证，接受海关人员对所申报货物的查验，依法缴纳海关关税等税款；海关批准放行货物时，在相关单证上加盖海关放行章，此后货运站方可办理货物装机事宜。就报关程序而言，申报方的工作步骤有申报、配合查验、缴纳税费、装运货物，海关的工作步骤分为收单、验货、估价、放行四个步骤。关于详细的出口报关程序，报关实务等课程有系统全面的专门介绍，在此不再赘述。

凡列入实施检验检疫的进出境商品目录表的出口商品和其他法律、法规规定须经检验的出口商品，或合同规定必须经由检验检疫机构检验出证的商品，在完成备货后，最迟应于报关或装运前7天（目前的规定）向检验机构申请检验。对于个别检验检疫周期较长的货物，应留有足够的检验时间。海关凭出入境检验检疫机构签发的出境货物通关单和检验证书验放。出口商品检验的范围包括品质检验、安全卫生、数量鉴定、重量鉴定等。商检的程序主要包括报检资格认定、申请报检、检验、签证与放行等环节。

7. 签单起运

（1）航空公司签单确认。海关放行货物后、装机起运前，物流企业还需将总运单交给航空公司签单确认，确认的范围主要有审核运价使用是否正确、经海关查验的货物是否适合空运，尤其是危险品等特种货物是否已提供相关证明、办妥相关手续；大多数航空公司规定，只有签单确认后才能允许货物装机、起运。

（2）装机起运。航空公司签单后，根据载重数据和配载平衡原则进行排舱，由航空公司装卸部门或机场地面代理负责装机。装机完毕后，货物开始起运。

（3）航班预报与跟踪。货物起运后，航班已得以实际执行，始发地物流企业须尽快向目的地物流企业发出起运航班报告，并通过内部沟通工具或EDI把总运单及其项下的舱单、分运单等传输给目的地物流企业。同时，物流企业应密切跟踪航班起运动态，一旦发生航班取消、延误、飞机溢载、故障、机型更变、装板不符等意外事件，物流企业可第一时间掌握具体情况，及时采取应对措施或启动应急预案，确保货物尽快重新起运，从而保持较为稳定的服务水平。

（4）返退有关单证给客户。报关完成后，物流企业将报关单出口退税联、海关返退的其他单证、物流企业代办的商检证书等及时返退给客户，以便对方尽早办理出口收汇核销、出口退税等手续。

至于费用结算，在实践中如果托运人是临时客户，则在入库理货环节中确定计费重量之后就进行费用结算；如果托运人是固定合作客户，则在整个服务过程结束后，由财会部门按合同约定的结算周期进行费用结算，无须操作部门负责。

8. 到货通知

航空公司按预定计划执飞航班，货物经空中运输，到达目的地机场。通常货物到达前，目的地物流企业已经接收到航班预报、总/分运单及舱单等相关资料，做好接货准备。

货物运抵目的地机场后，通常卸到机场公共货运站或大型航空公司专用货运站，接受进口海关的监管；货运站根据总运单上的收货人（即目的地物流企业）联系信息发出到货通知，由物流企业接手后续工作。货运站不受海关监管的，货物先卸到海关监管场所，报关结束后再由物流企业统一提取货物。

物流企业应第一时间向各分运单上的收货人发出到货通知，索要齐全的报关单证，以便物流企业及时完成进口报关。到货通知一般应包括以下内容：

- 总运单号、分运单号；
- 品名、件数、重量、体积、托运人、发货地等；
- 随货到达的已有单证、尚待收货人提供的报关单证；
- 物流企业地址、电话、联系人等详细信息；
- 如果运费到付则需列明收费项目及金额；
- 海关对于超期报关收取滞报金以及超期未报关的处理通知（如果有）；
- 其他相关内容。

9. 进口报关

有时候收货人指定其他报关企业为其报关，或者分运单注明了需物流企业另请通知的报关企业，在这两种情况下物流企业都应配合，向报关企业提供有关信息和随货单证。

需要实施商检的货物须经检验合格并领得证书后，才能办理进口报关。进口报关程序与出口类似，工作步骤有申报、配合查验、缴纳税费、提取货物等。

关于详细的进口报关程序，报关实务等课程有系统全面的专门介绍，在此不再赘述。

10. 出站交接

进口报关完成后，物流企业与货运站交接货物，除了因单证不齐等原因被滞留的货物，一般情况下仍以整箱或整板方式将货物运回物流企业操作中心再进行分拆。但对于大宗货物，通常在货运站先分拆，然后直接送货到收货人指定地点。个别收货人可能主动要求自行提货，物流企业直接在货运站向收货人交货，这就等于提前完成送货，所以虽是收货人自提货物，但仍须让对方在送货单上签收。

11. 入库处理

集装器被运到境外物流中心后，物流企业以分运单为单位，对货物进行分拆处理。一部分货物入库储存，在库停留较长时间，物流企业为客户提供综合物流服务；此后一旦接收到客户的订单指令，物流中心再根据订单要求分拣、包装、出库并送货至收货人。另一部分货物入库暂存、在确定送货路线与时间后马上送货给收货人。

值得一提的是，越来越多的物流企业在境内外两地与航空公司开展包板包箱合作，他们在物流中心完成货物分拆后，直接利用拆空的板箱集装回程航线的空运货物，而无须将空的板箱送回航空公司后再提取所需集装器，有效节省了时间和人力，提高了集装器的利用率。

12. 派送货物

派送操作员须在送货前与收货人联系确认送货时间与地点。

运费到付方式下，如果收货人是固定客户，可先送货再按照结算周期收费，但是送货前必须获得对方承诺付款的书面确认；如果收货人只是临时客户，送货前须联系财会部门，待出账单收费后再送货，否则易陷入钱货两空的境地。

收货人签收货物后，派送员应将签收单尽快交回操作中心或客服部门，以便录入签收信息及留存底单。一些物流企业给派送员配备了无线联网手持终端，一旦客户完成签收，派送员马上将签收信息录入手持终端并实时上传到信息系统，发货人可第一时间查询到货物签收人名和签收时间。

2.2.3 客户服务

1. 接受客户咨询（服务前）

通常新客户在发货前会致电物流企业的客服部门，咨询服务、价格、操作要求等信息。当然，老客户遇到陌生情况，如货物发往新目的地、货物性质较特殊、贸易方式改变、单证要求有变化等，也会在发货前联系客户服务员（或营销人员）咨询。因此，客户服务员需具备专业全面的业务知识和沟通能力。此外，本行业越来越多的企业实行质量管理，通过客户服务通话录音和客户评分系统，加强公司服务质量的评价、控制与提升。

2. 查询跟踪货物（服务中）

当货物还在运输途中，客户可通过物流企业的网站查询工具跟踪货物动态，但所获得的信息较为笼统粗略，只能满足简易查询的需求。当客户对信息有疑问或想详细了解货物当前动态时，就必须通过客服部的人工服务进行咨询。对重点客户，物流企业通常安排客服专员提供主动式服务，即主动查询、跟踪货物的运输动态，然后以电话、短信或书面等方式定时通知客户，使对方享受到及时、顺心的服务。

3. 回访了解服务意见（服务后）

在派送员送货后，客户服务员通过电话或邮件回访客户，全面了解和记录客户对服务质量的反馈，及时向上反映客户提出的服务意见。这项工作除了有利于主动改进服务质量之外，对于及时挽回那些满意度低、不投诉但不再继续合作的客户（无声流失的客户）可起到重要作用。

4. 理赔与关系修复（必要时）

当发生服务事故、客户提出索赔时，一方面，及时受理并制定合理的理赔方案至关重要，处理不当将面临客户流失的危险，因此企业通常高度重视索理赔问题，设置了类似客户关心专员或理赔代表的岗位，安排经验丰富的资深人员负责。另一方面，仅靠理赔是不够的，尤其对重点客户，还须通过专门的沟通渠道修复客户关系，当服务事故较为严重时，客服与营销两个部门的代表乃至高级管理人员进行联合拜访就成为维护与挽回重点客户必不可少的环节。

2.2.4 费用结算

财会部门的对外工作主要包括从信息系统获取业务数据、生成结算账单、与客户结算费用与制成分析报表等。

物流操作的派送货物环节提到运费到付的处理方法,从财会部门的角度来说,如果收货人是固定客户,派送员可先送货,但是送货前须获得客户承诺付款的书面确认书,并转交给财会部;财会部在账单日向收货人发出账单结算到付费用。如果收货人是临时客户,派送员须在送货前联系财会部,后者向收货人开出账单(含电子账单),完成费用结算后再由派送员送货。

任务 2.3　思考与练习

(一)单选题

1. 下列英文术语中准确地表示物流企业主流类型"当事人"的是(　　)。
　　A. principal　　B. agent　　C. person　　D. people
2. (　　)通常是国际航空物流业务流程的火车头。
　　A. 营销部　　B. 操作部　　C. 客服部　　D. 财会部
3. 就围绕单票货物提供的货运服务而言,各业务部门的活动在业务流程中存在一个大致的先后顺序:(　　)。
　　A. 营销揽货—物流操作—客户服务—费用结算
　　B. 物流操作—客户服务—费用结算—营销揽货
　　C. 客户服务—费用结算—营销揽货—物流操作
　　D. 费用结算—营销揽货—物流操作—客户服务
4. 现代营销理论认为无形服务的营销活动比有形产品的 4P 更广泛,即 6P 活动,以下不属于 6P 的是(　　)。
　　A. 渠道(place)　　B. 有形展示(physical evidence)
　　C. 促销(promotion)　　D. 付款方式(payment mode)
5. (　　)的主要工作是按照《拜访前计划表》做好拜访计划。
　　A. 销售准备　　B. 接触阶段　　C. 资讯阶段　　D. 签约阶段
6. 在(　　)营销人员通常须向客户提出 CORK 问题。
　　A. 销售准备阶段　　B. 接触阶段　　C. 资讯阶段　　D. 签约阶段
7. 在物流操作活动的"受托接货"环节中,接货员上门办理接货手续时须做好的几项工作不包括(　　)。
　　A. 督导客户正确填写 SLI　　B. 审查货物
　　C. 填制运单　　D. 索要单证
8. 关于包运方式下的订舱配载操作,描述不正确的是(　　)。
　　A. 物流企业无须再向航空公司专门订舱
　　B. 物流企业无须向航空公司发出集装器实际使用预报
　　C. 物流企业只需向航空公司发出集装器实际使用预报
　　D. 物流企业的重点工作是制定集装方案,自行装箱打板,直接向航空公司移交已集装货物
9. 关于物流操作活动的"入站交接"环节,描述正确的是(　　)。

A. 集运方式下一般是先装箱打板、后交接
B. 包运方式下通常是先交接、后装箱打板
C. 集运方式下一般是先交接、后装箱打板
D. 包运方式下通常是装箱打板与交接同时进行

10. 关于物流操作活动中"签单起运"环节，描述不正确的是（　　）。
A. 海关放行货物后、装机起运前，物流企业还需将总运单交给航空公司签单确认
B. 航空公司签单确定后，根据载重数据和配载平衡原则进行排舱
C. 物流企业须密切跟踪航班起运动态，一旦发生航班取消等意外事件，物流企业应及时采取应对措施或启动应急预案，确保货物尽快重新起运
D. 货物起运前，始发地物流企业须尽快向目的地物流企业发出起运航班报告

（二）多选题

1. 国际航空物流业务流程的参与主体主要有（　　）。
   A. 托运人　　　　　　　　　　B. 物流企业
   C. 航空公司、报关行、国际机场　D. 关境机构

2. 关于物流企业在国际航空物流业务流程中地位的描述，正确的有（　　）。
   A. 物流企业是国际航空物流业务流程中的核心主体
   B. 物流企业是国际航空物流整个运作链条中的组织者和协调者
   C. 物流企业通过开拓客户投入了规模化货源，成为业务流程的驱动者、发动机
   D. 物流企业通过与各方建立战略合作伙伴关系，有效整合、优化了各参与主体的分散资源，产出专业服务和预期效益

3. 境内物流中心"入库处理"环节的活动包括（　　）。
   A. 入库储存　　B. 入库暂存　　C. 理货　　D. 入站交接

4. （　　）都有可能成为国际航空物流业务的驱动者。
   A. 营销部　　B. 操作部　　C. 客服部　　D. 行政部

5. 现代营销理论认为无形服务的营销活动需在有形产品的4P基础上增加（　　），称之为6P。
   A. 人员（person）　　　　　　　B. 渠道（place）
   C. 有形展示（physical evidence）　D. 促销（promotion）

6. 国际航空物流服务营销组合活动中，"服务"的常见变量包括（　　）。
   A. 航线网络覆盖面、运输速度、货物交接方式
   B. 运输安全性与可靠性、货物查询的便利性与跟踪的实时性
   C. 货物仓储与配送
   D. 空铁/空海/空卡联运能力

7. 国际航空物流服务的营销组合活动中，"渠道"的常见变量包括（　　）。
   A. 人员营销、电话营销　　　　B. 服务中心与门店营销
   C. 非直控区域的代理营销　　　D. "互联网+"营销，O2O营销

8. 物流操作活动的"入库理货"环节一般包括（　　）等工作。
   A. 复查货物与单证　　　　　　B. 检查包装
   C. 称量重量和体积　　　　　　D. 查标记贴标签

9. 关于"入库理货"环节的"复查货物与单证"工作，描述正确的是（　　）。
   A. 复查货物的合法性和安全性
   B. 复查单证完整性和准确性
   C. 只需复查单货一致性，无须复查单单一致性
   D. 既需复查单货一致性，也需复查单单一致性
10. 国际航空物流业务的客户服务活动一般包括（　　）。
   A. 接受客户咨询（服务前）
   B. 查询跟踪货物（服务中）
   C. 回访了解客户对服务的反馈（服务后）
   D. 理赔与关系修复（如果需要）

（三）判断题

1. 在"入库处理"环节中，如果是入库暂存，境内物流中心向客户提供货物储存等综合物流功能与增值服务。（　　）
2. 物流企业是国际航空物流业务流程中的核心企业，是整个运作链条中的组织者和协调者。（　　）
3. 物流企业的业务部门一般包括人力资源部、行政部或总经理办公室等部门。（　　）
4. 营销部门是唯一的国际航空物流业务驱动者。（　　）
5. 在国际航空物流服务的营销组合活动中，安排客户参观空运货站、服务中心、企业驻地等实体环境的活动属于"有形展示"的常见变量。（　　）
6. 一般来说，无论是开发新客户的业务还是扩展与老客户的合作，拜访客户都包括销售准备阶段、接触阶段、资讯阶段、说服阶段、签约阶段、维护与发展。（　　）
7. 如果收货人是固定客户，派送员须在送货前联系财会部，后者向收货人开出账单，完成费用结算后再送货。（　　）
8. 国际空运货物托运人须对托运书的内容尤其是货物名称与价值等信息的真实性负责，因此托运书实际上是一份重要的法律性文件。（　　）
9. 分运单号码是通过预排号印制或信息系统自动分配的方式确定的。（　　）
10. 总运单原则上应由航空公司填制，但在实践中为了节省填制时间、提高效率，很多航空公司的做法是授权物流企业代其填制总运单。（　　）

（四）名词解释

1. 6P 营销组合
2. CORK 问题
3. FAB

（五）简答题

1. 描述物流企业在国际航空物流业务流程中的核心地位。
2. 复述"入库处理"环节中境内外物流中心的功能。
3. 谈谈你对营销重要性的认识。
4. 国际航空物流业务营销人员的素质要求和活动要求有哪些？
5. 复述物流操作流程的 12 个环节以及每个环节包括的主要步骤。
6. 为什么说 SLI 是一份重要的法律性文件？

（六）实操题——案例分析
认真思考引导资料的案例，分析下列问题：
1. 可能有哪些原因导致各小组之间存在这种合作状况？
2. 流程运作不顺畅导致操作出错率上升，为改进服务质量，如何加强各小组之间的合作？

项目 3

国际航空物流运费与运单

学习内容

运价与计费重量认知；普通货物运价与运费计算；指定商品运价与运费计算；等级货物运价与运费计算；国际航空运单基础认知；国际航空运单填制。

能力目标

能熟练计算各种 IATA 运价（GCR、SCR、CCR）的运费，并据此正确填制国际航空运单的货物综合栏。

知识目标

熟悉协议运价与 IATA 运价体系的特征；掌握计费重量的规则、经济分界点的应用方法；掌握各种运价的使用规则。

引导资料

国际空运业务的核心部分——运价与运费体系

1975 年之前，一些航空公司各自出版运价手册，但是运价水平和格式相差甚远，为了减少冲突和浪费，并使运价手册更具有实用性，国际航空运输协会决定出版一本通用的运价手册，称为 TACT（The Air Cargo Tariff，空运货物运价表），这本在国际航空物流业界具有里程碑意义的指导手册由此诞生。TACT 主要分为三个部分：TACT Rules，TACT Rates—North America，TACT Rates—Worldwide。其中，TACT Rules 每年出版两期，TACT Rates 每两个月出版一期，结合并遵守 TACT Rules 共同使用。

分析：运价与运费体系是支撑国际空运业务的核心部分，是航空公司与国际航空物流企业实现营业收入的根本保证。科学合理地核算运费是国际航空物流业务的核心工作之一，而运价与运量是决定运费的主要变量。一方面，为了在全球范围内有效协调运价水平、统一运价规则，IATA 制定了 TACT，包括多种运价及其使用规则，组成了严谨的运价体系，为承运人在实践中合理制定协议运价提供了根本依据。另一方面，确定货物的计费重量不仅需考虑毛重还要考虑货物的体积，以及两者之间的关系，为此 IATA 还制定了确定计费重量的统一规则。

任务 3.1　运价与计费重量认知

国际航空物流运费，指将货物从一国始发地机场航空运输至另一国目的地机场所应收取的费用。国际航空物流运费主要受两个因素影响，即货物适用的运价与货物的计费重量。首先，因航空运输货物的种类繁多、运输的起讫地点所在航空区域不同，每种货物所适用的运价亦不同。其次，因飞机业载能力受最大起飞重量和货舱容积的限制，货物的计费重量需要同时考虑货物毛重和货物体积。此外，数量折扣原则和运距因素也影响货物运费的计算。

3.1.1　运价概述

国际航空物流运价（rate），指承运人对每一重量单位货物（千克/kg 或磅/lb）所收取的自一国始发地机场至另一国目的地机场的航空运输费用。

国际航空物流运价一般以始发地的本国货币公布，一些国家以美元代替其本国货币公布或视美元为当地货币的，以美元公布运价。

国际航空物流运价须规定有效期，航空运单所使用的运价应为填制运单之日的有效运价，即在航空物流运价有效期内适用的运价。

运价是调节国际航空物流市场的重要经济杠杆。如果运价过高，可能造成空运市场供应增加，运力过剩，需求减少，从而使现有运输设备得不到充分利用，导致资源浪费。如果运价过低，需求过量，造成运力紧张，也同样不利于资源的合理配置和有效利用，造成种种不合理运输，制约国民经济的发展。所以，制定科学合理的运价体系意义重大。

当前，国际航空物流运价按制定的途径划分，主要分为协议运价和 IATA 运价。

3.1.2　IATA 运价

1. IATA 运价体系

为了在全球范围内有效协调运价水平、统一运价规则，IATA 制定了完整的运价体系，以 TACT 的形式公布，因此 IATA 运价又称为 TACT 运价。IATA 运价体系见表 3-1。

表 3-1　IATA 运价体系

IATA 运价体系	普通货物运价	General Cargo Rate，简称 GCR
	指定商品运价	Specific Commodity Rate，简称 SCR
	等级货物运价	Commodity Classification Rate，简称 CCR

IATA 运价是国际航协通过运价手册向全世界公布的，主要目的是协调各国的航空物流运价，但从实际操作来看，各国从竞争角度考虑，较少航空公司完全遵照 IATA 运价执行，大多数航空公司以它为主要基础推行折扣运价，但不能说 IATA 运价没有实际应用价值。首先，它把世界上各主要城市之间的航空运价通过手册公布出来，每个航空公司都能找到参照运价，

航空公司在制定本公司运价时参照了 IATA 运价标准。其次，IATA 对特种货物运价进行了合理分类，航空公司在运输这种货物时通常直接适用 IATA 运价。最后，IATA 运价是全世界范围内的标准运价，使国际航空货物运输价格有了统一基准，规范了这个庞大的市场。

2. IATA 运价遵循的原则

（1）运价与重量段对应原则。在每一个重量段内对应设置一个运价，如表 3-2 所示。

表 3-2　广州到巴塞罗那航空运价表

	GUANGZHOU	CN	CAN
	BARCELONA	ES	BCN
		KG	CNY
	M		320.00
	N	−45	32.35
	Q	+45	28.66
		+100	27.88
		+300	27.10
		+500	26.62
		+1 000	26.12

以 Q 运价（数量折扣运价）为例，不同的运价水平对应不同的重量段（+45 kg，+100 kg，+300 kg，+500 kg，+1 000 kg），+45 kg 运价表示重量在 45 kg 以上的运价，为 CNY28.66/kg，也就是说 CNY28.66/kg 适用的重量范围是 45 kg 以上，在此范围内使用同一个运价。

（2）数量折扣原则。随着货物重量的增加，运价越来越低，这实际上是应用定价的数量折扣原则，激励托运人交付更多货物，提高飞机舱位的配载率。表 3-2 表明，45 kg 以上运价是 CNY28.66，100 kg 以上运价是 CNY27.88，300 kg 的运价是 CNY27.10，500 kg、1 000 kg 以上则更低一些，重量越大运价越优惠。

（3）运价与运距对应原则。这是定价的基本因素之一，一般来讲运距越长运价越高，因为运距越长则运输资源的消耗越大。然而运价与运距不是绝对成正比的，小部分运距较短的航线由于航班少、舱位资源紧缺，其运价往往比运距较长但航班多及舱位资源充足的航线更高。

（4）运价与货物种类对应原则。IATA 根据一定的标准将运价分为普通货物运价、指定商品运价、等级货物运价等几类。普通货物运价的使用规则最为简单；指定商品运价指 IATA 按照特定的标准划出十组指定商品并进行编码，对各组给予不同程度的运价优惠；等级货物运价指 IATA 按照特定的标准划定等级货物的范围，按照一定的运价使用规则，在普通货物运价的基础上附加或附减一定的百分比，例如，对活动物、贵重物品等货物采取运价附加的方式，对书报杂志、作为货物运输的行李等采取运价附减的方式。

3.1.3　计费重量

运费是根据每票货物所适用的运价和计费重量计算得出的。每票货物是指使用同一份航空运单的货物。由于运价是指运输起讫地点之间的航空运价，因此运费指将货物从一国始发地机场空运至另一国目的地机场的费用，在此不包括空中运输以外的其他费用（如地面运输、报关报检、仓储等相关服务费用）。

计费重量的最小重量单位

IATA 规定，计费重量以 0.5 kg 为最小重量单位，重量尾数不足 0.5 kg 的按 0.5 kg 计算；超过 0.5 kg 不足 1 kg 的，按 1 kg 计算；恰好等于 0.5 kg 的，则按 0.5 kg 计算。如 108.4 kg 按 108.5 kg 计算，108.6 kg 按 109.0 kg 计算，108.5 kg 按 108.5 kg 计算。

计费重量（chargeable weight，CW）指用以计算货物运费的重量，既和货物的毛重有关，也和货物的体积重量有关。

1. 毛重（gross weight，GW）

包括货物包装在内的货物重量，称为货物的毛重。在实践中，受飞机货运业载重量的限制，高密度货物的计费重量通常就是货物的毛重。

2. 体积重量（volume weight，VW）

（1）定义。按照 IATA 规则，将货物的体积按一定的比例折合而成的重量，称为体积重量。在实践中，受飞机货运业载容积的限制，低密度货物（即轻泡货物）的计费重量通常就是货物的体积。

（2）计算规则。先计算货物的体积再折算体积重量；不论货物形状是否为规则的长方体或正方体，以 cm 为单位，取最长、最宽、最高的数值，三边的小数部分按四舍五入取整数；体积重量的折算标准为每 6 000 cm³ 折合 1 kg。因此体积重量的计算公式为：

$$体积重量（kg）=货物体积（cm^3）÷6\ 000\ (cm^3/kg)$$

3. 计费重量

按照 IATA 规则，以货物毛重与体积重量两者之中较高者为计费重量（取高）。

当使用同一份分运单、收运两件以上适用同一种运价的货物时，计费重量为货物总毛重与总体积重量的较高者。

同理，当使用同一份总运单，集运两份以上分运单项下适用同一种运价的货物时，计费重量为货物的总毛重与总体积重量的较高者。

运价与运费的货币进整

国际航空物流运价及运费的货币进整，因货币的种类而异。TACT 将各国货币进整单位的规则公布在 TACT Rules 中，详细规则可参考 TACT Rules 中的 "Currency Table"。以 0.01、0.1、1、10 等为进位单位的货币，进位方法就是常说的四舍五入法。TACT 对我国货币（CNY）的进位规定为：运价及运费的进位单位为 0.01，保留两位小数点，进位方法为四舍五入。货币进整的方法规范了国际航空物流运价及运费金额的表示方式。

任务 3.2　普通货物运价与运费计算

3.2.1　概述

1. 普通货物运价的概念

普通货物运价指除了指定商品和等级货物以外，适用于普通货物的国际航空运价，是应用最为广泛的一种运价，英文为 general cargo rate（简称 GCR）。该运价一般公布在 TACT Rates Section 4。

2. 普通货物运价重量段

普通货物运价根据货物重量等级分为若干个重量段运价，以航空公司公布的 GCR 为例，如表 3-3 所示。

表 3-3　航空公司公布的 GCR

GUANGZHOU AMSTERDAM		CN NL	CAN AMS
		KG	CNY
	M		200.00
	N	−45	20.37
	Q	+45	18.43
		+100	17.20
		+300	16.90
		+500	15.42
		+1 000	14.71

（1）在表 3-3 中，M（minimum）表示 GCR 的最低运费，以计费重量和适用运价计算所得的普通货物运费不得低于 M，即 CNY200。

（2）N（normal）表示 GCR 的标准运价，通常适用于 45 kg 以下（−45）的普通货物；一些 GCR 不存在 −45 和 +45 的运价，在 M 之后直接就是 −100 的运价，此时标准运价 N 适用于 100 kg 以下的普通货物。

（3）Q（quantitive）表示 GCR 的数量运价，适用于 45 kg 以上（含 45 kg）不同重量段的普通货物，+45、+100、+300、+500、+1 000 分别表示不同的重量段，对应不同的运价。有些 GCR 没有公布 +1 000 的重量段运价，或者 +100 与 +500 重量段之间没有 +300 重量段，这通常与航空公司的航线及价格策略、运力供求关系等因素密切相关。

国际航空公司承运的货物大多数来自国际航空物流企业（以下简称为"物流企业"）。航空公司公布的 GCR 设置多层重量段、运价随重量段的递增而逐步降低，目的是向物流企业争取更多货源、鼓励其更积极地开发业务，从而更充分地利用飞机运力、保证货舱有更高的利用率。当然，在实践中航空公司会在 GCR 公布价的基础上向各个物流企业提供不同程度的优惠折扣。

注意：从法律地位上讲，代理人型的物流企业无权向货主收取运费、自己制定运价，它只能赚取代理服务费或佣金,因此这里指的是当事人型物流企业制定公布自己的运价并据此计收运费,它是在航空公司 GCR 的基础上定价的。

物流企业采取与航空公司相同或相似的递增重量段结构,运价随重量段的递增而逐步降低,目的同样是提高客户托运货物的积极性、获得更大货量。物流企业公布的 GCR 如表 3-4 所示。

表 3-4 物流企业公布的 GCR

DEST..	GENERAL CARGO RATE, FROM CAN TO EUROPE, CNY/KG						
	M	N	+45	+100	+300	+500	+1 000
AMS	300.00	20.00	18.00	17.00	16.50	16.00	15.00
CDG	280.00	18.00	16.00	15.50	15.00	14.50	14.00
FRA	290.00	19.00	18.00	17.00	16.50	16.00	15.00
BCN	—	—	28.00	27.50	27.00	26.50	26.00

小资料

航空公司与物流企业的运价进位单位

虽然航空公司和物流企业公布的运价小数点通常都保留两位,但因成本核算制度、定价策略等方面的区别,两者的进位单位有所不同。航空公司运价的进位单位为 0.01,如 CNY18.43/kg;多数物流企业运价的进位单位为 0.50,小数点为"00"或"50",如 CNY22.50/kg、CNY21.00/kg,在实践中物流企业这种简便归整的运价数目受到了广大客户的欢迎。

3.2.2 经济分界点

经济分界点(economical point,EP)是经济地使用普通货物运价的重量常数,在实践中得到了普遍应用,具有重要意义。下面结合实例介绍。

A、B 两个货主委托某物流企业从广州各空运一票普通货物至法兰克福,货物 A 计费重量为 980 kg,货物 B 计费重量为 1 000 kg;物流企业公布的 GCR 如表 3-4 所示,则适用运价(applicable rate,AR)分别为 CNY16.00/kg 和 CNY15.00/kg。

计算物流企业应收取的运费如下:

货物 A 运费=16.00×980=15 680.00(CNY)

货物 B 运费=15.00×1 000=15 000.00(CNY)

虽然货物 A 比货物 B 轻了 20 kg,但运费反而多了 680 元,显而易见,原因在于货物 A 的适用运价高于货物 B 的适用运价。

假设货物 A 计费重量为 900 kg,算得运费为 14 400(CNY),这时却又低于货物 B 的运费。可见存在一个计费重量的分界点,当计费重量大于(或等于)分界点,以较高分段重量(1 000 kg)和适用运价(CNY15.00/kg)算得的运费更经济;当计费重量小于分界点,以原重量(如 900 kg)和适用运价(CNY16.00/kg)算得的运费更经济。这个分界点即计费重量的经济分界点。经济分界点 EP 的公式如下：

$$EP = \frac{较高分段重量 \times 适用运价}{较低分段运价}$$

为了确保经济分界点 EP 与计费重量对比大小的准确性，EP 须保留两位小数点（四舍五入）。上例的经济分界点如下：

$$EP=（1\,000\times15.00）\div16.00=937.50（kg）$$

当货物 A 的计费重量＞937.50 kg 时，适用较高分段重量 1 000.0 kg 更节省运费。

假如+1 000 kg 运价不变，+500 kg 运价为 CNY15.50/kg，则 EP 为 967.741 935，取 967.74（kg）。

 小资料

在实践中应用 EP 的方法

方法 1：增重法。当 CW＞EP，将 CW 增加至较高分段重量。可以增加货物本身的数量，也可以增加货物的内外包装（如为内包装添加有效的填充物、为外包装添加合适的托盘等）。这种方法实际上是支付更少的运费却托运了更多的货量，或提高了货物运输的安全性和可靠性。

方法 2：报重法。当 CW＞EP，将 CW 申报至较高分段重量。当物流企业向航空公司交货采取这种方式时，应用 EP 是否可行还要取决于航空公司的制度。各航空公司的规定有所不同，常见的情况有两种：一种情况是对比复查重量与申报重量，取较高者，则报重法有效；另一种是以复查重量为准，则报重法无效。按行业惯例，当以较高分段重量和适用运价计算的运费较低时（即 CW＞EP），可以较高分段重量作为计费重量。

3.2.3 运费计算

1. 术语简称

Gross Weight：毛重，简称 GW。
Dimensions：货物的尺寸，简称 DIMS。
Number of Pieces，货物件数，简称 NOP。
Volume：体积。
Volume Weight：体积重量，简称 VW。
Chargeable Weight：计费重量，简称 CW。
Applicable Rate：适用运价，简称 AR。
Weight Charge：重量运费，简称 WC。它强调以货物重量 Weight 为直接变量算得的空运费用，目的是区别于不以 Weight 为直接变量的空运杂费，如燃油附加费、航空运单费、声明价值附加费等。
Routing：航线。

Commodity：商品、货物。
Carrier：承运人。
Logistics Company：物流企业，简称 LC。
Airline：航空公司。

2. 计算

[例 3-1]

Carrier：LC
Routing：from Guangzhou（CAN）/China to Amsterdam（AMS）/Netherlands
Commodity：Garments
NOP：1 pc
GW：28.0 kg
DIMS：62 cm×58 cm×42 cm
公布的 GCR 同表 3-4。
计算该票货物的航空运费并填制分运单（HAWB）的货物综合栏。

[解]

GW=28.0（kg）
VW=（62×58×42）÷6 000=25.2→25.5（kg）
因为 GW＞VW
所以 CW=GW=28.0（kg）
AR=GCR N=CNY20.00/kg
WC=28.0×20.00=560.00（CNY）
分运单的货物综合栏填制如下：

No of Pieces RCP	Gross Weight	kg lb	Rate Class		Chargeable Weight	Rate/ Charge	Total	Nature and Quantity of Goods （incl. Dimensions or Volume）
			Commodity Item No.					
1	28.0	K	N		28.0	20.00	560.00	GARMENTS DIMS：62×58×42（CM）

[例 3-2]

Carrier：Airline
Routing：from Beijing(PEK)/China to Frankfurt(FRA)/Germany
Commodity：Toys
NOP：10 pcs
GW：21.0 kg/pc
DIMS：61 cm×52 cm×55 cm/pc
计算该票货物的航空运费和填制总运单（MAWB）的货物综合栏。
公布的 GCR 如下：

		BEIJING FRANKFURT		CN DE	PEK FRA
				KG	CNY
		M			250.00
		N		−45	25.23
		Q		+45	22.10
				+100	21.28
				+300	20.10
				+500	19.62
				+1 000	18.82

[解]

GW=21.0×10=210.0（kg）

VW=（61×52×55）×10÷6 000=290.8→291.0（kg）

因为 VW＞GW

所以 CW=VW=291.0（kg）

（因 291.0 kg 接近较高分段重量 300.0 kg，所以计算 EP 再进行比较）

EP=（300.0×20.10）÷21.28=283.36（kg）

因为 CW＞EP

所以 AR=GCR Q+300=CNY20.10/kg

WC=300.0×20.10=6 030.00（CNY）

总运单的货物综合栏填制如下：

No of Pieces RCP	Gross Weight	kg lb	Rate Class		Chargeable Weight	Rate/ Charge	Total	Nature and Quantity of Goods (incl. Dimensions or Volume)
				Commodity Item No.				
10	210.0	K		Q	300.0	20.10	6 030.00	TOYS DIMS：61×52×55（CM）×10

[例 3-3]

Carrier：LC

Routing：from Guangzhou（CAN）/China to Paris（CDG）/France

Commodity：Instrument Parts

NOP：1 pc

GW：9.0 kg

DIMS：21 cm×32 cm×43 cm

公布的 GCR 同表 3-4。

计算该票货物的航空运费填制分运单的货物综合栏。

[解]

GW=9.0（kg）

VW=（21×32×43）÷6 000=4.8→5.0（kg）

因为 GW＞VW

所以 CW=GW=9.0（kg）

WC=9.0×18.0=162.00（CNY）

因为 M=280.00（CNY）

所以 WC＜M

WC=M=280.00（CNY）

分运单 HAWB 货物综合栏填制如下：

No of Pieces RCP	Gross Weight	kg lb	Rate Class		Chargeable Weight	Rate/ Charge	Total	Nature and Quantity of Goods (incl. Dimensions or Volume)
			Commodity Item No.					
1	9.0	K	M		9.0	280.00	280.00	INSTRUMENT PARTS DIMS：21×32×43（CM）

任务 3.3 指定商品运价与运费计算

3.3.1 概述

1. 指定商品运价的概念

指定商品运价，指适用于指定商品的、自指定始发地机场至指定目的地机场的国际航空运价，英文为 specific commodity rate，简称 SCR。

2. 指定商品运价的特点

一般情况下，指定商品运价低于对应的普通货物运价。就其性质而言，它是一种优惠性质的运价。因此，在使用指定商品运价时，对货物的起讫地点、运价使用期限、货物最低重量起点等均有特定的要求。

指定商品运价产生的原因主要有两方面：一方面，在某些特定航线上，一些货源较为稳定的货主频繁或定期地托运指定品名的商品，货主要求承运人提供一个较低的优惠运价；另一方面，航空公司为了更充分地利用飞机运力，争取更充足的货源，保证舱位有更高的配载率，主动向市场推出更有针对性和竞争力的优惠运价。

3.3.2 指定商品分组与编码

1. IATA 指定商品编码

TACT Rates Books Section 2 根据货物的性质和特点对指定商品进行分类，共 10 组，同时，每组用四位阿拉伯数字进行编码，该编码即为指定商品的品名编码。

指定商品分组及品名编码概要如下：

0001～0999 Edible animal and vegetable products

可食用的动植物产品
1000～1999 Live animals and inedible animals and vegetable products
活动物及非食用的动植物产品
2000～2999 Textiles，fibre and manufactures
纺织品、纤维及其制品
3000～3999 Metals and manufactures，excluding machinery，vehicles and electrical equipment
金属及其制品，不包括机器、汽车和电器设备
4000～4999 Machinery，vehicles and electrical equipment
机器、汽车和电器设备
5000～5999 Non-metallic minerals and manufactures
非金属材料及其制品
6000～6999 Chemicals and related products
化工材料及其相关产品
7000～7999 Paper，reed，rubber and wood manufactures
纸张、芦苇、橡胶和木材制品
8000～8999 Scientific，professional and precision instrument，apparatus and supplies
科学仪器、专业仪器、精密仪器、器械及配件
9000～9999 Miscellaneous
其他

2. 我国常用的指定商品编码

从总体看 IATA 指定商品编码数量非常多，下面是我国常用的指定商品编码：
0007 FRUIT，VEGETABLES
水果，蔬菜
0008 FRUIT，VEGETABLES（FRESH）
新鲜的水果，蔬菜
0300 FISH（EDIBLE），SEAFOOD
鱼（可食用的）、海鲜、海产品
1093 WORMS
沙蚕
2195A　YARN，THREAD，FIBRES，CLOTH（NOT FURTHER PROCESSED OR MANUFACTURED）：EXCLUSIVELY IN BALES，BOLTS，PIECES
成包、成卷、成块未进一步加工或制造的纱、线、纤维、布
2195B　WEARING APPAREL，TEXTILE MANUFACTURES
服装、纺织品

3.3.3　指定商品运价的使用规则

在国际航空物流业务中，只要满足下述三个条件，就可以直接使用指定商品运价。
（1）始发地机场至目的地机场之间有公布的指定商品运价。
（2）交运的货物品名与指定商品运价的商品品名吻合。

（3）货物的计费重量满足指定商品运价的最低重量要求。

使用指定商品运价时，航空运单的运价类别——Rate Class 栏目应填写字母 C。

3.3.4 运费计算与运单填制

1. 运费计算的步骤

（1）查找 TACT Rates Books Section 2 的指定商品品名表，找出与货物品名相吻合的指定商品编码。

（2）如果计费重量达到指定商品运价的最低重量要求，则使用指定商品运价。

（3）如果计费重量未达到指定商品运价的最低重量要求，则需分别计算 SCR 运费和 GCR 运费进行比较，取低者。该货物同时又属于等级货物的除外。

2. 运费的计算

[例 3-4]

Routing：from Beijing（PEK）/China to Osaka（KIX）/Japan

Commodity：Fresh Apples

NOP：5 pcs

GW：65.2 kg/pc

DIMS：102 cm×44 cm×25 cm/pc

SCR 公布如下：

	BEIJING	CN	PEK
	OSAKA	JP	KIX
		KG	CNY
	M		175.00
	N	−45	22.51
	Q	+45	19.13
	0008	+300	12.78
	0300	+500	14.02
	1093	+100	12.53
	2195	+500	12.78

[解]

查找指定商品品名表，货物品名符合指定商品编码 0008，重量符合最低重量 300 kg 的要求，运费计算如下：

GW=65.2×5=326.0（kg）

VW=（102×44×25）×5÷6 000=93.5（kg）

因为 GW＞VW

所以 CW=GW=326.0（kg）

AR=SCR0008=12.78（CNY/kg）

WC=326.0×12.78=4 166.28（CNY）

运单的货物综合栏填制如下：

No of Pieces RCP	Gross Weight	kg lb	Rate Class		Chargeable Weight	Rate/ Charge	Total	Nature and Quantity of Goods （incl. Dimensions or Volume）
				Commodity Item No.				
5	326.0	K	C	0008	326.0	12.78	4 166.28	FRESH APPLES DIMS：102×44×25（CM）×5

注：
（1）在运价类别—Rate Class 栏目需填写指定商品运价的代码 C。
（2）在商品项目编号—Commodity Item No.栏目需填写指定商品的编号（0008）。

[例 3-5]
Routing：from Beijing（PEK）/China to Tokyo（NRT）/Japan
Commodity：Fresh Broccoli
NOP：6 pcs
GW：47.8 kg/pc
DIMS：128 cm×42 cm×36 cm/pc
SCR 公布如下：

BEIJING		CN	PEK
TOKYO		JP	NRT
		KG	CNY
	M		230.00
	N	−45	23.51
	Q	+45	21.13
	0008	+300	14.78
	0300	+500	16.02
	1093	+100	14.53
	2195	+500	14.78

[解]
GW=47.8×6=287.0（kg）
VW=（128×42×36）×6÷6 000=194.0（kg）
因为 GW＞VW
所以 CW=GW=287.0（kg）
因未满足 0008 的最低重量 300 kg 的要求，需计算比较 GCR 运费和 SCR 运费，取低者。
（1）计算 GCR 运费。
GCR WC=287.0×21.13=6 064.31（CNY）
（2）计算 SCR 运费。
AR=SCR0008=14.78（CNY/kg）
SCR WC=300.0×14.78=4 434.00（CNY）
因为 SCR 运费＜GCR 运费
所以 WC=4 434.00（CNY）

航空运单的货物综合栏填制如下：

No of Pieces RCP	Gross Weight	kg lb	Rate Class		Chargeable Weight	Rate/ Charge	Total	Nature and Quantity of Goods (incl. Dimensions or Volume)
				Commodity Item No.				
6	287.0	K	C	0008	300.0	14.78	4 434.00	FRESH BROCCOLI DIMS：128×42×36（CM）×6

[例3-6]

Routing：from Beijing（PEK）/China to Tokyo（NRT）/Japan

Commodity：Fresh Juicy Peaches

NOP：4 pcs

GW：47.8 kg/pc

DIMS：128 cm×42 cm×36 cm/pc

SCR 公布如下：

		BEIJING	CN	PEK
		TOKYO	JP	NRT
			KG	CNY
		M		230.00
		N	−45	23.51
		Q	+45	21.13
		0008	+300	14.78
		0300	+500	16.02
		1093	+100	14.53
		2195	+500	14.78

[解]

GW=47.8×4=191.2→191.5（kg）

VW=（128×42×36）×4÷6 000=129.02→129.5（kg）

因为 GW＞VW

所以 CW=GW=191.5（kg）

因未满足 0008 的最低重量 300 kg 的要求，需计算比较 GCR 运费和 SCR 运费，取低者。

（1）计算 GCR 运费。

GCR WC=191.5×21.13=4 046.40（CNY）

（2）计算 SCR 运费。

AR=SCR0008=14.78（CNY/kg）

SCR WC=300.0×14.78=4 434.00（CNY）

因为 GCR 运费＜SCR 运费

所以 WC=4 046.40（CNY）

运单的货物综合栏填制如下：

No of Pieces RCP	Gross Weight	kg lb	Rate Class		Chargeable Weight	Rate/ Charge	Total	Nature and Quantity of Goods (incl. Dimensions or Volume)
			Commodity Item No.					
4	191.5	K	Q		191.5	21.13	4 046.40	FRESH JUICY PEACHES DIMS：128×42×36（CM）×4

注：
（1）在运价类别—Rate Class 栏目需填写实际适用的 GCR 数量运价的代码 Q。
（2）在计费重量—Chargeable Weight 栏目需填写适用 GCR 运价的计费重量。

任务 3.4　等级货物运价与运费计算

3.4.1　概述

1. 等级货物运价的概念

等级货物运价，指在 IATA 规定的业务区内或业务区之间空运特别规定的等级货物的运价，英文为 commodity classification rate，简称 CCR。

小资料

IATA 对等级货物的规定

IATA 规定，等级货物包括活动物、贵重货物、书报杂志类货物、作为货物运输的行李等。前两种等级货物的运价在普通货物运价的基础上附加一定的百分比或不附加也不附减，后两种等级货物的运价在普通货物运价的基础上附减一定的百分比。

2. 等级货物运价的使用规则

等级货物运价是以普通货物运价为基础，以附加或附减一定的百分比或不附加也不附减的形式制定的，如何附加或附减需根据特定的规则，这一规则公布在 TACT Rules 部分，因此使用等级货物运价需结合规则表和适用的普通货物运价一同使用。

填制航空运单时，适用附加或不附加也不附减的等级货物运价（surcharged commodity classification rate，SCCR）的，在运价类别——Rate Class 栏目填写代码 S；适用附减的等级货物运价（reduced commodity classification rate，RCCR）的，填写代码 R。

3. IATA 航空区域划分

国际航空运输业务区

为达到有效实行分区管理、制定跨区域运价、规范航行程序等目的，国际航空运输协会（IATA）将全球划分为 Area 1、Area 2、Area 3 三个航空运输业务区（如图 3-1 所示），以方便各国、各地区航空运输企业之间的运输业务划分与合作。

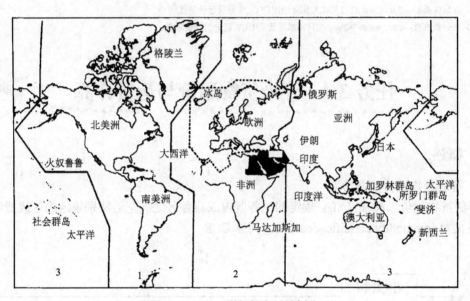

图 3-1 IATA 国际航空区域划分

3.4.2 活动物运价与运费

活动物（live animals）等级货物运价参看 TACT Rules 3.7.2 的内容。

1. 活动物运价规则表

活动物运价规则表如表 3-5 所示。

表 3-5 活动物运价规则表

	IATA AREA（see Rules 1.2.2 Definition of Areas）					
	Within Area 1	Within Area 2	Within Area 3	Between Area 1&2	Between Area 2&3	Between Area 3&1
All LIVE ANIMALS Except: Baby poultry less than 72 hours old	175% of Normal GCR	175% of Normal GCR	150% of Normal GCR Except: (1) below	175% of Normal GCR	150% of Normal GCR Except: (1) below	150% of Normal GCR Except: (1) below

续表

BABY POULTRY Less than 72 hours old	Normal GCR	Normal GCR	Normal GCR Except: (1) below	Normal GCR	Normal GCR Except: (1) below	Normal GCR Except: (1) below

注：
（1）Within and from the South West Pacific Sub-area（在西南太平洋次区之内或从该区始发）：200% of the applicable GCR.
（2）活动物的最低运费为 200% of Minimum GCR。
（3）不适用于 ECAA（Europe Common Aviation Association）国家之间。

2. 对活动物运价规则表的说明

（1）当表中出现"Normal GCR"时，表示使用 GCR 的标准运价，即适用 45 kg 以下的 N 运价（当不存在 45 kg 以下 GCR 时，N 运价表示 100 kg 以下 GCR），此时运价高低与计费重量大小无关。

（2）当表中出现"Normal GCR 的百分比"时，如"150% of Normal GCR"，表示在 GCR 的 N 运价基础上乘以这个百分比，此时运价高低与计费重量大小无关。

（3）计算活动物的计费重量时须包含活动物的容器及食物等。

3. 计算运费与填制运单（货物综合栏）

[例 3-7]
Routing：from Guangzhou（CAN）/China to Barcelona（BCN）/Spain
Commodity：Live Dog
NOP：1 pc
GW：40.0 kg（dog+kennel）
DIMS：90 cm×50 cm×68 cm
GCR 与运价规则表如下：

	GUANGZHOU	CN	CAN	
	BARCELONA	ES	BCN	
		KG	CNY	
	M		320.00	
	N	−45	32.35	
	Q	+45	28.66	
		+100	27.88	
		+300	27.10	
		+500	26.62	
		+1 000	26.12	

	IATA AREA（see Rules 1.2.2 Definition of Areas）					
All LIVE ANIMALS Except: Baby poultry less than 72 hours old	Within Area 1	Within Area 2	Within Area 3	Between Area 1&2	Between Area 2&3	Between Area 3&1
	175% of Normal GCR	175% of Normal GCR	150% of Normal GCR Except: (1) below	175% of Normal GCR	150% of Normal GCR Except: (1) below	150% of Normal GCR Except: (1) below

[解]

GW=40.0（kg）

VW=（90×50×68）÷6 000=51.0（kg）

因为 VW＞GW

所以 CW=VW=51.0（kg）

因为 CAN—BCN between Area 2 & 3

所以 AR=150%N GCR=150%×32.35=48.53（CNY）

WC=51.0×48.53=2 475.03（CNY）

运单的货物综合栏填制如下：

No of Pieces RCP	Gross Weight	kg lb	Rate Class		Chargeable Weight	Rate/Charge	Total	Nature and Quantity of Goods （incl. Dimensions or Volume）
			Commodity Item No.					
1	40.0	K	S	N150	51.0	48.53	2 475.03	DOG DIMS：90×50×68（CM） LIVE ANIMAL

注：

（1）在运价类别——Rate Class 栏目填入 S，表示适用附加的等级货物运价。

（2）在商品项目编号——Commodity Item No.栏目填入 N150，表示使用了 150% N GCR。

（3）在运价/运费——Rate/Charge 栏目填入 48.53，表示适用 N GCR32.35 的 150%运价。

（4）在货物品名和数量栏——Nature and Quantity of Goods 栏目加填 "LIVE ANIMAL"，表示特别声明货物为"活动物"（按相关操作要求）。

[例 3-8]

Routing：from Guangzhou（CAN）/China to Ho Chi Minh/Vietnam（SGN）

Commodity：Day Old Chicks（一日龄鸡）

NOP：30 pcs

GW：2.4 kg/pc

DIMS：50 cm×18 cm×20 cm/pc

GCR 与运价规则表如下：

	GUANGZHOU HO CHI MINH		CN VN	CAN SGN
			KG	CNY
		M		200.00
		N	−45	20.23
		Q	+45	16.10
			+100	15.68
			+300	14.50
			+500	13.56
			+1 000	12.51

项目 3　国际航空物流运费与运单

IATA AREA（see Rules 1.2.2 Definition of Areas）						
All LIVE ANIMALS	Within Area 1	Within Area 2	Within Area 3	Between Area 1&2	Between Area 2&3	Between Area 3&1
BABY POULTRY Less than 72 hours old	Normal GCR	Normal GCR	Normal GCR Except:（1）below	Normal GCR	Normal GCR Except:（1）below	Normal GCR Except:（1）below

[解]

GW=30.0×2.4=72.0（kg）

VW=（50×18×20）×30÷6 000=90.0（kg）

因为 VW＞GW

所以 CW=VW=90.0（kg）

因为 CAN—SGN within Area 3

所以 AR=N GCR=20.23（CNY）

WC=90.0×20.23=1 820.70（CNY）

运单的货物综合栏填制如下：

No of Pieces RCP	Gross Weight	kg lb	Rate Class		Chargeable Weight	Rate/ Charge	Total	Nature and Quantity of Goods（incl. Dimensions or Volume）
				Commodity Item No.				
30	72.0	K	S	N100	90.0	20.23	1 820.70	DAY OLD CHICKS DIMS：50×18×20（CM）×30 LIVE ANIMAL

[例 3-9]

Routing：from Shanghai（PVG）/China to Los Angeles（LAX）/USA

Commodity：Cat

NOP：1 pc

GW：3.0 kg

DIMS：40 cm×30 cm×30 cm

GCR 与运价规则表如下：

		SHANGHAI LOS ANGELES	CN US	PVG LAX
			KG	CNY
		M		300.00
		N	−45	30.22
		Q	+45	26.13
			+100	25.68
			+300	24.59
			+500	23.56
			+1000	22.91

IATA AREA (see Rules 1.2.2 Definition of Areas)						
All LIVE ANIMALS Except: Baby Poultry less than 72 hours old	Within Area 1	Within Area 2	Within Area 3	Between Area 1&2	Between Area 2&3	Between Area 3&1
	175% of Normal GCR	175% of Normal GCR	150% of Normal GCR Except: (1) below	175% of Normal GCR	150% of Normal GCR Except: (1) below	150% of Normal GCR Except: (1) below

[解]

GW=3.0（kg）

VW=（40×30×30）÷6 000=6.0（kg）

因为 VW＞GW

所以 CW=VW=6.0（kg）

因为 PVG—LAX between Area 3 & 1

所以 AR=150%N GCR=150%×30.22=45.33（CNY）

WC=6.0×45.33=271.98（CNY）

Minimum Charge=200%M GCR=200%×300.00=600.00（CNY）

因为 WC＜Minimum Charge

所以 运费=Minimum Charge=600.00（CNY）

运单的货物综合栏填制如下：

No of Pieces RCP	Gross Weight	kg lb	Rate Class		Chargeable Weight	Rate/ Charge	Total	Nature and Quantity of Goods （incl. Dimensions or Volume）
				Commodity Item No.				
1	3.0	K	S	M200	6.0	600.00	600.00	CAT DIMS：40×30×30（CM） LIVE ANIMAL

注：

（1）在运价类别——Rate Class 栏目填入 S，表示适用附加的等级货物运价。

（2）在商品项目编号——Commodity Item No.栏目填入 M200，表示使用了 200% M GCR。

（3）在运价/运费——Rate/Charge 栏目不填运价而填运费金额（600.00）。

3.4.3 贵重货物运价与运费

小资料

贵重货物的定义

凡交运的一批货物中含有下列物品中的一种或多种的，称为贵重货物（valuable cargo）。

■ 声明价值为毛重每千克≥1 000 美元的任何物品。

- 黄金、混合金、金币、各种形状的黄金制品、白金类稀有贵重金属等（但上述金属以及合金的放射性同位素则不属于贵重货物，而属于危险品，应按危险品运输的有关规定办理）。
- 钻石（包括工业钻石）、各种宝石、珍珠以及镶有上述物品的饰物。
- 金、银、铂制品、饰物和表等。

1. 贵重货物运价规则表

贵重货物运价规则表如表 3-6 所示。

表 3-6 贵重货物运价规则表

AREA	RATE
All Areas	200% of Normal GCR

注：
（1）Area 1 和 Area 3 之间且经北或中太平洋（除朝鲜半岛至美国本土外），1 000 kg 或 1 000 kg 以上贵重货物的运费，按 150% of Normal GCR 收取。
（2）贵重物的最低运费为 200% of Minimum GCR，同时不低于 50 美元或等值货币。

2. 计算运费与填制运单（货物综合栏）

[例 3-10]
Routing：from Guangzhou（CAN）/CHINA to Amsterdam（AMS）/Netherlands
Commodity：Gold Watch
NOP：1 pc
GW：32.0 kg
DIMS：61 cm×51 cm×42 cm
GCR 公布如下：

GUANGZHOU		CN	CAN
AMSTERDAM		NL	AMS
		KG	CNY
	M		200.00
	N	−45	20.37
	Q	+45	18.43
		+100	17.20
		+300	16.90
		+500	15.42
		+1 000	14.71

[解]
GW=32.0（kg）
VW=（61×51×42）÷6 000=22.0（kg）
因为 GW>VW
所以 CW=GW=32.0（kg）
AR=200% N GCR=200%×20.37=40.74（CNY）
WC=32.0×40.74=1 303.68（CNY）

运单的货物综合栏填制如下：

No of Pieces RCP	Gross Weight	kg lb	Rate Class		Chargeable Weight	Rate/ Charge	Total	Nature and Quantity of Goods （incl. Dimensions or Volume）
				Commodity Item No.				
1	32.0	K	S	N200	32.0	40.74	1 303.68	GOLD WATCH DIMS：61×51×42（CM）

3.4.4 书报杂志运价与运费

书报杂志包括图书、报纸、杂志、期刊、目录、盲人读物及设备等（Books，Newspaper，Magazines，Periodicals，Catalogues，Braille type equipment and talking books for the blind）。

1. 书报杂志运价规则表

书报杂志运价规则表如表 3-7 所示。

表 3-7 书报杂志运价规则表

AREA	RATE
Within Area 1	67% of Normal GCR
Between Area 1 and 2	67% of Normal GCR
All Other Areas	50% of Normal GCR

注：
（1）书报杂志的最低运费按 GCR 最低运费 M 收取。
（2）书报杂志的 CCR 运费可以和 GCR 运费比较，然后取低者。

2. 计算运费与填制运单（货物综合栏）

[例 3-11]

Routing：from Beijing（PEK）/China to London（LHR）/United Kingdom

Commodity：Books

NOP：20 pcs

GW：49.0 kg/pc

DIMS：70 cm×50 cm×40 cm/pc

GCR 公布如下：

	BEIJING	CN	PEK
	LONDON	GB	LHR
		KG	CNY
	M		290.00
	N	−45	29.23
	Q	+45	26.10
		+100	25.28
		+300	24.10
		+500	23.62
		+1 000	22.82

[解]

GW=49.0×20=980.0（kg）

VW=（70×50×40）×20÷6 000=467.0（kg）

因为 GW＞VW

所以 CW=GW=980.0（kg）

AR=50%N GCR=50%×29.23=14.62（CNY）

CCR WC=980.0×14.62=14 327.60（CNY）

运单的货物综合栏填制如下：

No of Pieces RCP	Gross Weight	kg lb	Rate Class		Chargeable Weight	Rate/ Charge	Total	Nature and Quantity of Goods （incl. Dimensions or Volume）
			Commodity Item No.					
20	980.0	K	R	N50	980.0	14.62	14 327.60	BOOKS DIMS：70×50×40（CM）×20

3.4.5 作为货物运输的行李运价与运费

1. 作为货物运输的行李运价规则表

作为货物运输的行李运价规则表如表3-8所示。

表3-8 作为货物运输的行李运价规则表

AREA	RATE
Within Area 2	50% of Normal GCR
Within Area 3	50% of Normal GCR
Between Area 1 and 2	50% of Normal GCR
Between Area 2 and 3	50% of Normal GCR

注：

（1）上述运价不适用的范围：在2区内全部航程为欧洲分区；在3区内至或从美国领地；在1与2区之间至或从美国、美国领地至或从格陵兰岛；在2区与3区之间至或从美国领地。

（2）由此可见，在3区（含中国）与1区之间、在1区内空运此类货物，不属于该等级货物的范畴，不能使用上述折扣运价，而应采用普通货物运价或指定商品运价。

（3）最低运费：以10 kg为最低计费重量与适用运价计算的运费，和GCR最低运费M比较，取高者。

（4）作为货物运输的行李CCR运费可以和GCR运费比较，然后取低者。

2. 计算运费与填制运单（货物综合栏）

[例3-12]

Routing：from Beijing（PEK）/China to Tokyo（NRT）/Japan

Commodity：Personal Effects

NOP：1 pc

GW：25.0 kg

DIMS：70 cm×47 cm×35 cm

GCR 公布（局部）如下：

	BEIJING	CN	PEK
	TOKYO	JP	NRT
		KG	CNY
	M		230.00
	N	−45	23.51
	Q	+45	21.13

[解]
GW=25.0（kg）
VW=（70×47×35）÷6 000=19.2→19.5（kg）
因为 GW＞VW
所以 CW=GW=25.0（kg）
AR=50% N GCR=50%×23.51=11.76（CNY）
WC=25.0×11.76=294.00（CNY）
运单的货物综合栏填制如下：

No of Pieces RCP	Gross Weight	kg lb	Rate Class		Chargeable Weight	Rate/ Charge	Total	Nature and Quantity of Goods (incl. Dimensions or Volume)
				Commodity Item No.				
1	25.0	K	R	N50	25.0	11.76	294.00	PERSONAL EFFECTS DIMS：70×47×35（CM）

任务 3.5　国际航空运单基础认知

3.5.1　概述

航空运单，英文为 air waybill，是托运人和承运人之间在承运人的空运航线上运输货物所订立的运输契约，由托运人或者以托运人的名义填写，由承运人签发。

签发运单的承运人包括"有机承运人"和"无机承运人"，在实践中前者指航空公司的物流部门或专营物流的航空公司（airline），后者指当事人型国际航空物流企业（以下简称物流企业）。因此按照签发方的不同，国际航空运单可分为航空公司签发的总运单（master air waybill，MAWB）和物流企业签发的分运单（house air waybill，HAWB）。

小资料

航空运单的特性

航空运单是由航空物流承运人签发的最重要单据,是承托双方运输合同的证明,运单内容和条款对双方均具有约束力。但是航空运单与海运提单有很大不同,具有以下两方面特性。(1)非物权凭证。海运提单是物权凭证,但航空运单不同,它不是货物所有权的凭证,因此在实践中,货物运抵目的地后,运单上的收货人凭到货通知、身份证明和相关单证办理报关和提货手续,承运人并不要求收货人凭正本运单提货,与海运业务的凭单放货操作有显著区别。(2)不可转让。由于大多数空运货物的时效要求高、交货期很短,如果航空运单从托运人手上经过层层背书转让给提货人,在提货人拿到运单之前货物通常早已经运抵、滞留在目的地,这在很大程度上排除了通过转让航空运单转让物权的现实性和必要性。航空运单一般印有"Not Negotiable"(不可转让)的字样,其性质类似于记名(straight)海运提单,即在收货人一栏直接填写指定的收货人名称及地址,不能像指示海运提单那样填写"凭指示"或"凭……的指示"(TO ORDER 或 TO THE ORDER OF…)。因此,航空运单一般不适用于国际贸易业务的跟单信用证支付方式。

3.5.2 国际航空运单的作用

航空运单是托运人和承运人之间最重要的物流单证,其作用归纳如下。

1. 航空货物运输合同的证明

航空运单是航空货物运输合同成立的证明,它证明了托运人与承运人之间运输合同的依法存在。如果在签发航空运单之前,承托双方另有约定,且该约定又不同于提单条款规定的内容,则以该约定为准。实践中,在承运人签发航空运单之前,很多情况下承托双方并不另行约定,如果托运人在接受航空运单时未提出任何异议,此时可将运单条款推定为合同条款的内容,航空运单就从运输合同成立的证明转化为运输合同本身。

2. 货物收据

航空运单也是货物收据,在托运人发运货物后,承运人将运单的托运人联交给托运人,作为已经接收货物的证明。除非另外注明,它是承运人收到货物并表明货物外表状况良好的证明。

3. 费用结算凭证

航空运单分别记载着托运人、收货人应承担的费用,通常详细列明费用的种类(重量运费、申明价值附加费、燃油附加费、运单费及其他费用)和金额,因此航空运单是核收结算各种费用的重要凭证,承运人通常将航空运单的承运人联作为记账凭证。

4. 投保证明

如果托运人要求承运人代办货物运输保险,则须填写航空运单上与保险相关的各个栏目,此时航空运单可作为已为货物办理运输保险的证明。

5. 报关单证

航空运单通常是出口报关的必备单证之一,在货物到达目的地办理进口报关时,航空运单也通常是海关查验放行货物的基本单证。

6. 业务依据

航空运单相关联随货同行，不但证明了货物的"身份"，更重要的是运单上记载了有关货物发送、转运、报关、交付、储存的操作要求和注意事项等信息，国际航空物流操作流程的各个参与方须根据这些指示对货物做出运输和操作方面的相应安排。因此，航空运单是顺利开展国际航空物流业务的重要依据。

3.5.3 国际航空运单的构成

总运单与分运单的格式基本一致，但是联数和用途有所不同，一般来说，前者比后者复杂一些。我国各大航空公司采用的航空运单（总运单）通常为一式十二联，由三联正本、六联副本和三联额外副本构成；每份正本的背面都印有条款，正本1给航空公司，作为记账和业务凭证；正本2给收货人，作为收货人在目的地查收货物的依据；正本3给托运人，作为托运人交付货物及运费预付方式下已付运费的收据，同时也是托运人与承运人之间有法律效力的运输契约。国际航空运单的联数、用途和颜色如表3–9所示。

表3–9 国际航空运单的联数、用途和颜色

序号	联 数	用 途	颜 色
1	Original 3 正本 3	给托运人	浅蓝色
2	Copy 9 副本 9	给代理人	白色
3	Original 1 正本 1	给航空公司	浅绿色
4	Original 2 正本 2	给收货人	粉红色
5	Copy 4 副本 4	提取货物收据	浅黄色
6	Copy 5 副本 5	给目的地机场	白色
7	Copy 6 副本 6	给第三承运人	白色
8	Copy 7 副本 7	给第二承运人	白色
9	Copy 8 副本 8	给第一承运人	白色
10	Extra copy 额外副本	备用	白色
11	Extra copy 额外副本	备用	白色
12	Extra copy 额外副本	备用	白色

分运单一般不超过十联，正本联也通常包括托运人联、承运人联、收货人联，另有多份副本备用，份数和用途比总运单简单一些。

3.5.4 国际航空运单的填开责任

根据《华沙公约》第6条第（1）款和第（5）款规定，航空运单应当由托运人填写。承运人根据托运人的要求填写航空运单的，在没有相反证据的情况下，应视为代表托运人填写，这表明托运人仍然对航空运单所填各项内容的正确性、完整性负责。由于运单所填内容不正

确、不完整导致承运人或其他人遭受损失的，托运人负有责任。

在国际航空物流业务中，大多数货物是通过物流企业收运的，只有特种货物和少数物品才由航空公司直接收运。由于填写航空运单必须具备专业知识，同时为了提高填单效率、扩大客户服务范围，在实践中的一般做法是，托运人以托运书（SLI）的形式授权物流企业代填航空运单，托运书写明了托运人接受正本航空运单背面的运输条件和契约条款，托运书所填有关货物与收发货人等各项内容，则成为物流企业代填航空运单的最重要凭证和法律依据，因此货代企业必须严格督导托运人正确、完整地填写托运书并在上面签字盖章。

任务 3.6　国际航空运单填制

 小资料

中 性 运 单

在实践中，虽然国际航空运单通常分成总运单和分运单两类，但是两种运单的格式和填写规范基本一致。这是因为两种运单都借鉴了 IATA 所推荐的标准格式，区别并不大，所以标准格式的运单也称为中性运单。下面主要介绍中性运单的填写规范，暂不分开介绍总、分运单，第 5 章再详细介绍两种运单在一些栏目上的填写区别和注意事项。

3.6.1　填制的基本要求

1. 一致性

"单货一致、单单一致"是国际航空物流单证操作的基本准则，航空运单上的信息除了必须与货物实际情况一致，还必须与其他单证（发票、装箱单、舱单、报关单等）的各项内容保持高度一致性，尤其是货物品名、数量、重量、价值、运价等信息。

2. 规范性

采用打字机、计算机或专用设备以英文大写字母填写运单；各栏目内容须正确、清晰、齐全；各栏目内容的排版须工整、美观、实用；宽栏目（主要有托运人栏、收货人栏、操作信息栏、财务信息栏等）所填内容一般采取"水平靠左、垂直靠上"的对齐方式；其他窄栏目一般采取"水平居中、垂直靠上"的对齐方式。

3. 严肃性

填写的内容不得随意涂改；确实需更改时，更改内容须清晰工整，并且在更改内容旁加盖更改章，注明更改方名称和更改日期，运单其他各联一同更改。

3.6.2　各栏目填写规范

航空运单样本及各栏目编号如表 3-10 所示。

表 3-10　航空运单样本及各栏目编号

ORIGINAL 3 (FOR SHIPPER)

1A —		1B						1A —	1B
Shipper's Name and Address		Shipper's Account Number			Not Negotiable Air Waybill			Issued by 1C	
		3							
2					Copies 1, 2 and 3 of this Air Waybill are originals and have the same validity. 1D				
Consignee's Name and Address		Consignee's Account Number			It is agreed that the goods described herein are accepted for carriage in apparent good order and condition (except as noted) and **subject to the conditions of contract on the reverse hereof. All goods may be carried by and other means including road or any other carrier unless specific contrary instructions are given hereon by the shipper. The shipper's attention is drawn to the notice concerning carrier's limitation of liability. Shipper may increase such limitation of liability by declaring a higher value for carriage and paying a supplemental charge if required.** 1E				
		5							
4									
Issuing Carrier's Agent Name and City					Accounting Information				
6					10				
Agent's IATA Code		Account No.							
7		8							
Airport of Departure and Requested Routing									
9									

	Routing and Destination					Currency	CHGS Code	WT/VAL		Other		Declared Value for Carriage	Declared Value for Customs
To	By First Carrier	to	by	to	by			PPD	COLL	PPD	COLL		
11A	11B	11C	11D	11E	11F	12	13	14A	14B	15A	15B	16	17
Airport of Destination		Flight / Date				Amount of Insurance		INSURANCE — If Carrier offers insurance, and such insurance is requested in accordance with the conditions thereof, indicate amount to be insured in figures in box marked "Amount of Insurance."					
18		19				20							

Handling Information									
21									

(For USA only) These commodities licensed by U.S. for ultimate destination ·············· Diversion contrary to U.S. law is prohibited

No of Pieces RCP	Gross Weight	Kg lb	Rate Class		Chargeable Weight	Rate / Charge	Total	Nature and Quantity of Goods (incl. Dimensions or Volume)
				Commodity Item No.				
22A	22B	22C	22D	22E	22F	22G	22H	22I
22J	22K						22L	

续表

Prepaid	Weight Charge	Collect	Other Charges			
24A		24B	23			
Valuation Charge						
25A		25B				
Tax						
26A		26B				
Total other Charges Due Agent			Shipper certifies that the particulars on the face hereof are correct and that in so far as any part of the consignment contains dangerous goods, such part is properly described by name and is in proper condition for carriage by air according to the applicable Dangerous Goods Regulations.			
27A		27B				
Total other Charges Due Carrier			31			
28A		28B				
29A		29B	Signature of Shipper or his Agent			
Total Prepaid		Total Collect				
30A		30B	32A	32B		32C
Currency Conversion Rates		CC Charges in Dest. Currency				
33A		33B	Executed on (date)	at (place)		Signature of Issuing Carrier or its Agent
For Carrier's Use only at Destination 33		Charges at Destination	Total Collect Charges	1A —		1B
		33C	33D			

下面详细介绍各栏目的填写规范。

1. 运单号码（Air Waybill Number）和相关信息

将运单号码填在运单的右上角和右下角两处，以方便随时查阅。

总运单号码通常为"3+8"位数结构，前3位为航空公司的IATA代码，填在【1A】栏；后8位为运单序号，填在【1B】栏。如784—12345678，784为中国南方航空公司的IATA代码，12345678为运单序号。

分运单号码通常为8至10位，仅代表运单序号，有些物流企业规定分运单号码前几位为自编代码。

【1C】栏是运单所属承运人的名称和所在地，此处一般印有航空公司或物流企业的标识、名称和所在地。

【1D】是正本联说明。

【1E】是契约条件，一般情况下无须填写，除非承运人需要。

2. 托运人名称与地址（Shipper's Name and Address）

填写托运人名称（若托运人为个人则填姓名）、地址、联系人、电话号码等联系信息。

总运单上的托运人通常是始发地的物流企业，分运单上的托运人通常是实际托运人。

3. 托运人账号（Shipper's Account Number）

该账号一般是承运人通过业务管理系统分配给始发地固定客户（托运人）的账户号码，用于定期结算托运人应预付的运费，也用于运费到付方式下收货人拒付时承运人向托运人收回运费。

4. 收货人名称与地址（Consignee's Name and Address）

填写收货人名称（若托运人为个人则填姓名）、地址、联系人、电话号码等联系信息。

填写此栏须注意以下几点：

（1）与海运提单常用的指示方式不同，航空运单采用记名方式，不得填写"TO ORDER"或"TO THE ORDER OF…"字样，因为航空运单并非物权凭证，不可转让和流通。

（2）总运单上的收货人通常是目的地物流企业，分运单上的收货人通常是实际收货人。

（3）收货人原则上只有一个，若在目的地有另请通知人（如指定的目的地代理、报关行等），须填在第21项——操作信息栏（Handling Information），不能填在此栏。

5. 收货人账号（Consignee's Account Number）

该账号一般是承运人通过业务管理系统分配给目的地固定客户（收货人）的账户号码，用于运费到付方式下承运人与收货人结算运费。

6. 签发运单承运人的代理人名称和城市（Issuing Carrier's Agent Name and City）

签发运单承运人有代理人的，在此栏填写代理人的名称和所在城市。

7. 代理人的 IATA 代码（Agent's IATA Code）

填写代理人的 IATA 代码。航空公司为便于业务管理或结算要求代理人提供 IATA 代码的，须在此栏填写。

8. 账号（Account No.）

承运人通过业务管理系统分配给代理人的账户号码。

9. 始发地机场和所要求路线（Airport of Departure and Requested Routing）

（1）填写始发地机场名称或 IATA 三字代码，在实践中以直接填写三字代码最为常见。

（2）填写所要求的运输路线，在实践中一般服从承运人安排的航班路线。

10. 财务信息（Accounting Information）

填写财务结算有关信息，如运费支付方式的全称（FREIGHT PREPAID 或 FREIGHT COLLECT）以及运费金额，起到显著提示的作用；当货物到达目的地无法交付收货人须退运时，将货物的原运单号码填在本栏。

11. 运输路线和目的地（Routing and Destination）

如果采用非直达路线的航班，则有一个以上中转机场，须在【11A】栏、【11C】栏、【11E】栏分别填写第一个、第二个、第三个中转机场的 IATA 代码（三位）；须在【11B】栏、【11D】栏、【11F】栏分别填写第一程、第二程、第三程承运人的 IATA 代码（两位）。

如果采用直达路线的航班，以上各栏无须填写，直接在第18栏填写目的地机场的名称或 IATA 代码。

12. 货币（Currency）

填写始发地国家的货币代码，如 CNY、USD、HKD，表示运费、声明价值、保险费、附加费和其他费用所采用的货币。除了规定按目的地国家货币结算的收费栏【33B】～【33D】，运单上其他金额一律采用此栏填写的货币，金额小数点后保留两位，整数后保留两个0。

13. 费用代码（CHGS Code）

此栏一般不需填写，仅供承运人电子传送运单信息时使用。

14. 重量运费和声明价值附加费的付款方式（WT/VAL）

WT（Weight Charge）指根据货物计费重量与适用运价收取的运费。VAL（Valuation Charge）

指托运人在第 16 栏向承运人声明供运输用的货物价值时,按规定费率向承运人支付的声明价值附加费。

【14A】栏:PPD 表示预付(prepaid),当付款方式为预付时在此栏填"×"符号。

【14B】栏:COLL 表示到付(collect),当付款方式为到付时在此栏填"×"符号。

15. 其他费用的付款方式(Other)

当始发地的其他费用付款方式为预付时在【15A】栏填"×",到付时在【15B】栏填"×"。

16. 供运输用声明价值(Declared Value for Carriage)

托运人需向承运人声明货物价值的,在此栏填写供运输用声明价值。

托运人未向承运人声明货物价值的,此栏填写"NVD"(No Value Declared)。

根据最新国际航空公约(即 1999 年签订的蒙特利尔公约,中国 2005 年加入)第 22.3 条规定,以及《中华人民共和国民用航空法》(1995 年通过、2015 年最新修正)第 129 条(二)规定,承运人赔偿责任限额为毛重每 kg 17SDR(Special Drawing Right,特别提款权)。在实践中,当托运人的货物价值超过毛重每 kg 17SDR 时,就可能向承运人声明价值,此时托运人须按规定费率向承运人支付声明价值附加费(Valuation Charge),计算方式见第 25 栏的相关介绍。一旦发生货损事故且承运人负有赔偿损失责任时,不再受赔偿金额限制的保护,必须按照托运人的声明价值进行赔偿。

17. 供海关用声明价值(Declared Value for Customs)

填写托运人向海关申报的货物商业价值(与商业发票上货物价值一致)。货物确实没有商业价值的(如样品或赠物),此栏须填写"NCV"(No Commercial Value)。

18. 目的地机场(Airport of Destination)

填写目的地机场的名称或 IATA 三字代码,在实践中以直接填写 IATA 代码最为常见。

19. 航班及日期(Flight/Date)

填写航班及执行航班的日期,航班的格式为"航空公司 IATA 二字代码+航班号码",航班日期的规范格式一般是"DD+MMM+YYYY",如 2016 年 8 月 6 日中国南方航空公司的 308 航班,此栏填写"CZ308/06AUG2016"。

20. 保险金额(Amount of Insurance)

承运人替托运人代办航空物流保险业务的,在此栏填写货物保险金额。

承运人未代办或托运人未投保的,在此栏填写"NIL"符号。

21. 操作信息(Handling Information)

填写操作信息或运输注意事项,常见内容如下。

(1)说明货物的操作要求或特殊处理规定,如 KEEP UPSIDE(保持向上)、HANDLE WITH CARE(小心轻放)、DON'T EXPOSE TO SUNLIGHT(防止暴晒)、KEEP DRY(保持干燥)、CARGO AIRCRAFT ONLY(仅限货机装运)等。

(2)声明特种货物及随附的特殊单证,如 DANGEROUS GOODS AS PER ATTACHED SHIPPER'S DECLARATION(危险品详见随附托运人申报单)、SHIPPER'S CERTIFICATE FOR LIVE ANIMALS(托运人活动物证明)等。

(3)除收货人外,若在目的地有另请通知人(如指定的目的地代理、报关行等),此栏填写另请通知人的公司名称、联系人、电话号码等联系信息。

22. 货物综合信息

一票货物如果含有适用两种以上运价类别的货物应分行填写，适用每一类运价的货物单独占用一行，如果含有危险品应填在第一行。

【22A】栏：件数/运价组合点（No. of Pieces RCP）。件数指货物外包装的数量，如果含有适用两种以上运价类别的货物，应分行填写，并将总件数填入【22J】栏。RCP（Rate Combination Point）指货物适用分段相加运价时，须将运价组合点城市的 IATA 代码填在件数下面，但在实践中这种情况很少见。

【22B】栏：毛重（Gross Weight）。此栏填写货物的毛重，如果含有适用两种以上运价类别的货物，应分行填写，并将总毛重填入【22K】栏。以 kg 为单位时，毛重保留一位小数点，按 IATA 规定重量不足 0.5 kg 按 0.5 kg 计算，超过 0.5 kg 按 1.0 kg 计算，恰好为 0.5 kg 的按 0.5 kg 本身计算，也就是说小数点后非 0 即 5。

【22C】栏：重量单位（kg/lb）。以公斤为单位填 K，以磅为单位填 L，在实践中以前者居多。

【22D】栏：运价类别（Rate Class）。填写所适用的运价类别代码，代码如表 3-11 所示。

表 3-11　运价类别代码表

运价代码	运价英文名称	运价中文名称
M	Minimum Charge	最低运费
N	Normal Rate	适用 45 kg（或 100 kg）以下普通货物的标准运价
Q	Quantitive Rate	适用 45 kg（或 100 kg）以上普通货物的数量折扣运价
C	Specific Commodity Rate	指定商品运价
S	Surcharged Commodity Classification Rate	附加或不附加也不附减等级货物运价
R	Reduced Commodity Classification Rate	附减等级货物运价

【22E】栏：商品项目编号（Commodity Item No.）。

（1）使用指定商品运价时，此栏填写指定商品编码，如某货物适用指定商品运价，指定商品编码是 0008，则在此栏填写"0008"。

（2）使用等级货物运价时，此栏填写运价类别的代码与附加或附减百分比，如使用的附加等级货物运价是标准运价的 150%，则在此栏填写"N150"；使用的附减等级货物运价是标准运价的 50%，则在此栏填写"N50"；如果使用不附加也不附减等级货物运价，则在此栏填写"N100"；如果使用的等级货物最低运费是普通货物最低运费的 200%，则在此栏填写"M200"。

（3）使用普通货物运价时，此栏无须填写。

【22F】栏：计费重量（Chargeable Weight）。填写与适用的运价对应的货物计费重量。

【22G】栏：运价/运费（Rate/Charge）。

（1）适用普通货物运价的最低运费 M 时，直接填写最低运费。

（2）适用普通货物运价的 N 运价、Q 运价或适用指定商品运价时，填写对应的运价。

（3）适用附加或附减等级货物运价时，填写标准运价附加或附减之后的实际运价；适用不附加也不附减等级货物运价时，直接填写标准运价。

【22H】栏：合计（Total）。填写计费重量与适用运价算出的运费金额；如果含有两种以上运价类别，应分行填写，并将总运费金额填在【22L】栏。

【22I】栏：货物品名及数量（包括尺寸或体积）/Nature and Quantity of Goods（incl. Dimensions or Volume）。

（1）货物品名。须具体、详细，不得填写表示货物类别的笼统名称，如不能填电器、日用品、设备等名称；此外鲜活易腐货物、活动物、贵重货物等也不能作为货物品名，而应写明具体的、特定的品名；若货物为危险品应填写标准的学术品名；作为货物运输的行李也应填写具体物品名称，如填写"行李"须附上详细品名清单。

在实践中，物流企业向承运人交付集运或包运货物、填写总运单时，本栏通常简写为"CONSOLIDATION AS PER ATTACHED MANIFEST"（集运货物详见随附舱单）或"ULD CHARTERED AS PER ATTACHED MANIFEST"（包运货物详见随附舱单），再附上包含详细品名的舱单。

（2）货物数量。通常指商品贸易成交的单位数量，如某公司出口皮鞋 500 双，每双鞋装入一个纸盒，每 10 个纸盒装入一个纸箱中，共装了 50 个纸箱，则 500 双是买卖双方成交的数量，"双"为表示成交数量的单位，此栏填写"500 PAIRS"。【22A】栏的"件数"指货物外包装的数量，即纸箱的数量，则件数为 50。在实践中，一般不要求填写货物数量，只填件数即可。

（3）货物尺寸或体积。指货物外包装的尺寸或体积，单位分别为厘米（cm）和立方米（CBM）。尺寸一般按"长×宽×高×件数"格式填写，如长 50 cm、宽 40 cm、高 30 cm 的纸箱 50 个，填入"55×45×35（cm）×50"，如果货物外包装的尺寸有两种以上，则须分行填写。还可以直接填写货物外包装的总体积"4.331CBM"（通常保留三位小数点），集运或包运方式下一般填写货物总体积即可。

【22J】栏、【22K】栏和【22L】栏：总件数、总毛重和总运费。如果仅含一种运价类别的货物，此三栏无须填写。如果含有适用两种以上运价类别的货物，此三栏分别填写所有货物的总件数、总毛重和总运费。

23. 其他费用（Other Charges）

其他收费项目的名称及金额，除了运费、声明价值附加费以外，此栏填写燃油附加费、运单费和其他服务费用。

24. 重量运费（Weight Charge）

【24A】～【30A】栏的费用付款方式均为预付；【24B】～【30B】栏的费用付款方式均为到付。

【24A】栏：预付的重量运费。将【22H】栏或【22L】栏重量运费的金额填入此栏。

【24B】栏：到付的重量运费。将【22H】栏或【22L】栏重量运费的金额填入此栏。

付款方式必须和【14A】栏、【14B】栏一致。

25. 声明价值附加费（Valuation Charge）

如果托运人向承运人声明了货物价值，此栏填写托运人向承运人支付的声明价值附加费，预付、到付分别填在【25A】栏、【25B】栏，必须和【14A】、【14B】栏一致。

声明价值附加费的计算公式如下：

$$声明价值附加费=（声明价值-SDR17/kg×货物毛重）×声明价值附加费费率$$

［例］托运人向承运人声明货物价值 CNY30 000，货物毛重为 100 kg，声明价值附加费

费率为 0.75%，请计算声明价值附加费，SDR1=CNY9.199 6。

[解] 声明价值附加费=（30 000–17×100×9.199 6）×0.75%=107.71（CNY）

26. 税款（Tax）

填写按规定收取的税款金额，预付填入【26A】栏，到付填入【26B】栏。

27. 代理人收取的其他费用总额（Total Other Charges Due Agent）

填写代理人收取的其他费用总额，预付填入【27A】栏，到付填入【27B】栏。

28. 承运人收取的其他费用总额（Total Other Charges Due Carrier）

填写承运人收取的其他费用总额，预付填入【28A】栏，到付填入【28B】栏。

29. 无名称阴影栏目

此栏通常无须填写，除非承运人需填写应收取的其他有关费用，预付填入【29A】栏，到付填入【29B】栏。

30. 费用总额

【30A】栏：预付总额（Total Prepaid）。填写全部预付费用的总额。

【30B】栏：到付总额（Total Collect）。填写全部到付费用的总额。

31. 托运人或其代理人签字（Signature of Shipper or his Agent）

前面"填开责任"的内容已介绍，由于填写航空运单必须具备专业知识，同时为了提高填单的效率与准确性，在实践中的一般做法是，托运人负责正确、完整地填写托运书（SLI），在托运书上签字盖章，并在上面授权物流企业根据托运书的内容代填航空运单，通常在运单的第 31 栏不再签章。

32. 运单签发信息

【32A】栏：运单的签发日期 [Executed on（date）]。填写格式为"DD+MMM+YYYY"。

【32B】栏：运单的签发地点 [at（place）]。一般包括城市和国家名称。

【32C】栏：签发运单的承运人或其代理人签字（或盖章）（Signature of Issuing Carrier or its Agent）。

33. 仅限承运人在目的地使用（For Carrier's Use only at Destination）

【33A】栏：货币兑换比率（Currency Conversion Rate）。填写目的地国家的货币代码和比率。

【33B】栏：兑换目的地货币后的到付费用（CC Charges in Dest. Currency）。将【30B】栏的到付总额按上述比率兑换后填入此栏。

【33C】目的地其他费用（Charges at Destination）。填写在目的地产生的其他费用金额。

【33D】到付费用总额（Total Collect Charges）。填写【33B】栏和【33C】栏的合计金额。

任务 3.7　思考与练习

（一）单选题

1. 国际空运货物体积重量的折算标准为每（　　）cm³ 折合 1 kg。
   A. 3 000　　　B. 4 000　　　C. 5 000　　　D. 6 000

2. 国际航空物流运价类别代码 M 表示（　　）。

A. 最低运费　　　B. 普通货物运价　　C. 等级货物运价　　D. 指定商品运价

3. 国际航空物流运价类别代码 S 或 R 表示（　　）。

　　A. 最低运费　　　B. 普通货物运价　　C. 等级货物运价　　D. 指定商品运价

4. 国际航空物流运价类别代码 C 表示（　　）。

　　A. 最低运费　　　B. 普通货物运价　　C. 等级货物运价　　D. 指定商品运价

5. N 代表标准运价，通常指（　　）kg 以下的普通货物运价。

　　A. 45　　　　　B. 60　　　　　C. 55　　　　　D. 60

6. 通常 45 kg 以上的各个重量段普通货物运价均用代码（　　）表示。

　　A. S　　　　　B. C　　　　　C. Q　　　　　D. M

7. 国际航空物流指定商品编码中 0001～0999 代表的商品是（　　）。

　　A. 可食用的动植物产品　　　　B. 活动物及非食用的动植物产品
　　C. 纺织品、纤维及其制品　　　D. 金属及其制品

8. 根据 IATA 的规定，下列货物中不属于等级货物的有（　　）。

　　A. 活动物　　　B. 贵重货物　　C. 书报杂志　　D. 新鲜的水果

9. 贵重货物最低运费按 GCR 最低运费的（　　）收取，同时不低于 50 美元或等值货币。

　　A. 100%　　　　B. 150%　　　　C. 200%　　　　D. 250%

10. 在航空运单中部，前后分别有"供运输用声明价值""供海关用声明价值"两个栏目，以下描述错误的是（　　）。

　　A. 如果前面栏填写 NVD，则后面栏不一定填写 NCV
　　B. 如果后面栏填写声明价值，则前面栏不一定填写声明价值
　　C. 如果前面栏填写 NVD，则后面栏必须填写 NCV
　　D. 如果前面栏填写声明价值，则后面栏通常填写同样的声明价值

11. 航空运单的作用不包括（　　）。

　　A. 运输合同的证明　　　　B. 货物收据
　　C. 物权凭证　　　　　　　D. 费用结算凭证

12. 航空运单上印制的"Not Negotiable"的含义是（　　）。

　　A. 航空业务权不可转让　　B. 航空运单的条款不可更改
　　C. 航空运单上的航程不可改变　　D. 航空运单上的货物不可转让

13. 声明价值附加费指托运人向（　　）声明货物价值支付的附加费。

　　A. 机场　　　　B. 承运人　　　C. 收货人　　　D. 海关

14. 如果货物适用不附加也不附减等级货物运价，须在航空运单的商品项目编号栏（Commodity Item No.）填写（　　）。

　　A. N100　　　　B. N　　　　　C. S　　　　　D. S100

15. 如果适用指定商品运价，须在航空运单的运价类别栏（Rate Class）填写代码（　　）。

　　A. N　　　　　B. C　　　　　C. S　　　　　D. R

（二）多选题

1. 国际航空物流运费主要受两个因素影响，即（　　）。

　　A. 货物适用的运价　B. 货物的实际重量　C. 货物的计费重量　D. 货物的体积重量

2. 根据协议方式，协议运价可分成（　　）。

A. 长期协议运价 B. 短期协议运价
C. 临时协议运价 D. 普通协议运价
3. IATA 运价遵循的原则有（　　）。
A. 运价与重量段对应原则 B. 数量折扣原则
C. 运价与运距对应原则 D. 运价与货物种类对应原则
4. 国际空运货物的计费重量可能是（　　）。
A. 净重 B. 毛重 C. 体积重量 D. 较高分段重量
5. 根据 IATA 公布的 TACT，运价包括（　　）。
A. 普通货物运价 B. 指定商品运价 C. 等级货物运价 D. 比例运价
6. 在实践中应用经济分界点主要有哪些方法？（　　）
A. 将计费重量增加至较高分段重量 B. 将计费重量申报至较高分段重量
C. 将运价增加至较高分段重量的运价 D. 将运价申报至较高分段重量的运价
7. 满足下述条件才可以直接使用 SCR，包括（　　）。
A. 始发地机场至目的地机场之间有公布的 SCR
B. 货物品名与 SCR 的商品品名吻合
C. 计费重量满足 SCR 的最低重量要求
D. 计费重量在 45 kg 以上
8. 在国际航空物流中适用 RCCR 运价的货物包括（　　）。
A. 活动物 B. 贵重货物
C. 书报杂志 D. 作为货物运输的行李
9. 在国际航空物流中适用 SCCR 运价的货物包括（　　）。
A. 运价附加的等级货物 B. 运价不附加也不附减的等级货物
C. 运价附减的等级货物 D. 所有等级货物
10. 对贵重货物的等级运价描述错误的是（　　）。
A. 所有区域的运价=150% of GCR
B. 大部分区域的运价=200% of Normal GCR
C. 大部分区域的运价=150% of GCR
D. 所有区域的运价=200% of Normal GCR
11. 关于航空公司和当事人型物流企业的描述，正确的是（　　）。
A. 前者签发 MAWB，后者签发 HAWB
B. 前者是"有机承运人"，后者是"无机承运人"
C. 两者均可签发 MAWB 和 HAWB
D. 通常两者在航空物流业务中是承托关系
12. 我国航空公司采用的航空运单通常包含三联正本，分别给（　　）。
A. 托运人 B. 承运人 C. 收货人 D. 代理人
13. 在实践中托运人授权物流企业代填航空运单的原因是（　　）。
A. 填写航空运单必须具备专业知识 B. 提高填单效率
C. 扩大客户服务范围 D. 航空运单不能由托运人填写
14. 填写航空运单的基本要求中，"一致性"包括（　　）。

A. 单单一致　　　B. 单货一致　　　C. 前后一致　　　D. 里外一致

15. 可填在航空运单运价类别（Rate Class）栏的代码有（　　）。

A. N　　　　　B. C　　　　　C. S　　　　　D. R

（三）判断题

1. TACT 是国际航空运输协会出版的通用的航空运价手册。（　　）

2. IATA 规定国际空运货物的计费重量以 0.5 kg 为最小单位，重量尾数不足 0.5 kg 的，按 0.5 kg 计算；超过 0.5 kg、不足 1 kg 的，按 1 kg 计算。（　　）

3. GCR 的 N 运价与计费重量算得的运费，应与最低运费 M 相比，然后取低者。（　　）

4. 根据 GCR 的特征，随着货物计费重量的增加，运费也一定会增加。（　　）

5. 同一票货物使用 SCR 的运费一定低于使用 GCR 的运费。（　　）

6. RCCR 是在普通货物运价的 N 运价基础上附减一定的百分比。（　　）

7. 如果 CCR 适用，在航空运单上 CCR 的运价类别代码是 S 或者是 R。（　　）

8. 计算活动物的计费重量时须包含活动物的容器及食物等。（　　）

9. 禁止混运的物品包括任何贵重货物、活动物、作为货物运送的行李等。（　　）

10. 如果混合托运操作中使用一个新的外包装（不包括集装箱）将所有货物进行合并，使货物件数变成一，则该批货物的运费须按照混运货物中最高的货物运价计收。（　　）

11. 按照签发方的不同，航空运单分为航空公司签发的总运单（HAWB）和当事人型物流企业签发的分运单（MAWB）。（　　）

12. 与海运提单一样，航空运单的收货人栏可以填写"TO ORDER"字样。（　　）

13. 标准格式航空运单也称为中性航空运单。（　　）

14. 在实践中托运人通常以托运书（SLI）的形式授权物流企业代填航空运单。（　　）

15. 航空运单一般不适用于国际贸易业务的跟单信用证支付方式。（　　）

（四）实操题——运费计算与运单填制

第 1 题：

Carrier：LC

Routing：from Guangzhou（CAN）/China to Paris（CDG）/France

Commodity：Furniture

NOP：10 pcs

GW：37.4 kg/pc

DIMS：90 cm×60 cm×48 cm×10

计算航空运费并填制运单（货物综合栏）。

GCR 公布如下：

GENERAL CARGO RATE，FROM CAN TO EUROPE，CNY/KG							
DEST.	M	N	+45	+100	+300	+500	+1 000
AMS	300.00	20.00	18.00	17.00	16.50	16.00	15.00
CDG	280.00	18.00	16.00	15.50	15.00	14.50	14.00
FRA	290.00	19.00	18.00	17.00	16.50	16.00	15.00
BCN	—	—	28.00	27.50	27.00	26.50	26.00

航空运单的货物综合栏如下：

No of Pieces RCP	Gross Weight	kg lb	Rate Class		Chargeable Weight	Rate/ Charge	Total	Nature and Quantity of Goods (incl. Dimensions or Volume)
			Commodity Item No.					

第 2 题：

Routing：from Qingdao（TAO）/China to Seoul（ICN）/Korea

Commodity：Fresh Apples

NOP：15 pcs

GW：19.8 kg/pc

DIMS：62 cm×52 cm×40 cm/pc

计算该票货的空运运费。

SCR 公布如下：

	QINGDAO SEOUL		CN KR	TAO ICN
			KG	CNY
		M		180.00
		N	−45	18.51
		Q	+45	16.13
		0008	+300	10.80
		0300	+500	12.61
		1093	+100	10.43
		2195	+500	10.80

航空运单的货物综合栏如下：

No of Pieces RCP	Gross Weight	kg lb	Rate Class		Chargeable Weight	Rate/ Charge	Total	Nature and Quantity of Goods (incl. Dimensions or Volume)
			Commodity Item No.					

第 3 题：

Routing：from Guangzhou（CAN）/China to Barcelona（BCN）/Spain

Commodity：Live Cats

NOP：10 pcs

GW：5.0 kg/pc

DIMS：30 cm×30 cm×40 cm/pc

计算该票货的空运运费。

GCR 与运价规则表如下：

GUANGZHOU		CN	CAN
BARCELONA		ES	BCN
		KG	CNY
	M		320.00
	N	−45	32.35
	Q	+45	28.66
		+100	27.88
		+300	27.10
		+500	26.62
		+1 000	26.12

	IATA AREA (see Rules 1.2.2 Definition of Areas)					
All LIVE ANIMALS Except: Baby poultry less than 72 hours old	Within Area 1	Within Area 2	Within Area 3	Between Area 1&2	Between Area 2&3	Between Area 3&1
	175% of Normal GCR	175% of Normal GCR	150% of Normal GCR Except: (1) below	175% of Normal GCR	150% of Normal GCR Except: (1) below	150% of Normal GCR Except: (1) below

航空运单的货物综合栏如下：

No of Pieces RCP	Gross Weight	kg lb	Rate Class		Chargeable Weight	Rate/ Charge	Total	Nature and Quantity of Goods (incl. Dimensions or Volume)
				Commodity Item No.				

第 4 题：托运人向承运人声明货物价值 CNY60 000，货物毛重为 300 kg，声明价值附加费费率为 0.75%，请计算声明价值附加费，SDR1=CNY9.199 6。

第 5 题：根据项目 2 的表 2-5《国际空运货物托运书》填写航空运单。

项目 4

 国际航空集约物流

 学习内容

国际航空集约物流的概念；集运与包运的定义；集运基础认知；集运运费与利润核算；集运运单填写；集装器介绍；包箱板运输实务；包箱板集装操作；集装箱利用率最大化；包机运输实务。

 能力目标

能正确描述集运、包箱板、包机的集约优势；会准确核算集运收入、集运成本与利润；能规范填制集运方式下的分运单与总运单；能陈述箱板集装依据和集装原则；会应用集装箱利用率最大化的方法制定集装方案；能正确计算包机费用。

 知识目标

熟悉集运操作流程；了解集运运单的流转过程；熟悉各种直运与集运的区别、分运单与总运单的异同；掌握"密泡组合"重量差原理；熟悉集装器的常用型号、识别代码的含义；熟悉集装器与飞机货舱的适配；了解包箱板和包机运输实务。

引导资料

错失集运良机损失大

小张在一家国际航空物流企业任作业部操作员。3月6日上午，小张受理某客户委托空运一批服装到新加坡，并代理出口报关，毛重526.0 kg，体积重量380.5 kg，客户要求配载不迟于3月8日的航班。在报关人员的积极配合下，3月7日上午报关顺利完成，小张提前配了3月7日傍晚的航班，客户很满意。但是3月7日早上小张还受理了另一个客户的空运委托，也到新加坡，毛重285.5 kg，体积重量401.0 kg，客户已自行完成报关，希望安排第二天的航班，于是小张配了3月8日下午的航班。然而，主管在事后发现了小张的严重失误并批评了他，原因是上述两票货物完全可以进行集运，共同配载3月8日的同一航班，那样可以同时满足两个客户的要求，更重要的是节省了空运成本，因为采取集运方式，可向航空公司少付 115.5 kg 的运费成本，还可获取货量累加的规模利润。

分析：小张作为集运操作员，工作失误缘于对业务操作不熟悉，集运意识薄弱。此案例还表明，既要满足外部服务要求，也要在条件允许的情况下控制内部服务成本。

任务 4.1 国际航空集约物流基础认知

4.1.1 国际航空集约物流的概念

集约（intensification）是一个包容但又超越了密集含义的概念，是集中和节约的辩证统一。从经济学的角度来说，集约是通过集中投入某些要素，以节约和优化资源配置的形态。国际航空集约物流，是在一定区域或范围内，把个别的、零碎的、分散而同类型的国际航空物流货源集中成较大规模的、便于现代化组织运作的形式，有效整合拼货集装、订舱配载、国际航空运输、通关、航站交接、仓储与配送、单证与信息处理等环节并开展一体化协作，以提高运作效率与效益、避免资源重复配置和浪费、降低运作成本的新体制物流。

4.1.2 国际航空集约物流的主要类型

1. 集运

一般来说，运价与计费重量成反比，随着货量增加，物流企业可从航空公司获取更优惠的运价，因此，向众多托运人争取大批量货物然后集中起来向航空公司托运，成为物流企业运营的基本模式。集中托运的规模越大，从航空公司获得的运价越低，物流企业付出的成本越低，价格的竞争力越强。

集运，或称集中托运，指国际航空物流企业（通常为当事人型）将多个托运人的、目的地机场相同的同类型货物集拼成一批，采用同一份总运单、同一个航班，向航空公司集中办理托运，由目的地物流企业集中收货，再根据分运单将货物拆分、交付给多个收货人的业务方式。集运可从整体上提高物流运作效率与效益、降低运作成本，是最普遍的国际航空集约物流方式之一。

经营集运业务的物流企业通常为当事人型，业务地位类似海运业务的无船承运人，不仅负责在始发地机场将货物集中后向航空公司托运、在目的地提取货物并交付给多个收货人，他肩负的是货物全程运输的责任，并且具有承运人和托运人双重身份，对托运人而言他的身份是承运人，对航空公司而言他的身份是托运人。

2. 包运

包箱板运输与包机运输，统称包运，是指国际航空物流企业（也通常为当事人型）根据货物运量在一定时间内单独占用、承包一定数量的集装箱、集装板或整架飞机的货舱，而航空公司采取专门措施对此予以保证的一种特殊的业务方式。包运比集运需要更为充足而稳定的货源货量支撑，在此基础上，可使物流运作效率与效益得到进一步提升，集约效应更为显著。

（1）包箱板运输，是中大型物流企业和航空公司之间最常见的包运方式，尤其适合在热门、主干航线或业务旺季时开展。相比之下，中小型物流企业货量相对较小且不稳定，包箱板较难成为常规性业务。包箱板运输可分为硬包和软包。硬包指承包人无论是否向航空公司交付货物，承包人都必须支付合同规定的运费的包箱板方式。软包指承包人在航班执飞前的约定时间内（一般为72小时内）如果没有确定交付货物，则航空公司可以自由销售舱位的包箱板方式，但航空公司通常对软包的总量有所控制。

（2）包机运输，是包箱板运输的扩展和升级，通常仅在特大型物流企业与航空公司的合作中出现，是承包人（物流企业）按照与航空公司在合同中事先约定的条件及费用，租用整架飞机，从一个或几个始发地机场空运货物至目的地机场的包运方式。实践中，有一些航空公司也接受部分包机，即由两个或多个承包人联合包租同一架飞机。

4.1.3　国际航空集约物流的优势

国际航空集约物流的主要类型可细分为集运、包箱板、包机，在此，对三者的集约优势进行分析比较，如表 4-1 所示。

表 4-1　三类国际航空集约物流的优势比较

对比项 \ 类型	集　运	包　箱　板	包　机
集约特征	集中同类货源（整合零散货载）、集中要素投入（整合各部门物流资源、优化服务功能），地空协同简化操作流程	以 ULD 为交接单元，货源与要素投入更集中化，物流资源配置与分工更优化；ULD 集装提前，位移区间从站到站扩展为仓至仓，流程进一步简化	货源规模最大化，要素投入高度集中，地、空一体化协作程度最高
效率与服务优势	全过程大多数环节的操作次数与时间显著减少；人财物资源重复配置和浪费减少；地、空物流分工较为明确并实行一体化协作，物流效率提高	充分发挥了 ULD 优势、实现地空无缝衔接，货物交接更高效，货损降低；地、空物流分工更加清晰，货物集散位置与机场分离，物流效率进一步提高	全过程参与主体最少，操作环节、操作次数与时间最少，效率最高；地、空物流分工彻底化；尤其有利于开发冷门航线或新航线物流市场
	专业化分工得以加强，对各自核心业务的专注度提高，有助于提高整体服务水平；虽然部分环节效率有所降低，但整体效率提升，货损、货失、货差、延误事故减少		
成本优势	流程简化，整体投入与资源重复配置减少，单位平均成本降低，产出与利润提高	通过优化 ULD 货物集装，舱位配载率提高，资源重复配置和浪费进一步减少，且物流效率提高，单位平均成本更低	飞机舱位配载率最大化，单位货物对物流资源平均消耗最少，单位成本最低

任务 4.2　集运基础认知

4.2.1　集运操作流程

集运操作流程如图 4-1 所示。

集运操作流程主要包括但不限于以下活动。

1. 出口集运操作流程主要步骤

（1）完成多个托运人货物的集拼、订舱配载操作。

（2）签发分运单给多个托运人，制作总运单与集运舱单。

（3）与机场货运站妥善交接集运货物与文件，配合装箱或装板。

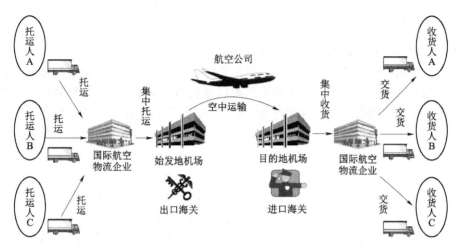

图 4-1 国际航空集运流程

(4) 当货物需入库储存时,物流中心提供出口前的仓储和相关物流服务。
(5) 办理集运货物出口报关(报检)手续。
(6) 向目的地物流企业传输集运文件和起运航班报告,并返退有关单证给托运人。
(7) 正确核算集运收入、成本与利润。

2. 进口集运操作流程主要步骤
(1) 从始发地物流企业接收集运文件和起运航班报告。
(2) 办理集运货物进口报关(报检)手续。
(3) 将集运货物从机场货运站提回物流中心;将大宗货物在货运站先分拆,然后直接送货到收货人指定地点。
(4) 在物流中心分拆集运货物并交货给各收货人。
(5) 当货物需入库储存时,物流中心提供交货前的仓储和相关物流服务。
(6) 运费到付方式下,按有关规定分别向临时客户、固定客户妥善结算运费。

 小资料

集运方式对货物的限制

并不是所有的货物都适合采用集运方式。物流企业把多个托运人的货物集拼在一张总运单项下运输,航空公司则用同样的方式处理它们,一般来说不可能对同一张总运单项下的货物采取不同的处理方式。因此须特殊处理的特种货物(如活动物、鲜活易腐货物、贵重物品、危险品等)不能以集运方式空运,采取直接托运的方式更合适甚至是唯一的选择。此外,在实践中只有目的地机场相同、收货人地域也相同或相近的货物才适宜集运,收货人地域不同或相距过远一般不宜集运,因为从目的地机场到收货人的交货成本过高,地面运输成本的增幅可能超过了空中运输成本的降幅,从而削弱了航空集运的经济性。

4.2.2 集运与直运的区别

物流企业对所有货物都采用集运方式是不现实的,除了集运方式对货物的上述限制外,还由于空运货物对运输速度要求高,在比较严格的时间限制下,完全保证运往同一目的地机场的多批货物赶上同一航班,这在实践中是难以做到的。因此,除了特种货物(大部分)不能集运,还难免有一些错过集运航班的紧急货物,不能久等(如2~3天)拖延到下一个集运航班才起运,这时只能单独配载当前最早的航班(如当天),采取直接托运(简称直运,也称为单独托运)的方式。集运与直运的主要区别如下。

1. 集运

(1)多个货主(实际托运人)向物流企业托运,由物流企业集拼货物后再向航空公司集中托运,货主的承运人是物流企业(当事人型),而非航空公司。

(2)货主领取的运单为分运单,由物流企业签发;分运单的托运人栏和收货人栏分别填写实际托运人和实际收货人,而总运单的托运人栏和收货人栏分别填写始发地和目的地的物流企业。

(3)集运的货物大部分为普通货物。

2. 直运

(1)单个货主(实际托运人)向物流企业托运,由物流企业代理订舱等事务后向航空公司单独托运,通常货主的承运人是航空公司,而非物流企业(代理人型)。

(2)货主领取的运单通常为总运单,由航空公司签发或授权物流企业代理签发;总运单的托运人栏和收货人栏分别填写实际托运人和实际收货人。

(3)直接托运的货物通常是错过集运航班的紧急货物,以及大部分特种货物。

直运与集运的主要区别如表4-2所示。

表4-2 直运与集运的主要区别

对比项	方式	直 运	集 运
货主的承运人		航空公司	物流企业
货主领取的运单		总运单	分运单
货物类型		错过集运航班的紧急货物、大部分特种货物	通常为普通货物

4.2.3 集运文件

1. 分运单(HAWB)

物流企业受理托运时,须给托运人一个凭证,这个凭证就是分运单,也是物流企业作为"无机承运人"与托运人之间运输合同的证明、货物收据、费用结算凭证。分运单的托运人栏和收货人栏上分别填写实际托运人和收货人。

分运单一般不超过十联,正本联通常包括托运人联、承运人联、收货人联,另有多份副本联备用,份数和构成比总运单简单一些。

2. 总运单(MAWB)

航空公司接收集运货物时,须给物流企业一个凭证,这个凭证就是总运单,也是航空公司作为"有机承运人"与物流企业之间运输合同的证明、货物收据、费用结算凭证。总运单的托运人栏和收货人栏分别填写始发地物流企业和目的地物流企业。

可见，物流企业具有双重身份，对于实际托运人它是承运人，对于航空公司它成了托运人。

HAWB 与 MAWB 的流转过程如图 4-2 所示。

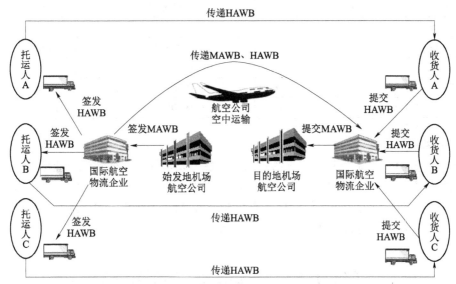

图 4-2　HAWB 与 MAWB 的流转过程

物流企业通常将一票集运货物的全部 HAWB 装在专用文件袋内并附在 MAWB 后面，随货传递给目的地物流企业供提货、报关与拆分交货时使用。随着无纸化和 EDI 应用的发展，不少物流企业传递的运单和有关文件以电子文件代替了传统纸质单据，只要目的地报关手续不要求提供纸质正本单据。此外，集运方式下总运单的"Nature and Quantity"（货名和数量）栏内一般只需填写"CONSOLIDATION AS PER ATTACHED MANIFEST"，表示"集运详见随附舱单"，而无须详细列明每一项货物名称。

3. 集运舱单

由于 MAWB 不需详细列明货名，而是通过随附的集运舱单申报总运单项下每份分运单包含的全部货物，因此集运舱单通常是开展集运业务的必备文件，如表 4-3 所示。

表 4-3　集运舱单

CONSOLIDATION MANIFEST				
CONSOLODATOR	GUANGZHOU SKYSTAR AIR FORWARDING CO., LTD.			
AIRLINE	AIR CHINA	MAWB NO.	999-8688 9699	
FLIGHT NO.	CA3212	FLIGHT DATE	28DEC2016	
ORIGIN PORT	CAN	DEST PORT	FRA	
HAWB NO.	DEST CODE	NOP	NATURE OF GOODS	GW（kg）	VW（kg）
88213451	FRA	8	GARMENTS	120.0	156.0
88213452	FRA	6	PARTS FOR SHOES	72.0	82.0

续表

HAWB NO.	DEST CODE	NOP	NATURE OF GOODS	GW（kg）	VW（kg）
88213453	CGN	2	MEDICAL INSTRUMENTS	188.5	86.0
88213454	FRA	14	TOYS	140.0	198.0
88213455	FRA	20	PLASTIC SHEETS	200.0	155.5
88213456	MUC	8	CERAMICS	168.0	200.0
88213457	FRA	6	GARMENTS	98.0	116.0
88213458	FRA	20	SHOES	325.5	340.0
88213459	FRA	5	DECORATIVE LAMPS	72.0	250.0
88213460	FRA	9	MACHINERY PARTS	188.5	90.5
TOTAL		98	CONSOLIDATION	1 572.5	1 674.0

4. 集运标签

在集运业务中，物流企业需在货物外包装上贴上识别标签，即物流企业标签，它是根据分运单上的信息填写的，以便货物在流转过程中被快速识别，也称为分标签。分标签不同于航空公司标签（即总标签，一般仅适用于直接托运），为避免识别混乱，通常不能同时粘贴这两种标签。两种标签示意图如项目2图2-5所示。

任务 4.3 集运运费与利润核算

物流企业集拼多批货物，签发多份分运单，向多个托运人分别收取运费（收入），然后采用一份总运单向航空公司办理集运，统一支付运费（成本）。向托运人收取的运费收入与支付给航空公司的运费成本之间的差额，就是物流企业赚取的毛利润。将集运收入最大化、集运成本最小化，则集运利润可最大化。

国际空运以承运普通货物为主，适合集运的货物也多为普通货物，集运运费收入与集运运费成本的核算一般适用普通货物运价（GCR），因此物流企业与重点客户之间的协议运价、与航空公司之间的协议运价也是以普通货物运价为基础的优惠运价。

4.3.1 集运收入核算

运费收入取决于运价和重量两个变量。在运价方面，物流企业向市场公布自己的运价，同时与重点客户签订协议并适用协议运价。在重量方面，物流企业遵循 IATA 的计费重量规则，分别计算货物毛重与体积重量，再取高者作为计费重量。此外，按照行业惯例物流企业需收取一些合理的附加费，主要有燃油附加费，有的还收取运单费、运费到付手续费等。

下面通过例 4-1 介绍集运收入的核算。

[例 4-1]

有 4 个托运人同一天委托某物流企业从广州各空运一票普通货物至纽约，货物重量和适用运价分别如表 4-4 和表 4-5 所示。计算集运总收入（为便于讲解忽略附加费收入）。

表 4-4 货物毛重与体积重量

序号	分运单号 HAWB NO.	货物件数 NOP	货物毛重 GW/kg	体积重量 VW/kg
1	98224321	8	100.0	50.0
2	98224322	10	100.0	250.0
3	98224323	16	280.0	380.0
4	98224324	20	420.0	300.0

表 4-5 物流企业与托运人之间适用运价

GENERAL CARGO RATE, FROM CAN TO JFK							
WEIGHT BREAK	M	N	+45	+100	+300	+500	+1 000
CNY/kg	400.0	36.00	34.50	34.00	32.00	30.00	28.00

[解]
集运收入计算如下。
（1）HAWB 98224321 运费：
GW=100.0（kg）
VW=50.0（kg）
CW=GW=100.0（kg）
AR=34.00（CNY/kg）
WC=100.0×34.00=3 400.00（CNY）
（2）HAWB 98224322 运费：
GW=100.0（kg）
VW=250.0（kg）
CW=VW=250.0（kg）
AR=34.00（CNY/kg）
WC=250.0×34.00=8 500.00（CNY）
（3）HAWB 98224323 运费：
GW=280.0（kg）
VW=380.0（kg）
CW=VW=380.0（kg）
AR=32.00（CNY/kg）
WC=380.0×32.00=12 160.00（CNY）
（4）HAWB 98224324 运费：
GW=420.0（kg）
VW=300.0（kg）
CW=GW=420.0（kg）
AR=32.00（CNY/kg）
WC=420.0×32.00=13 440.00（CNY）

(5) TOTAL WC=3 400.00+8 500.00+12 160.00+13 440.00=37 500.00（CNY）

4.3.2 集运成本与利润核算

前面介绍了物流企业向托运人如何计算运费收入，下面介绍物流企业与航空公司如何核算集运成本。在运价方面，物流企业与航空公司签订协议并适用协议运价。在重量方面，遵循 IATA 对集中托运的计费重量规定，分别计算集运货物总毛重与总体积重量，再取高者作为总计费重量。此外按照行业惯例航空公司需另外收取燃油附加费，有的还收取运单费等。

1. 集运成本核算的关键：总计费重量

 小资料

"密泡组合"产生重量差

总计费重量对集运成本的核算具有决定性影响。集运成本的总计费重量就是 MAWB 上的计费重量，而集运收入的总计费重量就是所有 HAWB 上的计费重量之和。需要特别注意的是，在很多情况下 MAWB 计费重量并不等于 HAWB 计费重量之和，这是因为集运货物当中既有 GW＞VW 的"密货"，也有 GW＜VW 的"泡货"。比如在例 4-1 业务中第 1 票和第 4 票是密货，第 2 票和第 3 票是泡货，这种密泡货并存的情况称为"密泡组合"。由于 IATA 规定在集运总重量与总体积重量之间取高者作为总计费重量，当集运货物存在"密泡组合"的情况下，必然出现 MAWB 计费重量＜HAWB 计费重量之和，这就为物流企业创造了可观的利润空间，例 4-1 中 MAWB 计费重量为 980 kg，但 HAWB 计费重量之和为 1 150 kg，也就是说物流企业向航空公司支付成本的重量明显小于其向托运人计收运费的重量。

下面继续通过例 4-1，介绍集运成本与利润的核算。物流企业与航空公司之间的协议运价如表 4-6 所示。

表 4-6　物流企业与航空公司之间的协议运价

GENERAL CARGO CONTRACT RATE，FROM CAN TO JFK							
WEIGHT BREAK	M	N	+45	+100	+300	+500	+1 000
CNY/kg	—	—	31.05	30.60	28.80	27.00	25.20

集运成本的总计费重量核算如下：
TOTAL GW=100.0+100.0+280.0+420.0=900.0（kg）
TOTAL VW=50.0+250.0+380.0+300.0=980.0（kg）
因为 TOTAL VW＞TOTAL GW
所以 TOTAL CW=TOTAL VW=980.0（kg）

2. 集运利润的三个层次

实践中，物流企业通过开展集运业务可赚取三个层次的利润，层层递进、逐层深入。

（1）第一层利润。一般情况下，物流企业通过集拼多个托运人货物即可赚取到第一层利润——"规模利润"，来自两部分：第一部分是航空公司基于对物流企业货量规模的预期而提供的运价折扣；第二部分是由于货物被集拼后总计费重量明显增加，集运成本适用的运价明显降低，即使不存在"密泡组合"，这种规模效应也同样存在，假设例 4-1 中全是密货或全是泡货，则集运成本的总计费重量为 1 150.0 kg（100.0+250.0+380.0+420.0），这时集运成本的运价已经降到 CNY25.20/kg，明显低于向托运人收取运费时的适用运价 CNY34.0/kg 和 CNY32.0/kg。

（2）第二层利润。在例 4-1 中，由于"密泡组合"的存在，物流企业可赚取到第二层利润——"密泡组合利润"。由于 MAWB 总计费重量为 980.0 kg，远小于 HAWB 计费重量之和 1 150 kg，也就是说物流企业支付成本的重量明显低于物流企业获取收入的重量，这无疑大幅提高了集运利润。利润核算如下：

因为 TOTAL CW=TOTAL VW=980.0（kg）

所以 AR=27.00（CNY/kg）

TOTAL WC=980.0×27.00=26 460.00（CNY）

第二层（含第一层）累计利润=37 500.00-26 460.00=11 040.00（CNY）

（3）第三层利润。在特殊情况下，物流企业还可以赚取到第三层利润——"EP 利润"，即应用计费重量的经济分界点获取的利润。此例正是如此，由于 TOTAL CW 980 kg 接近较高分段重量 1 000 kg，如果超过 EP，则适用 1 000 kg 的运价可更节省成本。利润核算如下：

EP=（1 000.0×25.20）÷27.00=933.3→933.5（kg）

因为 TOTAL CW 980.0＞EP 933.5（kg）

所以 EP 适用，TOTAL CW 按 1 000.0 kg 计算。

AR=25.20（CNY/kg）

TOTAL WC=1 000.0×25.20=25 200.00（CNY）

第三层（含前两层）累计利润=37 500.00-25 200.00=12 300.00（CNY）

4.3.3 "密泡组合"重量差原理

比较分析表明，"密泡组合"因素对集运利润的贡献最大，这是因为在集运总计费重量的规则下，既有密货也有泡货的组合巧妙地"压缩"了总计费重量，在集运收入 CW 与集运成本 CW 之间产生了可观的重量差。下面通过例 4-2 和图 4-3 阐述"密泡组合"重量差原理。

[例 4-2]

A、B 两个客户同一天委托某物流企业各空运一票普通货物至国外同一目的地，货物 A 为密货，重量：GW=100 kg/VW=50 kg。货物 B 为泡货，重量为 GW=50 kg/VW=125 kg。

如图 4-3 所示。

（1）物流企业向两个客户收取运费时核算计费重量的方式是各取最大值累加：

货物 A：因为 GW 100 kg＞VW 50 kg，所以 CW=GW=100 kg

货物 B：因为 VW 125 kg＞GW 50 kg，所以 CW=VW=125 kg

TOTAL CW=100 kg+125 kg=225 kg

即物流企业总共向客户收取了 225 kg 货物的运费（集运收入）。

（2）物流企业向航空公司支付成本时核算计费重量的方式是对应累加再取最大值：

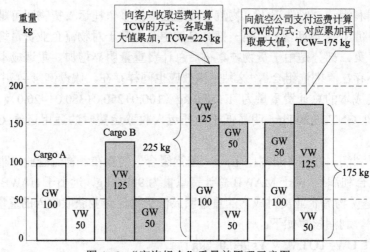

图4-3 "密泡组合"重量差原理示意图

TOTAL GW=100 kg+50 kg=150 kg
TOTAL VW=50 kg+125 kg=175 kg
TOTAL VW＞TOTAL GW，TOTAL CW=TOTAL VW=175 kg
即物流企业总共向航空公司支付了175 kg货物的运费（集运成本）。

集运收入CW与集运成本CW之间产生了50 kg的重量差，就计费重量而言物流企业"净赚"了50 kg，其根本原因是两种计费重量的计算方式不同。

任务4.4 集运运单填制

一方面物流企业作为承运人签发多份分运单，向各托运人收取运费；另一方面作为托运人采用一份总运单，向航空公司支付集运成本，物流企业在双重身份之间的转换决定了分运单与总运单的填写规范有所不同。

4.4.1 分运单与总运单对比

分运单与总运单对比，不同之处主要包括运单的填写签发、收发货人、运价运费、货物信息等方面，也有相同点。表4-7是分运单与总运单的主要异同点。

表4-7 分运单与总运单的主要异同点

对比项		MAWB	HAWB
主要不同点	填写	通常由物流企业填写	通常以SLI为依据、由物流企业以托运人的名义代为填写
	签发	通常在货物入站交接、海关放行后由航空公司确认签发	物流企业
	填写与签发日期	填写与签发日期一般迟于HAWB	填写与签发日期一般早于MAWB
	托运人与收货人	始发地和目的地的物流企业	实际托运人与收货人

续表

对比项		MAWB	HAWB
主要不同点	货物件数与重量	所有 HAWB 项下的总件数、总毛重、集运总计费重量	本 HAWB 项下的件数、毛重、计费重量
	运价与运费	物流企业与航空公司结算的运价与运费	物流企业与托运人结算的运价与运费
	货物品名、尺寸或体积	通常填"集运详见随附舱单"、总体积	货物具体品名、详细尺寸
	运费支付方式	通常仅限于预付	预付或到付
主要相同点	始发地机场与目的地机场	作为空中运输的起止点,两种运单的始发地机场与目的地机场相同	
	航空公司及航班	承载该批货物的航空公司、航班及执飞日期相同	

4.4.2 分运单填写

航空运单各栏目的填写规范已在项目 3 中详细介绍,在此以例 4-1 中 HAWB98224323 为例,重点介绍分运单第 22 栏(货物综合栏)的填写方法,如表 4-8 所示。

表 4-8　HAWB98224323 第 22 栏的填写

No of Pieces RCP	Gross Weight	kg lb	Rate Class		Chargeable Weight	Rate/Charge	Total	Nature and Quantity of Goods (incl. Dimensions or Volume)
				Commodity Item No.				
16	280.0	K	Q		380.0	32.00	12 160.00	TOYS DIMS: 50×50×57(CM)×16

4.4.3 总运单填写

总运单虽然由航空公司颁布,但是在实践中航空公司通常授权物流企业代为填写,通常在货物入站交接、海关放行后由航空公司确认签发。航空运单各栏目的填写规范已在项目 3 中详细介绍,在此以例 4-1 集运四票货物的 MAWB 为例,重点介绍总运单第 22 栏目的填制方法,如表 4-9 所示。

表 4-9　MAWB 第 22 栏目的填写

No of Pieces RCP	Gross Weight	kg lb	Rate Class		Chargeable Weight	Rate/Charge	Total	Nature and Quantity of Goods (incl. Dimensions or Volume)
				Commodity Item No.				
54	900.0	K	Q		1 000.0	25.20	25 200.00	CONSOLIDATION AS PER ATTACHED MANIFEST VOL: 5.880CBM

注:本批集运货物应用了 EP,因此适用较高分段重量 1 000 kg 及集运成本运价 CNY25.20/kg。

任务 4.5 包箱板运输

包箱板运输,是中大型物流企业和航空公司合作中最常见的包运方式,尤其适合在热门、主干航线或业务旺季时开展。相比之下,中小型物流企业货量相对较小且不稳定,包箱板较难成为常规性业务。

包箱板运输可分为硬包和软包。硬包指承包人无论向航空公司是否交付货物,承包人都必须支付合同规定的运费的包箱板方式。软包指承包人在航班执飞前的约定时间内(一般为72小时内)如果没有确定交付货物,则航空公司可以自由销售舱位的包箱板方式,但航空公司通常对软包的总量有所控制。

4.5.1 集装器介绍

小资料

空运集装器的作用

将一定数量的单位货物装入空运集装箱内或集装板上,形成运输和操作单元,主要有以下益处:① 减少货物装卸时间,显著提高搬运效率;② 减少货损货差,提高货物完好率;③ 有利于开展包运业务,提高包运操作效率;④ 有利于组织联合运输;⑤ 在一定程度上可节省货物包装材料及其费用。

1. 集装器的种类

空运集装器英文为 unit loading device,简称 ULD。集装器被视为飞机构造中可装拆的一部分。飞机货舱的地板一般配置了滚轴和叉眼装置,可使集装器平稳地进入货舱并被牢牢地固定在舱内。由于集装器是飞机构造的一部分,因此集装器的规格型号有严格的规定。

集装器按结构通常分为集装箱、集装板、集装棚。

(1)集装箱。包括主货舱集装箱、下货舱集装箱和联运集装箱。前两种集装箱顾名思义,主要适用于飞机的主货舱和下货舱,常用型号(部分)主要有 AKE、ALF、RKN、AMA 等,如图 4-4 所示。

联运集装箱分为 20 尺型和 40 尺型,高和宽为 8 尺,只能装于全货机的主货舱,用于陆空、海空联运。此外还有一些特殊用途的集装箱,例如冷藏集装箱,常用型号为 RKN;还有空运活动物和特种货物的专用集装箱,如马厩(horse stall)、牛栏(cattle stall)等。

(2)集装板。集装板是一种集装空运货物的托盘,具有标准尺寸,四边带有卡锁轨或网带卡锁眼,有中间夹层,通常由硬铝合金制成。此外网套是集装板的重要组成部分,与卡锁装置共同固定集装板上的货物。常用型号(部分)主要有 PAG、PMC、PGA 等,如图 4-5 所示。其中,PMC 的高度可调整,分为低板(163 cm)、中板(244 cm)和高板(300 cm)。

项目 4　国际航空集约物流

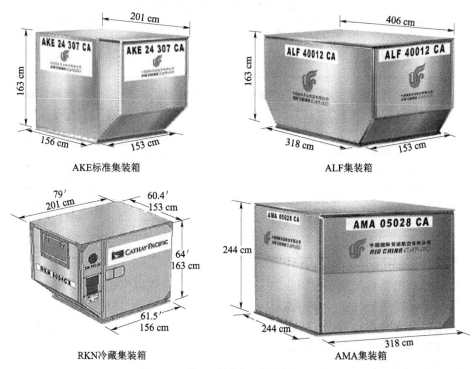

图 4-4　常用型号空运集装箱（部分）

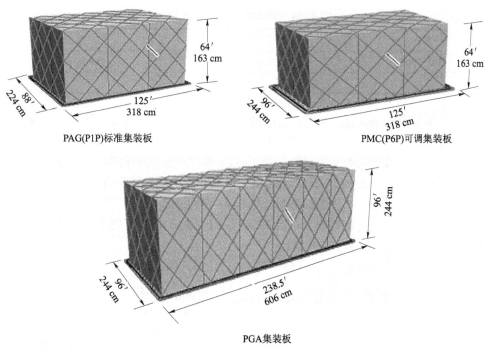

图 4-5　常用型号空运集装板（部分）

部分常用集装器的参数如表 4-10 所示。

表4-10　常用型号集装器（部分）的参数

集装器代码	底板尺寸/cm	高度/cm	自重/kg	最大毛重/kg	最大容积/m³	与飞机的适配性
AKE（LD3）	153×156	163	80	1 588	4.3	宽体机下舱
ALF（LD6）	153×318	163	159	3 175	8.9	宽体机下舱
RKN	153×156	163	257	1 588	3.0	宽体机下舱
AMA	244×318	244	379	6 804	17.5	B747系列等货机主舱
PAG（P1P）	224×318	163	125	6 804	—	宽体机下舱、747系列等货机主舱与下舱
PMC（P6P）	244×318	低 163 中 244 高 300	135	6 804	—	宽体机下舱、747系列等货机主舱与下舱
PGA	244×606	244	480	13 608	—	B747系列等货机主舱

（3）集装棚。包括结构集装棚和非结构集装棚。前者带有固定在底板上的外壳，形成一个完整的箱，不需要网套固定，分为拱形和长方形两种。后者除了板和网之外增加一个非结构的棚罩（用轻金属制成），罩在货物和网套之间，可充分地利用舱位空间、保护飞机内壁。在实践中，集装棚比集装箱、集装板少用。

2. 集装器的识别代码

根据IATA规定，集装器的识别代码由三部分组成，如表4-11所示。

表4-11　集装器识别代码的组成

第一部分			第二部分	第三部分
集装器型号代码			集装器编号	集装器所属人代码
A	L	F	40012	CA

（1）第一部分表示集装器的型号，三个英文字母分别表示集装器的种类、底板尺寸、外形及与飞机货舱的适配。第一个英文字母表示集装器种类，如A表示注册的集装箱，P表示注册的集装板。集装器种类的主要代码见表4-12。第二个英文字母表示集装器的底板尺寸，如L表示底板尺寸为153 cm×318 cm。集装器底板尺寸的主要代码见表4-13。第三个英文字母表示集装器的外形及与飞机货舱的适配，如表4-14所示。

（2）第二部分表示集装器的编号。自1996年10月起，新生产的集装器全部使用5位数字的编号（此前为4位数字），如40012。

（3）第三部分为该集装器所有人（通常为航空公司）的IATA两字代码，如CA。

表4-12　集装器种类的主要代码（集装器代码第一位）

代码	英文含义	中文含义
A	Certified Aircraft Container	注册的集装箱
B	Certified Main Aircraft Container	注册的主货舱集装箱
D	Non-Certified Aircraft Container	非注册的集装箱

续表

代码	英文含义	中文含义
E	Non-Certified Main Aircraft Container	非注册的主货舱集装箱
F	Non-Certified Aircraft Pallet	非注册的集装板
G	Non-Certified Aircraft Pallet Net	非注册的集装板网套
H	Horse Stall	马厩
J	Thermal Non-structural Igloo	非结构保温集装棚
K	Cattle Stall	牛栏
M	Thermal Non-structural Aircraft Container	非注册的保温集装箱
N	Certified Aircraft Pallet Net	注册的集装板网套
P	Certified Aircraft Pallet	注册的集装板
R	Thermal Certified Aircraft Container	注册的保温集装箱
U	Non-structural Igloo	非结构集装棚
V	Automobile Transport Equipment	汽车运输设备
XYZ	Reserved For Airline Use Only	仅供航空公司留用

表4-13 集装器底板尺寸的主要代码（集装器代码第二位）

代码	底板尺寸/cm	代码	底板尺寸/cm	代码	底板尺寸/cm
A	224×318	G	244×606	M	244×318
B	224×274	H	244×913	N	156×244
E	224×135	K	153×156	P	120×153
F	244×299	L	153×318	Q	153×244

表4-14 集装器外形及与飞机货舱的适配（集装器代码第三位）

机型与舱位	AB	C	D	EN	F	K	M	GP	U	Y	Z
B737-C 主货舱						●					●
B747-F 主货舱	●	●	●		●	●	●	●		●	●
B747 下货舱		●		●		●		●	●		
B767 下货舱				●		○		○			
B777 下货舱				●		●		●			
DC10-F 主货舱	●					●		●		●	●
DC10 下货舱				●		●		●			
A300 下货舱				●		●		●			
A300-C 主货舱	●					●	●	●		●	●

续表

机型与舱位	A	B	C	D	EN	F	K	M	GP	U	Y	Z
A310下货舱					●	●	●		●			
A310-C主货舱	●						●	●	●		●	●
A340下货舱					●	●	●		●			

注：此代码表示集装器外形，由此确定该集装器适配何种机型；符号 ● 表示集装器与该型号飞机适配；符号 ○ 表示集装器外形只适用 B-767 机型。

4.5.2 集装器与飞机货舱的适配

1. 货舱与舱门布局

以货机主力机型 B747-400F 为例，货舱分为主货舱和下货舱，前者载重和空间较大，后者载重和空间较小。主货舱有两个舱门，一个是主货舱侧门，位于机身中后部左侧；另一个是主货舱鼻门，位于机头，为掀罩式。下货舱有三个舱门：前下货舱门、后下货舱门和散货舱门。主货舱两个舱门均明显大于下货舱三个舱门，以便装载大宗货物。图4-6、图4-7分别是 B747-400F 货舱与舱门布局图、B747-400F 主货舱与下货舱图。

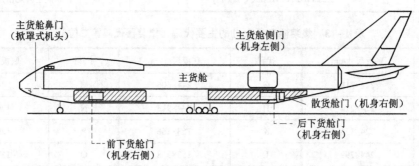

图 4-6 B747-400F 货舱与舱门布局

图 4-7 B747-400F 主货舱与下货舱

2. 集装器与货舱区位的适配

以 PAG 与 PMC 两种常用的集装板为例，它们与 B747-400F 主货舱区位的适配布局（侧视与俯视）如图4-8所示。该货机的主舱较大，可容纳3个 PAG 和27个 PMC，适配的具体布局是：3 个加高至 244 cm 的 PAG 配载于 A、B 舱，4 个 244 cm 高的 PMC（中板）配载于 C、D 舱，22 个 300 cm 高的 PMC（高板）和 1 个 287 cm 高的 PMC（主舱门位置）配载于 E 至 T 舱。其中，C 至 S 舱为双舱（R 舱为右舱，L 舱为左舱），T 舱为尾舱。

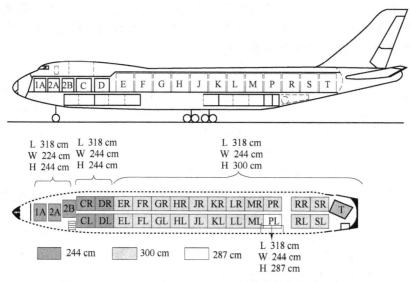

图 4-8　PAG/PMC 与 B747-400F 主货舱区位的适配布局

4.5.3　包箱板运输实务

1. 包箱板的业务优势

物流企业开展包箱板业务，独立自主地完成货物集装工作，具有以下几方面的业务优势。

（1）包箱板方式在较大程度上确保了舱位资源。在包运方式下，物流企业可从航空公司预先提取约定数量的集装器，这就等于已经向航空公司提前预订了这些集装器占用的舱位，也就无须再向航空公司专门订舱，只需在约定时间内向航空公司发出集装器实际使用情况预报。同时，固定支付箱板承包费的成本压力，无形中转化为物流企业开发业务的动力。

（2）包箱板方式可充分发挥物流企业的技术优势，通过提高箱板集装的科学性、合理性，优化集运货物的密泡组合，使集装器利用率最大化，从而实现利润最大化。

（3）在包箱板方式下，物流企业在始发地与目的地之间以集装器为运输与操作的单元进行货物交接，流转独立，流程简化，有效避免了不同总运单项下的货物混乱交错的情况，运输的安全性和可靠性得到了充分保障。

2. 包箱板运输合同

包箱板必须签订承包合同，通常一式多份，规定合同内容时应注意以下几点。

（1）除不可抗力因素外，合同双方应当履行包箱板合同规定的各自承担的责任和义务。

（2）承包人保证交运的货物没有夹带危险品、政府禁运品和限运品。

（3）无论何种原因，一方不能如期履行合同时，应及时通知对方。

（4）关于集装器的使用限制，应当事先在合同中规定。

3. 包箱板运费

包箱板方式下，收入性运费的核算与集运方式是一致的，即物流企业向客户计取运费的方式相同，但是成本性运费的核算和集运方式不同，航空公司向物流企业计收包箱板运费的方式要简单得多。集运方式下航空公司按照总计费重量和协议运价计算运费，而包箱板方式下以集装器为计费单位，按照每种集装器的承包运价和数量计算运费，在不超出集装器载重和容积定额的前提下，物流企业必须向航空公司支付合同约定的承包运费，即使承包的集装器载重或容积定额未被用完。可见，优化货物集装方法、使集装器利用率最大化，对物流企业控制箱板数量和包运业务成本是很重要的。

4. 包箱板运单

包箱板方式下，一方面物流企业向多个托运人签发分运单，另一方面航空公司向物流企业签发总运单。对比包箱板方式和集运方式的运单，两种分运单的填写规范是一致的，但是总运单的填写有所不同，主要体现在货物综合栏。

包箱板方式下，可能一个集装器使用一张总运单，也可能几个集装器共用一张总运单，视物流企业使用同一天同一个航班承运的货量而定。对航空公司而言，在同一天同一个航班中，只要在始发地是同一个物流企业托运、在目的地是同一个物流企业（或其代理）收货的箱板，就是同一票货，使用一张总运单即可。

同理，物流企业承包的箱板数量就是总运单上的件数，而不是箱板所装货物的具体件数，因为包箱板业务是以集装器为运输单元进行交接的。此外，货物综合栏只需填写总毛重（飞机载重平衡所需数据）、总运费、货名与数量。

总的来说，包箱板总运单的填写需注意以下几点。

（1）只填写一个托运人（始发地物流企业）和一个收货人（目的地物流企业或其代理）。

（2）操作信息（Handling Information）栏一般需注明包箱板信息，包括数量和集装器，如"CHARTERING 5 AKE CONTAINERS""CHARTERING 3 PAG PALLETS"。

（3）货物件数（No. of Pieces）栏填写物流企业交运的集装器总数量。

（4）毛重（Gross Weight）栏填写包箱板货物的总毛重（不含箱板重量）。

（5）总运费（Total）栏填写包箱板的总运费，以箱板承包单价和数量相乘。

（6）货名与数量（Nature and Quantity of Goods）栏内一般只需填写"CHARTERING ULD AS PER ATTACHED MANIFEST"，表示"包集装器详见随附舱单"（包运舱单与集运舱单基本一致，见表4-3），而无须详细列明每一项货物名称，也无须填写总体积（计算包箱板运费时无须用到）。

5. 包箱板操作注意事项

（1）物流企业自装自拆集装器。在始发地物流企业自行装箱装板，在目的地物流企业自行拆箱拆板。因此，物流企业需对货物的件数和外包装状况负责，航空公司对运输过程中发生的货损货失不承担责任，除非能证明损失是由于航空公司自身原因造成的。

（2）每个集装器上仅拴挂或粘贴一张航空公司识别标签，标签上的运单号码为总运单号码。物流企业识别标签则粘贴于货物外包装，一般情况下集装器无须再拴挂或粘贴物流企业识别标签。

（3）尽可能将全部货物集装在包运的箱板里，如果配载同次航班的货量超出预期导致承包的箱板不够用，应第一时间向航空公司急调、补充集装器。如果剩余货物明显不足以装满一个集装器，可按集运方式将货物运至货运站交航空公司装箱装板，但在这种情况下也需尽早提前向航空公司发送订舱单。

（4）以行业实践情况看，包箱板业务一般只限于直达航班。

4.5.4 包箱板集装操作

1. 集装的依据

对集装器进行货物集装前，需全面分析所有待装货物的状况，根据重量、体积、包装材料、密泡程度等特征，货物运输要求等情况，紧密结合待用集装器的规格和参数，设计货物集装方案，如图 4-9 所示。

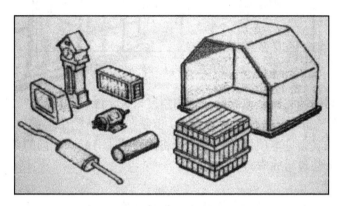

图 4-9　设计货物集装方案示意图

2. 集装的一般原则

（1）体积和重量较大的货物通常应装集装板，体积和重量较小的货物装集装箱。

（2）将体积或重量较大的货物放在下面，并尽量向集装器中央集中码放，将小件和轻货在其周围码放。

（3）大不压小，重不压轻，木箱或铁箱不压纸箱。

集装原则如图 4-10 所示。

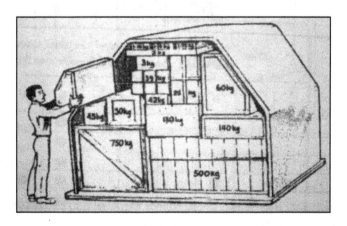

图 4-10　按集装原则码放货物示意图

（4）应将集装箱内货物紧凑码放，在不过度挤压、不损坏货物的前提下，间隙越小越好。如图 4-11 所示。

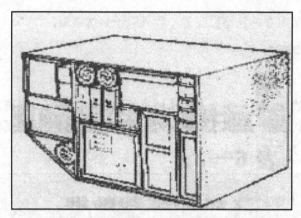

图 4-11　在集装箱内紧凑码放货物示意图

（5）从方便于目的地物流企业拆分交货的角度来说，应将同一票货（同一分运单）集装在同一集装器上，避免分装在不同的集装器里。但是在整批货物中密货和泡货并存的情况下，宜采用组合式集装法（详见本项目 4.4.4 节），将同一票货分装在不同的集装器里，有利于降低箱板占用数量、节约包运成本。

3. 集装注意事项

（1）形状特异可能危害飞机安全的货物，应将其稳妥固定，可用填充物将集装器塞满，或使用绳带捆绑固定货物，以防货物损坏集装器甚至损坏飞机。

（2）当集装箱所装货物为单件、体积未达到箱容积的三分之二但重量达 150 kg 以上时，需对货物进行捆绑固定，可采用标准绳具将货物固定在集装箱卡锁轨里，如图 4-12 所示。

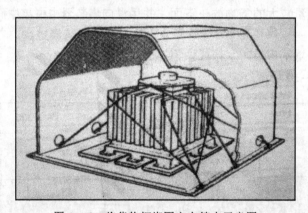

图 4-12　将货物捆绑固定在箱内示意图

（3）对于底部为金属、底部面积较小且重量较大的货物，必须使用垫板减小压强，以分散、减小货物对集装器底板的压力，防止底板受损，如图 4-13 所示。

（4）装在集装板上的货物要紧凑，上下层货物之间要相互交错、骑缝码放，防止货物松散坍塌或滑落，如图 4-14 所示。

（5）集装板上的小件货物，要装在其他货物的中间或恰当地予以固定，以防从网套或网眼中滑出。一块集装板集装两件或两件以上大件货物时，应紧邻码放，尽量减小货物之间的空隙。

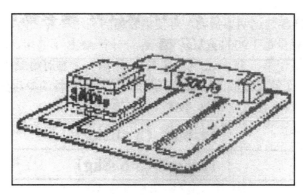

图 4-13 使用垫板减小货物对底板压力示意图

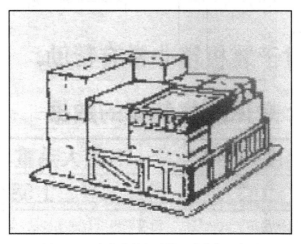

图 4-14 在集装板上骑缝码放货物示意图

4.5.5 集装箱利用率最大化

相对于集装板,集装箱装载货物的重量和容积有更严格的限制,在包箱费用固定的情况下如何使集装箱利用率最大化(利用率最高),无疑是一个具有重大意义的技术问题,直接关系到物流企业包运业务效益的高低。

如图 4-4 所示,以 AKE 标准集装箱为例。AKE 最大毛重为 1 588 kg,减去自重 80 kg,最大载重约 1 500 kg;最大容积为 4.3 m³,但受立体梯形结构的限制,实际利用率难以达到 100%,实用箱容约 4 m³。综上所述,AKE 集装箱的最大载重/实用容积为 1 500 kg/4 m³。假设箱内全部货物总重量和总体积刚好是 1 500 kg 和 4 m³,则利用率最高;或者已装满整箱的货物的密度和 AKE 的单位容重 375 kg/m³ 恰好相等,此时箱利用率实际上也达到了最高。

显然,整箱集装密货或整箱集装泡货都不是最佳选择,因为前者虽然用完了 1 500 kg 的载重定额,但是浪费了部分箱容空间,后者虽然用完了 4 m³ 的箱容空间,但是浪费了部分载重定额。下面对此举例说明。

[例 4-3] 集装两票密度不同的普通货物,包箱型号为 AKE,已知 AKE 集装箱的最大载重/实用容积为 1 500 kg/4 m³。货物 1 的重量/体积是 1 500 kg/3 m³;货物 2 的重量/体积是

400 kg/4 m³。请问怎样集装这两票货物，可使集装箱的利用率最大化？

分析：两票货的总量是 1 900 kg/7 m³，显然，一个 AKE 不够用，两个 AKE 则有盈余。集装方案设计的关键是使第一个 AKE 利用率最高，则剩余货物对第二个 AKE 的占用量最小，从而使第二个 AKE 剩余的可装额度最高，可继续集装其他货物的量达到最大，在这种情况下两个 AKE 的利用率实现了最大化。

依题意，货物 1 是密货、货物 2 是泡货，整箱集装货物 1 或整箱集装货物 2 都不是最佳方案，单一式集装如图 4-15 所示。

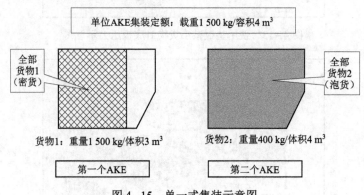

图 4-15　单一式集装示意图

图 4-15 显示，如果整箱集装货物 1，虽然恰好用完了 1 500 kg 的载重定额，但是浪费了 1 m³ 的箱容空间；如果整箱集装货物 2，虽然恰好用完了 4 m³ 的箱容空间，但是浪费了 1 100 kg 载重定额。可见，不宜采用单一式集装法，而需采用组合式集装法，即每箱同时集装部分货物 1 和部分货物 2。

[解]

设：第一个 AKE 集装货物 1 和货物 2 的重量分别为 x_1 和 x_2。依题意，货物 1 和货物 2 的密度分别是 500 kg/m³ 和 100 kg/m³，则有方程组：

$$\begin{cases} \dfrac{x_1}{500} + \dfrac{x_2}{100} = 4 \\ x_1 + x_2 = 1\,500 \end{cases}$$

解方程组，$x_1 = 1\,375$，$x_2 = 125$。

第一个 AKE 集装货物 1 和货物 2 的重量分别为 1 375 kg，125 kg。

第二个 AKE 集装货物 1 和货物 2 的重量分别为 125 kg，275 kg。

根据以上重量和密度，可得货物体积的对应数。组合式集装方案的数据如表 4-15 所示，组合式集装法如图 4-16 所示。

表 4-15　组合式集装方案数据表

货物类型		第一个 AKE 集装量	第二个 AKE 集装量
货物 1	集装重量/kg	1 375	125
	占用容积/m³	2.75	0.25

续表

货物类型		第一个 AKE 集装量	第二个 AKE 集装量
货物2	集装重量/kg	125	275
	占用容积/m³	1.25	2.75
合计	集装重量/kg	1 500	400
	占用容积/m³	4	3

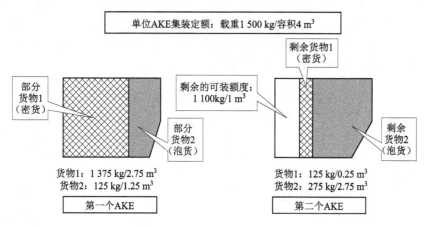

图 4-16 组合式集装法示意图

上述方案表明，第二个 AKE 剩余的可装额度为 1 100 kg/1 m³，也就是说组合式集装法比单一式集装法可多装上述货量，但是包运总成本不变，同为两个 AKE 的承包费用。

在实践中，物流企业承运的货物通常既有密货也有泡货，只是比例不同而已。如果包运集装器的用量固定，采用组合式集装法可承运更多货物；如果承运的货物数量固定，采用组合式集装法可在不同程度上降低包运集装器的用量（包括使用更小型号的箱板）。两种情况下均可有效提高包运业务效益。

任务 4.6 包机运输

4.6.1 包机运输定义

包机运输可分为整机包机和部分包机。整机包机即承包整架飞机，指承包人按照与航空公司在合同中事先约定的条件及费用，租用整架飞机，从一个或几个始发地机场空运货物至目的地机场的包运方式。部分包机是由两个或多个承包人联合包租航空公司的同一架飞机的包机方式。包机运输是包箱板运输的扩展和升级，常见于特大型物流企业与航空公司的合作中。

4.6.2 包机费用计算

1. 包机费用的范围

包机费用一般包括空中运费、货物在机场货运站与飞机之间的地面运输、装机、卸机等地面服务费用。托运人与始发地机场货运站之间的地面运输、目的地机场货运站与收货人之间的地面运输、集装器的货物集装以及进出口报关等事务由承包人自行办理并承担相关费用，不计入包机费用当中。

2. 包机费用的计算

包机费用通常一次一议，且随国际航空物流市场的供求关系而变化。包机费用按每飞行公里或每飞行小时的费率计收，费率举例（常变）如表 4-16 所示。如果飞机产生空放，按每飞行公里或每飞行小时费率的 80%收取空放费。因此，如果承包人往返双程均有货载，则总体上包机费率较低，如果只使用单程则费率较高。

表 4-16 某航空公司包机费率表（常变）

机 型	每飞行公里费率/CNY	每飞行小时费率/CNY
B747-8F	218	188 698
B747-400F	202	174 528
B777-200F	186	160 704
B767-200F	145	125 280
B737-300F	86	69 488
MD11F	160	133 298
A300-600F	130	96 214

[例 4-4]

物流企业 F 公司向某航空公司承包波音 747-400F 飞机，已知始发地机场为广州，目的地机场为新加坡，飞行公里数为 2 626 km，请根据表 4-16 的包机费率表计算包机费用。

[解]

依表 4-16，B747-400F 包机费率=202 元/飞行公里

已知计费公里=2 626（km）

包机费用=202×2 626=530 452（CNY）

4.6.3 包机运输实务

1. 包机申请

按行业一般惯例，承包人一般应在航班执行日期前 20 天向航空公司提出书面包机申请，申请包机时出示企业营业执照、法人代表证件等相关资料，在申请表上详细填写货名、件数、重量、尺寸、体积、始发地机场、目的地机场、收发货人及联系方式、运输与操作注意事项等信息。航空公司根据包机申请信息向承包人提供包机机型和包机费率。

2. 包机取消

（1）承包人取消包机。包机合同成立后，如果承包人要取消包机，至少要在合同规定的

航班执行时间的 24 小时之前，以书面形式通知航空公司，但需根据合同规定的标准支付退包费，退包费标准如表 4-17 中的示例。

表 4-17　某航空公司退包费标准

退包提前时间（VS 航班执行时间）	承包人向航空公司支付的退包费（占包机费的比例）
提前 6 至 7 天	20%
提前 3 至 5 天	50%
提前 1 至 2 天	75%
提前 < 24 小时	100%

备注：天为日历天，通常提前超过 7 天免退包费，但双方须在合同中明确

（2）航空公司取消包机。出现不利于飞行的气候条件、禁航、自然灾害、战争、罢工、政局不稳等不可抗力因素，以及有可能危害航空公司财产和人员生命安全的一切原因，航空公司有权取消包机航班。由于航空公司自身原因取消包机，各航空公司的赔偿标准不一，区别较大。

3. 包机延误

除了不可抗力因素，由于航空公司自身原因导致包机延误，超过合同规定的航班执行时间 3 小时以上的，航空公司须按照合同规定的标准赔偿，赔偿费用由承包人在包机费用中扣减。赔偿标准如表 4-18 中的示例。

表 4-18　某航空公司包机延误赔偿标准

包机延误时间（VS 航班执行时间）	承包人向航空公司扣减的赔偿费（占包机费的比例）
3 小时 ≤ 延误 < 6 小时	10%
6 小时 ≤ 延误 < 12 小时	20%
12 小时 ≤ 延误 < 24 小时	30%
延误 24 小时以上	50%

备注：关于延误非常严重的赔偿标准，双方须在合同中明确

由于承包人或其受雇人的原因造成包机航班执行延误，由此对航空公司造成的损失，承包人应承担赔偿责任（由双方协商赔偿标准并在合同中规定）。

4. 包机合同

包机运输合同通常一式四份或以上，一份交承包人，一份随运单财务联交航空公司财务部门核算，一份随运单存根联由航空公司货运部门留存，一份随运单收货人联送往目的地。

包机总运单和包机合同是包机业务的运输凭证。整机包机方式下总运单只有一个收发货人，总运单只有一份；部分包机方式下有两个以上收发货人，则总运单两份以上。

包机合同除了写明双方名称、地址、法定代表人和联系电话，通常包括以下基本内容。

（1）承包人于_____年___月___日起包用_____型飞机承担航空货物运输，其航程如下：

_____年___月___日自_____（始发地机场）至_____（目的地机场），停留___日。

_____年____月____日自_____（始发地机场）至_____（目的地机场），停留____日。
包机运单号码为_____。
包机费率为_____。
其他相关费用为_____。
包机费用总共为_____。

（2）根据包机航程，可供承包人使用的载重定额为_____，货舱容积定额为_____。如因天气或其他特殊原因需增加空勤人员或燃油时，载重量照减。

（3）如果承包人没有用完上述载重或容积定额，承包人不能利用空余定额载运非本单位的客货（空余定额是否由航空公司利用，由双方协商并在合同中增补规定）。

（4）除不利于飞行的气候条件、禁航、自然灾害、战争、罢工、政局不稳等不可抗力因素外，合同双方应当各自履行包机运输合同规定的责任和义务。

（5）由于不可抗力因素导致包机运输合同不能履行时，航空公司不承担责任。

（6）无论何种原因，一方不能如期履行包机合同时，应及时通知合同另一方。

（7）承包人应保证交运的货物没有夹带危险品、政府禁运或限运物品。航空公司有权拒绝承运任何可能对飞行安全造成威胁的货物。

（8）包机取消和包机延误的规定（可参考上述规定及赔偿标准，也可由双方另行协商并在合同中规定）。

（9）未经航空公司同意，承包人不可向第三方转让本合同的任何权利、义务或责任。

（10）其他未尽事项按航空公司货物运输规则办理。

任务 4.7　思考与练习

（一）单选题

1. 关于集运舱单的描述不正确的是（　　）。
   A. 集运舱单英文是 CONSOLIDATION MANIFEST
   B. 集运舱单是核收运费的依据
   C. 通过查阅集运舱单可了解总运单项下各分运单所包括的全部货物
   D. 集运舱单通常是集运业务的必备文件

2. 关于物流企业标签的描述错误的是（　　）。
   A. 物流企业标签是根据分运单上的信息填写的
   B. 物流企业标签也称为分标签
   C. 物流企业标签适用于直接托运
   D. 为避免识别混乱，物流企业标签通常不能和航空公司标签同时粘贴

3. 分运单与总运单相同的方面是（　　）。
   A. 运价与运费　　　　　　　　　　B. 计费重量
   C. 始发地机场与目的地机场　　　　D. 收发货人

4. 不属于集运业务"三种利润"的是（　　）。
   A."规模利润"　　　　　　　　　　B."密泡组合利润"

C. "EP 利润" D. "价差利润"
5. 关于"密泡组合"重量差原理，描述错误的是（　　）。
   A. 在集运总计费重量规则下，既有密货也有泡货的组合巧妙地"压缩"了总计费重量
   B. 集运收入 CW 与集运成本 CW 之间产生了可观的重量差，因为前者小于后者
   C. 物流企业向客户收取运费时核算计费重量的方式是各取最大值累加
   D. 物流企业向航空公司支付成本时核算计费重量的方式是对应累加再取最大值
6. 标准集装箱的型号是（　　）。
   A. ALF　　　　B. AKE　　　　C. RKN　　　　D. PAG
7. 集装器识别代码第一部分由三个英文字母构成，所表示的内容不包括（　　）。
   A. 集装器的种类　　　　　　B. 集装器的载重量
   C. 底板尺寸　　　　　　　　D. 外形轮廓及适用机型
8. 关于包箱板总运单的填写，错误的是（　　）。
   A. 只填写一个托运人和一个收货人
   B. 件数（No. of Pieces）栏内填写物流企业交运的货物总数量
   C. 货名与数量（Nature and Quantity of Goods）栏内无须详细列明每一项货物名称
   D. 操作信息（Handling Information）栏一般须注明包箱板信息，包括数量和集装器
9. 关于包箱板操作的注意事项，错误的是（　　）。
   A. 物流企业自装自拆集装器
   B. 每个集装器上仅拴挂或粘贴一个航空公司识别标签
   C. 尽可能将货物集装在包运的箱板里，如果所承包的箱板不够用则余下货物不能托运
   D. 包箱板业务一般只限于直达航班
10. 包机费用的计费范围不包括（　　）。
    A. 空中运费
    B. 货物在机场货运站与飞机之间的地面运输费用
    C. 货物装机、卸机等地面服务费用
    D. 收发货人与机场货运站之间的地面运输费用

（二）多选题
1. 在集运业务中，对当事人型物流企业的描述，正确的有（　　）。
   A. 始发地物流企业是总运单上的托运人
   B. 目的地物流企业是总运单上的收货人
   C. 物流企业是"无机承运人"
   D. 物流企业签发分运单
2. 集运出口操作活动包括（　　）。
   A. 完成多个托运人货物的集拼、订舱配载操作
   B. 签发分运单给多个托运人，制作总运单与集运舱单
   C. 与机场货运站妥善交接集运货物与文件，配合装箱或装板
   D. 当货物需入库储存时，物流中心提供出口前的仓储和其他物流服务
3. 集运进口操作活动包括（　　）。
   A. 从始发地物流企业接收集运文件和起运航班报告

B. 办理集运货物进口报关（报检）手续
C. 在物流中心分拆集运货物并交货给各收货人
D. 当货物需入库储存时，物流中心提供交货前的仓储和其他物流服务
4. 并不是所有货物都适合集运方式，原因包括（　　）。
   A. 办理集运的手续较复杂
   B. 集运方式下运价较高
   C. 需特殊处理的特种货物采取直接托运的方式更为合适
   D. 收货人地域不同或相距过远一般不宜集运
5. 集运与直运的主要区别包括（　　）不同。
   A. 货主的承运人　　B. 运单类型　　C. 飞机机型　　D. 货物类型
6. 对包机费用描述正确的有（　　）。
   A. 通常一次一议　　　　　　　B. 可按每飞行公里的费率计收
   C. 空放按费率100%收取空放费　D. 可按每飞行小时的费率计收
7. 以下集装器型号属于常用集装箱型号的是（　　）。
   A. AMA　　　B. AKE　　　C. PGA　　　D. PAG
8. 集装器识别代码由三部分组成，包括（　　）。
   A. 集装器型号代码　　　　B. 集装器编号
   C. 集装器所属人代码　　　D. 集装器核对号
9. 关于包箱板集装的原则，描述正确的有（　　）。
   A. 一般情况下，体积和重量较大的货物装在集装板上，体积和重量较小的货物装在集装箱内
   B. 集装时，体积或重量较大的货物放在下面，并尽量向集装器中央集中码放
   C. 大不压小、重不压轻、木箱或铁箱不压纸箱
   D. 集装箱内的货物应码放紧凑，在不过度挤压不损坏货物的前提下，间隙越小越好
10. 关于包机运输实务的内容，描述正确的有（　　）。
    A. 承包人一般应在航班执行日期前20天向航空公司书面提出包机申请
    B. 承包人取消包机至少需在合同规定的航班执行时间的24小时之前，以书面形式通知航空公司
    C. 由于航空公司自身的原因导致航班延误，超过合同规定的航班执行时间3小时以上的，航空公司需按照合同规定的标准赔偿
    D. 整机包机方式下总运单只有一个收发货人，总运单只有一份

（三）判断题
1. 集运是最普遍的国际航空集约物流业务方式之一。（　　）
2. 只有货物的目的地相同才可以办理集运，目的地不同不宜集运。（　　）
3. 当集运货物存在"密泡组合"的情况下，必然出现MAWB计费重量＞HAWB计费重量之和。（　　）
4. IATA规定在集运总毛重与总体积重量之间取高者作为总计费重量。（　　）
5. 分运单上的运费通常既可预付也可到付，但总运单上的运费一般只能预付。（　　）
6. 承包人无论向航空公司是否交付货物，承包人都必须支付合同规定的运费的包运方式

是软包。（　　）

7. 各种集装器中，集装棚比集装箱、集装板较为少用。（　　）

8. 对于航空公司而言，物流企业承包的箱板数量就是总运单上的货物件数。（　　）

9. 包箱板方式在较大程度上确保了舱位资源。（　　）

10. 集运方式下航空公司按照总计费重量和协议运价计算运费，而包箱板方式下航空公司以集装器为计费单位、按照每种集装器的承包运价和数量计算运费。（　　）

（四）实操题

1. 云翔国际航空物流公司两天内受5个客户委托从广州各空运一批普货到西班牙巴塞罗那，配载同一天同一个航班仍可满足全部客户的时间要求。货物重量和适用运价分别如表4-19、表4-20所示，云翔公司与航空公司的协议运价见表4-21。现采取集运方式，在不考虑附加费的情况下，请核算：

（1）物流企业向各客户分别收取的运费收入。

（2）物流企业向航空公司支付的集运成本。

（3）物流企业可获取的总利润。

（4）在表4-22上填写HAWB 98665003的货物综合栏；货名为玩具，尺寸为50×50×57（cm）×16。

（5）在表4-23上填写集运MAWB的货物综合栏。

表4-19　货物毛重与体积重量

客户序号	分运单号 HAWB No.	货物件数 NOP	货物毛重 GW/kg	体积重量 VW/kg
1	98665001	8	120.0	70.0
2	98665002	10	125.0	275.0
3	98665003	16	280.0	380.0
4	98665004	20	420.0	300.0
5	98665005	6	72.0	71.5

表4-20　云翔公司与客户之间的协议运价

重量段 适用客户	GENERAL CARGO CONTRACT RATE（CAN→BCN），CNY/kg						
	M	N	+45	+100	+300	+500	+1 000
客户1、2、5	350.00	23.00	21.00	20.00	19.00	18.50	17.00
客户3、4	300.00	21.00	19.00	18.00	17.00	16.50	15.00

表4-21　云翔公司与航空公司之间的协议运价

重量段	GENERAL CARGO CONTRACT RATE（CAN→BCN），CNY/kg						
	M	N	+45	+100	+300	+500	+1 000
CNY/kg	200.00	20.37	18.43	17.20	16.90	15.42	14.71

表 4-22 HAWB 98665003 的货物综合栏

No of Pieces RCP	Gross Weight	kg lb	Rate Class		Chargeable Weight	Rate/ Charge	Total	Nature and Quantity of Goods (incl. Dimensions or Volume)
			Commodity Item No.					

表 4-23 集运 MAWB 的货物综合栏

No of Pieces RCP	Gross Weight	kg lb	Rate Class		Chargeable Weight	Rate/ Charge	Total	Nature and Quantity of Goods (incl. Dimensions or Volume)
			Commodity Item No.					

2. 蓝天国际航空物流公司包租一架 B737-300F 飞机,往返于国内机场 A 与国外机场 B,飞行时间为 3.5 小时,去程满载但返程空舱,请根据表 4-16 的包机费率表,计算包机费用。

3. 集装两票密度不同的普通货物,包箱型号为 AKE。已知 AKE 集装箱的最大载重/实用容积为 1 500 kg/4 m³。货物 1 的重量/体积是 1 800 kg/4 m³,货物 2 的重量/体积是 450 kg/3 m³。

(1) 请设计装载方案,使集装箱的利用率最高,写出详细的解题过程。

(2) 将解题的答案数据填入表 4-24 集装方案数据。

表 4-24 集装方案数据

货物类型	集装数据	第一个 AKE 集装量	第二个 AKE 集装量
货物 1	集装重量/kg		
	占用容积/m³		
货物 2	集装重量/kg		
	占用容积/m³		
合计	集装重量/kg		
	占用容积/m³		

项目 5

 国际航空特货物流

学习内容

国际危险品航空物流的知识与技能（危险品概述、法规介绍、培训规定、主要参与人的责任、危险品分类、空运限制、识别、包装、标记标签、运输文件、收运、储存、装载、应急处置）；其他特种货物的收运（鲜活易腐货物、活动物、贵重货物、超大超重货物、作为货物运送的行李）。

能力目标

能熟练介绍危险品的分类；会熟练陈述危险品空运限制；能确定危险品运输专用名称和查阅品名表的各项规定；能辨别各类项危险品的危险性标签和操作标签；会解释危险品 UN 规格包装标记的含义；能陈述危险品装载的六项原则；能简述其他特种货物收运操作的要点。

知识目标

了解 IATA-DGR 制定依据；领会危险品航空运输主要参与方的责任；熟悉隐含危险品的常见货物；熟悉危险品包装的类型和等级；掌握危险品航空运输文件的要求；熟悉各类危险品应急处置的常用措施；了解其他特货物流操作的主要规定。

引导资料

瞒报危险品导致飞机报废

马来西亚航空公司承运了一批化工品，托运单和运单上的品名为"8-羟基喹啉"，实际上是有毒、有腐蚀性的液体草酰氯。货物运抵吉隆坡机场后发生泄漏，造成 5 名工人中毒，飞机遭到严重腐蚀而报废。马航向我国民航总局投诉，并将我国六家公司告到法庭。经法院审理查明，案件事故产生的根源是托运人瞒报危险品。北京市高院判决大连化建等企业赔偿 6 506 万美元。

分析：以上是真实的典型案例，核心启示是危险品航空运输必须严格遵循危险品规则。虽然此案事故产生的根源在于托运人违规瞒报危险品，但是如果在受理托运时乃至后续各环节中，专业操作人员严格按照操作规则和安检程序把好关，此次重大事故是可以避免发生的。

任务 5.1 国际航空危险品物流

5.1.1 国际航空危险品物流概述

1. 危险品的定义

危险品（dangerous goods，DG）是指对健康、安全、财产或者环境构成危险的物品或者物质。危险品不仅仅是指易燃易爆品、有毒物品之类的货物，还包括如化妆品、锂电池、油漆、干冰、大蒜油、磁性物质之类的日常用品。

2. 国际航空危险品物流

国际航空危险品物流，是以国际航空运输为核心，危险品从供应地到需求地的跨境流动过程，主要活动包括危险品分类、包装、识别、收运、储存、装载、国际航空运输、交付等环节。用"物流"一词来概括上述一系列活动无疑是正确的，但由于航空运输是核心环节，其他各环节皆为航空运输的准备或后续活动，为增强针对性，以下相关内容较多采用"航空运输"或"空运"的字眼，而较少出现"航空物流""物流"这种统称，特此说明。

3. 对危险品航空物流服务的刚性需求

危险品与人们的工作和生活密切相关。常见的危险品包括：① 生活日用品中大量的日用化工品、化妆品、锂电池、发胶；② 居家生活用品中的天然气、液化石油气、油漆、胶黏剂、磁性物质；③ 野营用品中的野营炉、燃气罐、固体酒精；④ 食品中用以保鲜冷冻的干冰、大蒜油；⑤ 医疗用品中的医疗器械、医用放射性同位素、温度计、血压计、X 射线检查仪、酒精、消毒液；⑥ 娱乐及庆典用品中的烟花爆竹、礼花弹，体育比赛器材中的射击比赛用的弹药；⑦ 部分生产原材料及生产工具；⑧ 飞机上的氧气瓶、氧气发生器、电池、灭火器；⑨ 治安军警物资中的催泪装置等。上述物品或物质具有危险性或含有危险品，而且绝大多数都是人类生活与生产活动中必不可少的。

人类对上述危险品存在大量需求，同时大部分危险品对快速、及时、便捷的运输服务又存在刚性需求，而这种运输只有空运能够完成。但是危险品空运和相关物流环节又会对人们的健康、安全或环境构成危险，因此必须学习危险品航空物流安全的专业知识和技能。

更为重要的是，长期实践证明，只要严格认真地按照危险品规则进行操作，采取正确规范的处理方法，危险品航空物流安全是完全可以得到保障的。

4. 基本准则

危险品航空运输的基本准则是：确保飞机、旅客、机组人员和货物的安全，不承担额外的风险。

大多数危险品在严格遵守规则的情况下，可以进行航空运输；有些危险品由于危险性太大，在任何条件下都被禁止航空运输；有些危险品在一般情况下被禁运，但在特殊条件下可以航空运输；还有一些危险品被禁止在任何客机上运输，而仅限货机运输。

5.1.2 法规介绍

1. 国际法规

（1）联合国危险品运输专家委员会对于非放射性的危险品运输制定了《关于危险品运输的规章范本》，由于该规则的封面是橘黄色的，所以又称为"橙皮书"（Orange Book）。

（2）国际原子能机构（IAEA）对于放射性物质运输制定了《放射性物质安全运输规定系列丛书六》（SS No.6）。上述两个建议性规则适用于海、陆、空各种运输形式。

（3）在上述两个规则的基础上，国际民航组织（ICAO）制定了《危险品安全航空运输技术细则》，英文简称为 ICAO-TI，以统管危险品航空运输安全，该细则于 1983 年 1 月 1 日生效。文件中有详细的技术资料，提供了一整套完备的国际规定，每两年发布、更新 1 次。

（4）国际航空运输协会（IATA）制定了《危险品规则》（*Dangerous Goods Regulations*），英文简称为 IATA-DGR，这一规则以 ICAO-TI 为基础，以 IATA 的附加要求（additional requirements）和有关文件细节为补充出版发行。

小资料

国际航空运输协会《危险品规则》

国际航空运输协会《危险品规则》即 IATA-DGR，每年更新发行 1 次，新版本于每年的 1 月 1 日生效。基于运营和行业标准实践方面的考虑，IATA-DGR 增加了比 ICAO-TI 更具约束力的规定。这些新规定在每项的边缘以手型符号"☞"突出标注。由于 IATA-DGR 使用方便，可操作性强，同时发行英语、中文、法语、德语、西班牙语等多种语言的版本，在世界航空运输领域中作为操作性文件被广泛使用。

IATA-DGR 制定的依据如图 5-1 所示。

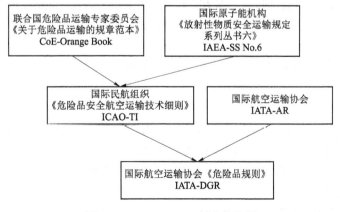

图 5-1 IATA-DGR 制定的依据

2. 国内法规

我国危险品航空运输目前适用的主要法规为《中华人民共和国民用航空法》《中国民用航空危险品运输管理规定》（简称 CCAR-276-R1）。

（1）《中华人民共和国民用航空法》。该法第 101 条规定公共航空运输企业运输危险品，应当遵守国家有关规定，禁止以非危险品品名托运危险品，禁止旅客随身携带危险品乘坐民用飞机。第 117 条规定托运人应对航空运单上所填关于货物的说明和声明的正确性负责。

（2）《中国民用航空危险品运输管理规定》。中国民用航空总局 2012 年 12 月 24 日颁布、2014 年 3 月 1 日起施行的《中国民用航空危险品运输管理规定》（CCAR-276-R1），是中国航空危险品运输的主要法规，它包括 13 个章节：总则、危险品航空运输的限制和豁免、危险品航空运输许可程序、危险品航空运输手册、危险品航空运输的准备、托运人的责任、经营人及其代理人的责任、危险品航空运输信息、培训、其他要求、监督管理、法律责任、附则。

我国与危险品航空运输相关的法规还有《中华人民共和国民用航空安全保卫条例》《中国民用航空安全检查规则》《中华人民共和国安全生产法》《危险化学品安全管理条例》《中华人民共和国放射性污染防治法》《病原微生物实验室生物安全管理条例》《国务院关于特大安全事故行政责任追究的规定》《中华人民共和国刑法》等。

3. 各航空公司的危险品手册

CCAR-276-R1 要求作为运营人的航空公司应制定危险品手册，并获得当局的认可。危险品手册可以编入运营人运行手册或运营人员操作和运输业务的其他手册，但应建立和使用适当的修订系统，以保证危险品手册的最新有效性，并确保危险品的操作和运输按照危险品手册中规定的程序和指南实施。

4. 法规适用范围

（1）《危险品安全航空运输技术细则》（ICAO-TI）、《中国民用航空危险品运输管理规定》（CCAR-276-R1）适用于中国国内公共航空运输经营人、在外国和中国地点间进行定期航线经营或者不定期飞行的外国公共航空运输经营人、与危险品航空运输活动有关的任何单位和个人。

（2）国际航空运输协会《危险品规则》（IATA-DGR）适用于 IATA 所有会员与准会员运营人；适用于所有与 IATA 会员、准会员签订货物联运协议的航空公司；适用于所有向运营人交运危险品的托运人及其代理人。

（3）运营人的危险品手册适用于运营人员及其代理人雇员。

5.1.3 培训规定

根据国际与国内法规规定，直接或间接参与危险品航空运输的相关人员必须接受危险品专业培训，并获得专业证书。未经过危险品专业培训或培训不合格的人员，不得从事与危险品空运相关的任何工作。任何人员违反《中国民用航空危险品运输管理规定》要求从事相关工作的，将受到相关处罚。

1. 航空运输安全关联体系

所有与航空运输安全有关联的人员都要履行各自的职责，接受危险品培训（初训），为保证知识更新,一般应在初训后 24 个日历月内接受复训,除非有关当局要求缩短周期。航空运输安全关联体系如图 5-2 所示。

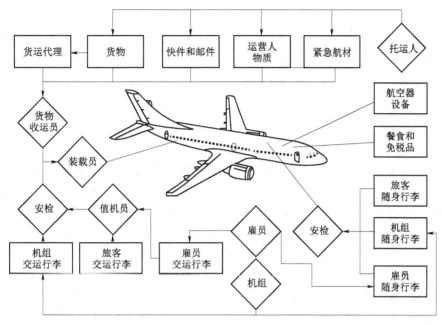

图 5-2 航空运输安全关联体系

2. 航空危险品运输培训规定

全球范围内国际航空货运的长期实践证明,对直接或间接参与危险品航空运输的相关人员进行严格的培训,使他们严格履行各自的职责,掌握危险品的性质和变化规律,准确识别危险品,严格做好包装、标记、标签、装卸、航空运输、存储、保管、防护等物流工作,严格履行托运及文件提供手续,严格控制可能导致事故发生的各种外界条件,危险品航空运输安全是完全可以得到保障的。

哪些相关人员必须接受危险品培训?ICAO 与 IATA 将必须受训的人员分为 12 类,如表 5-1 所示。

表 5-1 必须接受危险品培训的 12 类人员

序号	人员类别
1	托运人与承担托运人责任的人员
2	包装人员
3	负责危险品收运的货运代理人员
4	负责货物、邮件(非危险品)收运的货运代理人员
5	负责货物、邮件操作、仓储和装卸的货运代理人员
6	负责危险品收运的运营人及地面操作代理人员
7	负责货物、邮件(非危险品)收运的运营人及地面操作代理人员
8	负责货物、邮件的操作、仓储和装卸的运营人及地面操作代理人员

续表

序号	人员类别
9	旅客服务人员
10	飞行机组人员及配载人员
11	飞行以外的机组人员
12	安检人员

5.1.4 主要参与人的责任

1. 托运人的职责

托运人应当确保所有办理托运手续和签署危险品空运文件的人员已按 ICAO-TI、IATA-DGR、CCAR-276-R1 的要求接受了危险品培训;将危险品的包装件或合成包装件进行托运之前,须确保该危险品不是禁止航空运输的危险品,并正确地完成分类、包装、加标记、贴标签、提交正确填制的运输文件;禁止以非危险品品名托运危险品;严格遵守 IATA-DGR 的规定,确保该危险品符合始发站、中转站、目的站国家适用的规定;告知职员在危险品运输中应承担的责任。

值得注意的是,各运营人(航空公司)根据自身条件,往往对托运人的责任加以更严格的要求。以中国货运航空公司(简称"中货航")为例,该司在危险品运输手册中规定:"对托运人交运的危险品的分类或运输专用名称的正确性产生怀疑,中货航可以拒收。无论托运人提供的有关资料是否正确,中货航均保留请指定专家或部门进行最后判定的权利。中货航只接受国家级别实验室或指定的专业检测机构提供的报告,特别是初次运输或使用泛指名称的危险品,其分类、运输专用名称及包装等级的确定,必须以检测机构出具的报告为依据。由托运人提供的笼统而无实验数据的书面证据无效。"

2. 运营人的职责

运营人须制定检查措施防止普通货物隐含危险品;严格检查危险品运输文件的正确性、完整性,使用收运检查单收运危险品,并保存运输文件;严格检查危险品的包装件、合成包装件和装有放射性物质的专用包装,确认危险品装机前无泄漏和破损迹象;确保危险品不得装在驾驶舱和客舱内;确保危险品的存储、装载、固定和隔离符合相关规定;提供信息;提供在出现涉及危险品的紧急情况时应采取行动的指南;运营人应向当局和事故发生地报告任何危险品事故;无论运营人是否运输危险品都必须接受危险品培训。

3. 货运代理的职责

货运代理应使托运人的危险品处于"待运状态"。"待运状态"指按照危险品运输规则,货物的包装、标记与标签、运输文件及其他手续齐全,随时可以装载运输。货运代理须确保危险品运输文件和包装件表面都已经过严格检查,且没有隐含的危险品。

5.1.5 危险品的分类

根据危险性从大到小的顺序,危险品被划分为九类(第一类危险性最大),第一、二、四、五、六类又分成若干项。类与项用数字表示,如氧化物质是第五类,其中第 1 项是氧化剂,则氧化剂的类项被表示为"5.1"。此外,第一类(爆炸品)按能否配装在一起分为

13 个配装组,分别以代码 A~S 表示,只有同一配装组的爆炸品可以放在一起运输,不同组须分开运输,如"1.4S"表示被引燃时不存在显著危险性的 S 组爆炸品。危险品的分类详见表 5-2。

表 5-2 危险品的分类

项别	编码	名称	危险性标签	举例或注解	危险性描述
		第一类 爆炸品（Explosive）			
1.1	REX	爆炸品 Explosive (1) 配装组：按所含物质的不同分为 13 个配装组,分别以代码 A~S 表示,只有同一配装组的爆炸品可以放在一起运输,不同组须分开运输；但 1.4S 配装组可以和能够空运的其他爆炸品放在一起运输 (2) 绝大多数爆炸品被禁止空运,项别包括 1.1、1.2、1.3（仅 1.3C、1.3G 例外）、1.4F、1.5 和 1.6 (3) 仅 1.4S 既可用客机也可用货机空运,即使在发生事故时,只要包装未损坏就可把任何危险都限制在包装内,不会妨碍在其附近采取消防或者其他应急措施 (4) 凡是禁止空运的爆炸品编码均为 REX	1.1 A—G、J、L 九种	禁止空运,如 TNT	具有整体爆炸危险性的物质（整体爆炸指其影响力事实上几乎同时波及全部装载物）
1.2	REX		1.2 B—H、J、K、L 十种	禁止空运,如 TNT	具有抛射危险但无整体爆炸危险性的物质
1.3	RCX（1.3C）RGX（1.3G）REX（1.3F、1.3H、1.3J、1.3K、1.3L）		1.3 C、F、G、H、J、K、L 七种	1.3 项只有 C、G 配装组可空运但仅限货机	具有起火危险性、较小的爆炸和（或）较小的抛射危险性,但无整体爆炸危险性的物质
1.4	RXB（1.4B）RXC（1.4C）RXD（1.4D）RXE（1.4E）RXG（1.4G）RXS（1.4S）REX（1.4F）		1.4 B—G、S 共七种	(1) 只有 1.4S 既可用货机也可用客机空运（如体育运动用弹药、安全弹药）；(2) 1.4 项 B、C、D、E、G 配装组可空运但仅限货机；(3) 1.4 项只有 F 组禁止空运	被引燃时不存在显著危险性的物质

续表

项别	编码	名称	危险性标签	举例或注解	危险性描述
1.5	REX		1.5 BLASTING AGENT D 1 仅 1.5D 一种	禁止空运，如 TNT	具有整体爆炸危险性但敏感度很低的物质
1.6	REX		1.6 EXPLOSIVE N 1 仅 1.6N 一种	禁止空运，如 TNT	无整体爆炸危险性且敏感度极低的物质

第二类　气体（Gas）

项别	编码	名称	危险性标签	举例或注解	危险性描述
2.1	RFG	易燃气体 Flammable Gas	FLAMMABLE GAS 2.1	丁烷、氢、丙烷、乙炔、打火机（丁烷）	任何压缩气体当与空气中的氧气以一定的比例混合后，能形成可燃性混合气体
2.2	RNG	非易燃、无毒气体 Non-Flammable non-Toxic Gas	NON-FLAMMABLE NON-TOXIC GAS 2.2	二氧化碳、氖气、液氮或液氮等低温液化气体、灭火器中液化二氧化碳	任何非易燃、无毒的气体或冷冻液体状态的气体
2.3	RPG	毒性气体 Toxic Gas	TOXIC GAS 2.3	硫化氢、氯气等，大多数毒性气体是禁止空运的，只有个别除外，如低毒的气溶胶、催泪装置	对人体有毒害和腐蚀作用，对人体健康有害。以上三项气体危险性从高到低排序为：2.3 项>2.1 项>2.2 项

续表

第三类 易燃液体（Flammable Liquid）					
项别	编码	名称	危险性标签	举例或注解	危险性描述
3	RFL	易燃液体 Flammable Liquid	FLAMMABLE LIQUID 3	汽油、油漆、带有易燃溶剂的香料产品	在闭杯闪点试验中温度不超过60℃的液体

第四类 易燃固体（Flammable Solid）					
项别	编码	名称	危险性标签	举例或注解	危险性描述
4.1	RFS	易燃固体 Flammable Solid	FLAMMABLE SOLID 4.1	乒乓球、火柴、硫黄、明胶	本身易燃，或摩擦后容易引起燃烧，或有助于燃烧的固体物质
4.2	RSC	自燃物质 Spontaneously Combustible	SPONTANEOUSLY COMBUSTIBLE 4.2	白磷（鬼火）、二氨基镁	能自发放热，或与空气接触后升温而燃烧
4.3	RFW	遇水释放易燃气体的物质 Dangerous When Wet	DANGEROUS WHEN WET 4.3	钠、锂、电石	遇水或受潮时发生剧烈化学反应，释放大量易燃气体和热量，有些不需明火即能燃烧或爆炸

第五类 氧化物质（Oxidizing Substance）					
项别	编码	名称	危险性标签	举例或注解	危险性描述
5.1	ROX	氧化剂 Oxidizer	OXIDIZING AGENT 5.1	过氧化氢（双氧水）、漂白粉（剂）、氯酸钙、硝酸铵肥料	本身不一定可燃烧，但物质处于高氧化态，具有强氧化性，易分解并释放出氧和热量帮助其他物质燃烧

续表

项别	编码	名称	危险性标签	举例或注解	危险性描述
5.2	ROP	有机过氧化物 Organic Peroxide		叔丁基过氧化氢、过氧乙酸	是含过氧基的有机物，本身易燃易爆，极易分解，对热、震动或摩擦极为敏感，可以和其他物质发生危险反应，大部分需要温度控制，易爆炸，易损伤眼睛

第六类 毒性物质和传染性物质（Toxic and Infectious Substance）

项别	编码	名称	危险性标签	举例或注解	危险性描述
6.1	RPB	毒性物质 Toxic Substance		砷、氰化物、砒霜、农药	通过吸入、吞食或皮肤接触后有危险的液体或固体
6.2	RIS	感染性物质 Infectious Substance		病毒、细菌，HIV（AIDS艾滋病毒）、某些临床与医疗废弃物	带有某些病原体能使人和动物感染疾病的物质

第七类 放射性物质（Radioactive Material）

项别	编码	名称	危险性标签	举例或注解	危险性描述
7	RRW	放射性物质 I级白色 Radioactive Material White I		包装件表面辐射水平低，TI=0（TI为运输指数，指距离放射性物质外包装表面1m处最高辐射水平的数值）	无法为人体的任何感觉(视觉、听觉、嗅觉、触觉)觉察到，但可被专门仪器探测及测量。放射性物质能自发和连续发射出电离辐射，对人体和动物健康产生危害。不管放射性物质本身的辐射水平多么高，经过屏蔽包装，表面辐射可控制在一定水平（运输指数），并据此分为三个等级。常见的放射性物质：医疗或工业中使用的放射性同位素，如钴-60、铯-131
	RRY	放射性物质 II级黄色 Radioactive Material Yellow II		$0 < TI \leq 1$	

续表

项别	编码	名称	危险性标签	举例或注解	危险性描述
7	RRY	放射性物质 Ⅲ级黄色 Radioactive Material Yellow Ⅲ	RADIOACTIVE Ⅲ 7	1＜TI≤10 当 TI＞10 禁止空运	

第八类 腐蚀性物质（Corrosive Material）					
项别	编码	名称	危险性标签	举例或注解	危险性描述
8	RCM	腐蚀性物质 Corrosive Material	CORROSIVE 8	注入酸液的电池、强酸、强碱、盐酸、硝酸、硫酸	如果发生渗漏，产生化学反应能严重损伤与之接触的生物组织，或严重损坏货物及运输工具

第九类 杂项危险品（Miscellaneous Dangerous Goods）					
项别	编码	名称	危险性标签	举例或注解	危险性描述
9	RMD	杂项危险品 Miscellaneous Dangerous Goods	MISCELLANEOUS DANGEROUS GOODS 9	干冰（固态二氧化碳）、石棉、大蒜油、内燃机、电动轮椅、颗粒状聚合物（可能释放易燃气体）等。单列于前八类危险品之外，但这些物品在空运中存在不同程度的危险性	如大量干冰可在封闭空间内造成窒息；聚氯乙烯颗粒可释放少量易燃气体；某些物质的麻醉性、刺激性或其他特性使机组人员深感厌恶或不适而影响驾驶
	MAG	磁性物质 Magnetized Material	MAGNETIZED MATERIAL	磁电管、磁石、未屏蔽的永磁体	能产生很强的磁场，若未保持足够距离，存在影响飞机罗盘系统的危险

5.1.6 危险品空运限制

1. 在任何情况下都禁止空运的危险品

如果危险品的危险性太大，在任何情况下都是禁止航空运输的。例如，在正常的运输状态下，易爆炸、发生危险反应、产生火焰或热量、易释放毒性或易燃气体的物品物质，在任何情况下都禁止航空运输，务必确保不能让这样的危险品上飞机。这些危险品被列在 IATA-DGR4.2 品名表当中，并在 G、H、I、J、K、L 栏标注了"Forbidden"（禁运）字样，如客机和货机都禁运的"乙炔铜"，如表 5-3 所示。

表 5-3 危险品品名表（节选）

UN/ID编号	运输专用名称	类别或项别	危险性标签	包装等级	例外数量（见2.7）	客机和货机				仅限货机		S.P.参加4.4	ERG Code 应急反应代码
						限量		包装说明	每个包装件最大净量	包装说明	每个包装件最大净量		
						包装说明	每个包装件最大净量						
A	B	C	D	E	F	G	H	I	J	K	L	M	N
	Copper acetylide					Forbidden		Forbidden		Forbidden			

UN/ID 编号，指联合国编号或航协编号，UN 编号是根据联合国分类系统给危险品指定的编号，如果没有 UN 编号，则由 IATA 指定一个暂时的编号，起始号为 8000，两种编号必须由 UN 或 ID 和四位阿拉伯数字构成，如 UN1950 或 ID8000。

但应注意的是，IATA-DGR 不可能将全部在任何情况下都禁止空运的危险品一一列出，因此对该类物质应格外注意，以保证这类物品不会被收运。

2. 隐含的危险品

在航空运输中，有些货物从名称上不易判断是否属于危险品，但实际上隐含了危险品，如家用电器的开关可能含有水银、冷冻水果蔬菜可能含有干冰。因此，必须按照 IATA-DGR 和运营人手册的有关规定进行检查，必要时可以交给运营人指定的检测机构进行鉴定。由于这些货物的危险性往往很隐蔽，为了提醒和警示操作人员特别注意，有针对性地将这些货物单列出来具有重要意义，隐含危险品的常见货物如表 5-4 所示。

表 5-4 隐含危险品的常见货物（部分）

隐含危险品的常见货物名称	隐含或可能隐含的危险品
BREATHING APPARATUS 呼吸器	可能有压缩气瓶或氧气瓶、化学氧气发生器或制冷液化氧
DIAGNOSTIC SPECIMENS 诊断标本	可能含有传染性物质
FROZEN FRUIT，VEGETABLES 冷冻水果、蔬菜等	可能包装在固态二氧化碳（干冰）中
FUELS 燃料	可能含有易燃液体、易燃固体、易燃气体
HOUSEHOLD GOODS 家庭用品	可能含溶剂型漆、黏合剂、上光剂、气溶胶、漂白剂等易燃液体、生锈炉具或排水沟清洁剂、火器、火柴等
INSTRUMENTS 仪器	可能包括压力计、气压计、水银转换器、温度计等含有汞的物品
LABORATORY/TESTING EQUIPMENT 实验/试验设备	可能含有符合各危险品标准的物品，特别是易燃液体、易燃固体、氧化剂、有机过氧化物、毒性或腐蚀性物质
MAGNETS AND OTHER ITEMS OF SIMILAR MATERAL 磁铁或类似物	可能单个或整体符合磁性物质的规定
MEDICAL SUPPLIED 医疗器材	可能含符合各危险品标准的物品，特别是易燃液体、易燃固体、氧化剂、有机过氧化物、毒性可腐蚀性物质
AUTOMOBILE PARTS 汽车配件	可能装有湿电池等
PASSENGERS BAGGAGE 旅客行李	可能含易燃家用液体、易腐物品、易燃气体或打火机储气罐，或野营用的钢瓶、火柴、漂白粉、气溶胶等

续表

隐含危险品的常见货物名称	隐含或可能隐含的危险品
PHARMACEUTICALS 药品	可能含符合各危险品标准的物件,特别是放射性材料、易燃液体、易燃固体、氧化物、有机过氧化物、毒性或腐蚀性物质
REFRIGERATORS 冰箱、冷藏箱	可能含液化气体或氨溶液
CONSOLIDATED CARGO 集运货物	集运货物当中可能隐含了危险品
SWITCHED IN ELECTRICAL EQUIPMENT/INSTRUMENT 电子设备或仪器开关	可能含汞
TOOL BOXES 工具箱	可能含爆炸品(射钉枪)、压缩气体或气溶胶、易燃气体、易燃胶黏剂或油漆、腐蚀性液体等

3. 航空邮件中的危险品

根据 ICAO-TI、万国邮政联盟、CCAR-276-R1 的规定,禁止通过航空邮件邮寄危险品或在航空邮件中夹带危险品,不得将危险品瞒报或谎报为普通物品作为航空邮件进行邮寄。

4. 运营人资产中的危险品

IATA-DGR 的规定不适用于运营人资产中的危险品,主要包括飞机零备件、飞机上的设备(如救生设备、氧气发生器)、消费品(如飞机上使用或出售的气溶胶、酒精饮料、香水等)、干冰(用于冷冻机餐食品)等。

5. 有限数量的危险品

对于某些危险品,如果符合 IATA-DGR 关于有限数量的危险品包装、数量限制和包装件测试等规定,可以作为有限数量的危险品进行空运。

(1) 允许客货机运输的有限数量的危险品。根据 IATA-DGR 对有限数量的危险品规定,部分类、项和包装等级的危险品可以由客货机运输,如第 2 类中 2.1 项和 2.2 项中的 UN1950 危险品,第 3 类中属于包装等级 Ⅱ、Ⅲ 级的易燃液体,第 6 类中属于包装等级 Ⅱ、Ⅲ 级的 6.1 项毒性物质等。

必须注意:有限数量的危险品的包装件毛重不得超过 30 kg;同时每个包装的净数量不得超过 IATA-DGR 危险品表 H 栏标示的数量,如表 5-5 所示。

表 5-5 危险品品名表(节选)

UN/ID 编号	运输专用名称	类别或项别	危险性标签	包装等级	例外数量 见 2.7	客机和货机				仅限货机		S.P. 特殊规定 见 4.4	ERG Code 应急反应代码
						限量		包装说明	每个包装件最大净量	包装说明	每个包装件最大净量		
						包装说明	每个包装件最大净量						
A	B	C	D	E	F	G	H	I	J	K	L	M	N
1657	Nicotine salicylate	6.1	Toxic	Ⅱ	E4	Y644	1kg	669	25kgs	676	100kgs		6L

(2) 禁止以有限数量空运的危险品。下列物品或物质(部分)禁止按照有限数量的危险品规定进行空运:在任何情况下都禁止空运的危险品、包装等级为 Ⅰ 级的危险品、第 1 类爆

炸品、大部分第2类易燃气体、6.2项感染性物质、第7类放射性物质等。

（3）有限数量的危险品包装标记。以表5-5为例，应按照G栏内的前缀"Y"的包装说明进行包装：采用复合包装，不允许使用单一包装，外表面标注"LIMITED QUANTITY"或"LTD QTY"字样，如图5-3所示。

图5-3　有限数量的危险品包装标记（左上角）

6. 例外数量的危险品

极少危险品可以作为例外数量的危险品进行空运，如5.1项危险品（Ⅱ级和Ⅲ级包装）。IATA-DGR对例外数量的危险品作出了相关规定，分配了由E0到E5的代码（IATA-DGR4.2品名表可查），以便识别是否可以例外数量空运，以及最大内包装和最大外包装的允许数量，如表5-6所示。

表5-6　例外数量的危险品代码（见IATA-DGR2.6A）

代　码	最大内包装数量	最大外包装数量
E0	不允许例外数量	
E1	30 g/30 ml	1 kg/1 l
E2	30 g/30 ml	500 g/500 ml
E3	30 g/30 ml	300 g/300 ml
E4	1 g/1 ml	500 g/500 ml
E5	1 g/1 ml	300 g/300 ml

在航空运单"Nature and Quantity of Goods"栏目需加填"Excepted Quantity Dangerous Goods"（例外数量的危险品）和包装件的具体数量。

此外包装件必须粘贴例外数量的危险品标记，如图5-4所示。

图5-4　例外数量的危险品包装标记

5.1.7 危险品识别

托运危险品时，必须对货物进行准确的识别，才能正确地分类、包装、做标记、贴标签，才能正确地填制各种运输文件，才能确保危险品空运安全。

对危险品的识别主要有两个步骤，第一步是确定危险品的运输专用名称，第二步是在 IATA-DGR4.2 品名表中查阅该危险品的各项规定。

1. 确定运输专用名称

空运危险品必须确定运输专用名称。运输专用名称是指根据物品的危险性分类和组成成分确定的，一般分为指定名称和泛指名称两种，应优先选择指定名称、后选择泛指名称。

（1）查看品名表 B 栏。IATA-DGR4.2 品名表 B 栏对危险品的运输专用名称用粗体字表示，列出了 3 000 多个名称条目，它们绝大多数都可以空运。但是，品名表并没有包括所有危险品的指定名称条目，因此品名表还列出了一些泛指名称条目。

应优先选择指定名称、后选择泛指名称。名称条目的选择顺序如下。

① 单一条目，表示具有明确定义的物质或物品。

例如：Kerosene，煤油，UN1223。

② 属性条目，表示具有明确定义的一组物质或物品。

例如：Adhesives，胶黏剂，UN1133。

③ 特定的泛指条目，表示具有某一特定化学性质或技术性质的一组物质或物品。

例如：Refrigerant gas，n.o.s. 制冷气体，UN1078。

④ 属性的泛指条目，表示符合一种或多种危险性类别或项别的一组物质或物品。

例如：Toxic liquid，organic，n.o.s.有机毒性液体，UN2810。

（2）查看 UN/ID 编号。已经知道 UN/ID 编号的危险品，可按编号对照索引 IATA-DGR4.3 表，直接查找危险品的运输专用名称。

2. 查阅品名表的各项规定

仍以表 5-5 危险品品名表（节选）为例，其英文原版如表 5-7 所示。

表 5-7 危险品品名表（节选，英文原版）

UN/ID No.	Proper Shipping Name/ Description	Class or Division (Sub Risk)	Hazard Label(s)	Packing Group	EQ See 2.7	Passenger and Cargo Aircraft				Cargo Aircraft		S.P. See 4.4	ERG Code
						Ltd Qty		Pkg Inst	Max Net Qty/Pkg	Pkg Inst	Max Net Qty/Pkg		
						Pkg Inst	Max Net Qty/Pkg						
A	B	C	D	E	F	G	H	I	J	K	L	M	N
1657	**Nicotine salicylate**	6.1	Toxic	II	E4	Y644	1kg	669	25kgs	676	100kgs		6L

查阅品名表的各项规定，步骤如下。

（1）确定 UN/ID 编号和运输专用名称→A、B 栏。

（2）确定类项编号和次要危险性（如果有）→C 栏。

（3）注意危险性标签→D 栏。

（4）注意包装等级→E栏。
（5）注意例外数量代码（适用时）→F栏。
（6）查找包装说明，确定每个包装件的最大净量→G、H、I、J、K、L栏。
（7）检查是否适用特殊规定→M栏，详见IATA-DGR 4.4。
（8）确定应急反应代码ERG CODE（仅限经营人使用）→N栏，该部分是对发生事故的特殊危险品进行应急反应操作的代码，以便运营人将其填写在特种货物机长通知单（NOTOC）当中。

5.1.8 危险品包装

正确、科学地包装危险品，是托运人的重要职责和义务。而承运人的职责是对危险品包装状况进行严格检查，监督托运人整改错误的或不完善的危险品包装。

1. 危险品包装的常用术语

（1）包装件（Package），指货物经过包装所形成的整体，是包装物和内装货物的统称。
（2）包装（Packaging），指用不同的包装材料和方法对货物进行打包的操作工艺。
（3）单一包装（Single Packaging），指不需任何内包装即起到包容作用的包装，一般采用钢、铝、塑料或其他许可材料。
（4）复合包装（Composite Packaging），指由一个外包装和一个内容器构成一个完整的单体包装，通常还根据有关要求在包装内部装入衬垫或防泄漏的吸附材料。
（5）合成包装（Overpack），指为了运输和装载方便，同一托运人将多个可独立托运的包装件放入一个封闭物之中，合成一个集装化的作业单元，但此封闭物不包括集装器。

以上（3）、（4）、（5）术语均属于包装的操作工艺，并非指包装的类型。

复合包装、单一包装和合成包装如图5-5所示。

图5-5 复合包装（左）、单一包装（中）和合成包装（右）

2. 危险品包装的类型

（1）UN规格包装。根据联合国的标准规格进行设计、测试和生产并保证达到联合国安全标准的包装，须确保在正常的运输条件下内装物不致损坏，性能测试（包括跌落试验、堆垛试验等）的技术标准取决于内装物的危险程度，并且外包装上标有UN规格包装标记。

（2）有限数量包装。针对有限数量的危险品采用的复合包装件，不允许单一包装，其性能测试标准不同于UN规格包装，只需要满足IATA-DGR 6.6所述的1.2 m跌落试验和24 h堆垛试验的技术标准，另外包装必须标记"LIMITED QUANTITY"或"LTD QTY"字样。

（3）例外数量包装。极少危险品可以作为例外数量的危险品进行空运，使用三层包装

（内/中/外）以及吸附材料对货物进行包装，要求坚固耐用，经过例外数量包装的危险品接近普通货物。

3. 危险品包装的等级

包装等级（packing groups），指对同一类或同一项物品或物质按危险程度进行区分包装的等级表示方法。

小资料

危险品包装的等级

根据危险性大小，第3、4、5、6、8、9类危险品的包装要求被划分为Ⅰ、Ⅱ、Ⅲ三个等级，如表5-8所示。各种包装等级对内包装吸附材料的要求又划分为A、B、C三个等级：A表示吸附材料能够吸收全部内包装中的液体；B表示吸附材料能够吸收任一内包装中的液体，如果内包装的大小不同，能够完全吸收容量最大的内包装中的液体；C表示不要求使用吸附材料。

表5-8 包装等级及其对吸附材料的要求

危险性	包装等级要求	对内包装吸附材料的要求	
		客　机	仅限货机
较大	Ⅰ级	A	B
中等	Ⅱ级	B	B
较小	Ⅲ级	C	C

4. 危险品包装的基本要求

（1）一般包装要求。危险品必须使用优质包装，具有足够的强度来抵抗运输、装载过程中在正常情况下遇到的冲击；包装件的结构和封闭性必须适应正常运输条件下温度、湿度、压力的变化或震动而不致泄漏。

（2）内包装要求。内包装必须保证在正常运输条件下不致破裂、泄漏或在外包装内移动；内包装衬垫材料不会与内包装中物品发生危险反应；内包装如有泄漏不会减弱衬垫的作用；对内包装吸附材料的要求如表5-8所示。

5. 危险品包装的检查

步骤一：查阅IATA-DGR 4.2危险品品名表。

（1）确定运输专用名称和UN/ID编号。
（2）查阅包装等级。
（3）确定是否允许装入客机还是仅限货机。
（4）查阅包装说明。
（5）查阅每个包装件的最大允许净重或最大允许毛重。
（6）查阅是否有包装的特殊规定。

步骤二：确认该包装是否符合包装等级的要求和数量限制。

步骤三：检查该包装是否符合包装说明的所有要求。
步骤四：审核该包装是否符合最大允许净重或毛重的要求。
步骤五：注意该包装是否符合包装的特殊规定（如果有）。

5.1.9 危险品包装的标记和标签

正确的危险品包装标记和标签是运输安全的重要因素。标记标签的重要功能包括：标明包装件中的物品、显示包装件符合相关标准、提供安全操作和装载的信息、标明危险品的性质等。

1. 危险品包装的标记

（1）包装基本标记。作为基本的标记要求，每个含有危险品的包装必须清晰地标示出：运输专用名称、UN/ID 编号（包括前缀字母 UN 或 ID）、托运人及收货人名称、地址及电话号码。危险品包装基本标记如图 5-6 所示。

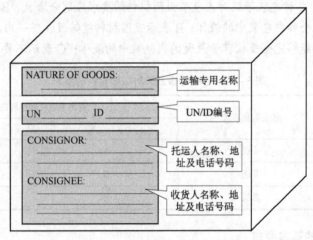

图 5-6 危险品包装基本标记

（2）UN 规格包装标记。此标记表明该包装是根据联合国的标准规格进行设计、测试和生产的，UN 规格包装标记如图 5-7 所示，UN 规格包装标记的说明见表 5-9 和图 5-8。

图 5-7 UN 规格包装标记（左为固体，右为液体）

表 5–9　UN 规格包装的标记说明（固体）

部分	UN 规格包装的标记说明（固体）							举例
第 1 部分	数字	1（常用）	2	3	4（常用）	5	6	4
	包装类型	圆桶	琵琶桶	罐	箱	袋	复合包装	
第 2 部分	英文字母	A	B	C	D	F	G	H	G
	包装材料	钢	铝	天然木	胶合板	再生木	纤维板 硬纸板	塑料	
第 3 部分	英文字母	X		Y		Z		X
	本包装的包装等级	Ⅰ		Ⅱ		Ⅲ		
	所符合的包装等级要求	Ⅰ、Ⅱ和Ⅲ		Ⅱ和Ⅲ		仅限Ⅲ		
第 4 部分	最大允许重量							9
第 5 部分	仅限装固体或内包装							S
第 6 部分	生产年份							05
第 7 部分	授权国家代码							USA
第 8 部分	制造商或政府当局授权的识别编号							M4866

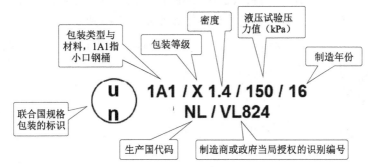

图 5–8　UN 规格包装的标记说明（液体）

（3）包装附加标记。主要包括以下情况。

第 1 类危险品：加注爆炸品的净数量和包装件的毛重。

第 2 类危险品：深冷液化气体包装件的每一侧面或桶形包装件每隔 120 度角加印"KEEP UPRIGHT"（保持直立）；在包装件表面加印"DO NOT DROP—HANDLE WITH CARE"（勿摔，小心轻放）字样。

第 2~6 类、第 8 类危险品：当一票货物超过一个包装件时，每个包装件加注净数量；第 6.2 项感染性物质外包装加注责任人的姓名及电话号码，且责任人应具备处理感染性物质突发事故的能力。

第 9 类危险品：干冰的每个包装件注明所含的净数量。

有限数量的危险品包装标记如图 5–3 所示。

例外数量的危险品包装标记如图 5–4 所示。

2. 危险品包装的标签

（1）贴标签的责任。IATA–DGR（7.2.1）规定托运人须负责在含有危险品的包装件贴标签；IATA–DGR（9.3.7）规定运营人及其地面代理人的职责仅仅是检查、替换在运输过程中脱落或难以辨认的标签。

（2）标签的质量和规格。含有危险品的包装件上所有的标签（包括危险性标签及操作标签），其外形、颜色、格式、符号及设计规格必须符合IATA-DGR 7.3~7.4章节的要求。标签的材料、印刷及黏结剂必须经久耐用，在经受正常运输条件的考验后（包括暴露在环境中），其牢固性和清晰度不会明显降低。

（3）标签的种类。危险品包装的标签分为危险性标签和操作标签两大类。

① 危险性标签（正方形倾斜45°角）。分为上下两部分，标签的上半部分用于标示图形符号，下半部分用于标示适用的类、项，其中第1类爆炸品还须注明配装组字母。还可用文字说明危险性质，通常使用英文，但除了第7类放射性物质，文字说明不是必需的，除非是某个国家或运营人的要求。标签必须按照IATA-DGR 4.2品名表E栏中的说明进行粘贴。九大类各项危险品的危险性标签详见表5-2。

② 操作标签（矩形）。某些危险品须粘贴操作标签。液体危险品必须在包装件的两个相对的侧面上粘贴向上标签；有些操作标签可以单独使用，如磁性物质应贴"MAG"标签，而不是贴第9类危险品的"杂项"标签，还有例外数量的放射性物质包装件"RRE"标签、例外数量的危险品"REQ"标签、电池驱动的轮椅及移动辅助工具标签等；有些操作标签又要和危险性标签同时使用，如仅限货机（Cargo Aircraft Only）的"CAO"标签、深冷液化气体"RCL"标签、远离热源标签等。上述各种操作标签如图5-9所示。

图5-9 操作标签

（4）标签的粘贴。

① 标签最好粘贴在基本标记的同一侧面。

② 标签必须牢固地粘贴或印制在包装件上，且必须全部可见，禁止被包装的任何部分或其他标签所遮盖。

③ 标签所在背景必须与标签形成鲜明的颜色对比。

④ 放射性物质标签必须贴在包装件两个相对的侧面上。

⑤ 方向性标签必须粘贴或印制在包装件两个相对的侧面上。

⑥ 冷冻液体操作标签必须与非易燃气体危险性标签同时使用；远离热源标签必须和含有4.1项自身反应物质或5.2项有机过氧化物的包装件危险性标签同时使用。

⑦ 仅限货机标签必须使用在只允许货机运输的危险品包装件上，以及由于货物净数量的限制能用货机运输的包装件上；仅限货机标签必须与危险性标签相邻粘贴。

5.1.10　危险品文件

托运危险品时托运人必须提交托运人危险品申报单（DGD）、航空运单（AWB），运营人在收运危险品时应填写危险品收运检查单（DGC）、特种货物机长通知单（NOTOC）等文件。

1. 托运人危险品申报单（shipper's declaration for dangerous goods，DGD）

托运人托运危险品须正确如实填写 DGD，一式三份（一份由始发站留存、另两份随货），并确保签署 DGD 的人员已按当局规定接受过相关危险品培训。

DGD 适用于所有危险品的空运。该申报单表格可用黑色或红色印制在白纸上，但表格左、右两边的斜纹影线必须使用红色。申报单的尺寸应与 A4 纸规格一致。

承运人不接受经变动或修改的申报单，除非签署人对某项变动或修改再次签名。

DGD 签署人签字栏必须由签署人手写、全名签字，不可以打印。

DGD 样本如图 5-10 所示。

SHIPPER'S DECLARATION FOR DANGEROUS GOODS

Shipper （略）	Air Waybill No. Page 1 of 1 Pages Shipper's Reference Number (optional)
Consignee （略）	AIR CHINA
Two completed and signed copies of this declaration must be handed to the operator.	WARNING
TRANSPORT DETAILS This shipment is within the limitations prescribed for: (Delete non-applicable) PASSENGER AND CARGO AIRCRAFT / ~~CARGO AIRCRAFT ONLY~~ Airport of Departure: CAN Airport of Destination: CDG	Failure to comply in all aspects with the applicable Dangerous Goods Regulations may be in breach of the applicable law, subject to legal penalties. Shipment Type (Delete non-applicable) NON-RADIOACTIVE / ~~RADIOACTIVE~~

NATURE AND QUANTITY OF DANGEROUS GOODS

Dangerous Goods Identification						
UN or ID No.	Proper Shipping Name	Class or Division (Subsidiary Risk)	Packing Group	Quantity and Type of Packing	Packing Instruction	Authorization
UN1263	PAINT	3	II	TWO FIBREBOARD BOXES X 4L	353	

Additional Handling Information

EMERGENCY CONTACT +86 20 8686 8888

I hereby declare that the contents of this consignment are fully and accurately described above by the proper shipping name, and are classified, packaged, marked and labelled/placarded, and are in all respects in proper condition for transport according to applicable international and national governmental regulations. I declare that all of the applicable air transport requirements have been met.	Name/Title of Signatory MATTHEW LI/SUPERVISOR Place and Date GUANGZHOU, 28JUN2020
EYC/doc.009/06	Signature (see warning above)　Matthew Li

图 5-10　托运人危险品申报单（英文新简称为 DGD）

2. 航空运单（airway bill，AWB）

航空运单必须按照 IATA-DGR 的相关要求进行填写：在运单的操作信息栏注明"DANGEROUS GOODS AS PER ATTACHED SHIPPER'S DECLARATION"；对于仅限货机的危险品必须在此栏注明"CARGO AIRCRAFT ONLY"或"CAO"。

在"Nature and Quantity of Goods"（品名与数量栏）额外填写以下信息：UN/ID 编号、运输专用名称、包装件数、每一包装件净重，例如：

UN1845
CARBON DIOXIDE，SOLID
2 PCS
1 kg

3. 危险品收运检查单（dangerous goods checklist，DGC）

在收运危险品时，为了检查申报单、运单及危险品包装件是否完全符合要求，运营人应使用危险品收运检查单。危险品收运检查单有三种：非放射性物质检查单、放射性物质检查单、干冰检查单。检查单由危险品收运人员填写，一式两份（一份由始发站留存、另一份随货），经收运人员复核签字后生效。例外数量的危险品不需使用检查单。

4. 机长通知单（notification to captain，NOTOC）

当飞机装有危险品时，运营人必须在飞机起飞之前，尽快向机长提交机长通知书，以便及时提供危险品详细信息。当空中出现紧急情况时，机长可根据机长通知单载明的危险品类别、数量及装载位置等相关内容，及时采取应急措施，并将信息及时告知空中交通管制部门和机场当局。

5.1.11 危险品收运

危险品收运的一般要求如下。

（1）收运人员受训。危险品收运人员必须依照 ICAO-TI、IATA-DGR、CCAR-276-R1 的规定接受初始培训和定期复训。

（2）托运人员受训。危险品收运人员必须检查托运人所有办理托运手续、填制和签署危险品运输文件的人员已经按要求接受了危险品培训，并在托运时出示培训合格的证明。

（3）填写 SDDG。收运人员必须要求托运人正确填写 SDDG 并签字盖章。

（4）防止隐含的危险品。防止普货中隐含危险品的措施如下：对于可能隐含危险品的货物，必须要求托运人提供有关资料或鉴定证明（出具证明的机构必须是运营人指定的专业鉴定机构），以证实托运的物品不是危险品或不含危险品，并在航空运单上注明其包装内物品不具危险性。无论在任何情况下运营人均保留专业人士或机构对货物进行最后判定的权利，如果收运人员认为托运人提供的资料不合格，有权要求托运人到指定的鉴定机构检测货物。

（5）UN 规格包装的使用。收运人员必须根据 IATA-DGR 第 6、7 章的规定，检查 UN 规格包装是否符合要求。

（6）使用 DGC。收运人员必须依照当年有效的危险品收运检查单逐项进行检查，对不符合要求的拒绝收运，只有经过检查确认完全符合规定和完全具备收运条件的危险品方可收运。

5.1.12 危险品存储

危险品存储有四项基本要求，具体如下。

（1）分库区隔离。危险品须按不同的危险性、类项分别存储在不同的仓库或不同的区域内。没有专用仓库的，应设置专用区域，不同类别的危险品在专用区域存放时应当按规定进行隔离，并且必须设置明显标志和隔离设施。性质相抵触的危险品包装件在任何时候不得相互接触或相邻放置，在仓库存储时应有 2 m 以上的间隔距离，并且符合 IATA-DGR 表 9.3A 隔离包装件的隔离原则。

（2）严禁烟火。仓库及其附近区域严禁使用明火、严禁吸烟，并安装避雷设备。

（3）消防完善。危险品仓库内外明显位置应明示应急电话号码，安装报警装置；消防设备完善，消防器材齐备，保证水源及足够数量的沙土，以便发生不正常情况时能够及时采取措施。

（4）防护得当。工作人员配备防护服和防护面罩，以及经常使用的个人防护用品（工作服、工作帽、鞋靴、胶皮手套、口罩等）。

5.1.13 危险品装载

1. 装载限制

除 IATA-DGR 允许的危险品和例外数量放射性物质包装件以外，禁止将危险品带入飞机客舱和驾驶舱。贴有仅限货机标签的危险品只能装入货机，禁止装入客机。

2. 装载原则

危险品在装载过程中应严格遵守 IATA-DGR 的六项装载原则，具体如下。

（1）预先检查原则。在危险品装集装器或装机之前，必须认真检查包装，只有在包装完全符合要求的情况下才可继续作业，检查内容包括：

① 外包装无漏洞、无破损，包装件无异常气味，无任何泄漏和损坏迹象；

② 危险性标签和操作标签正确无误、粘贴牢固，如果发现标签未贴或贴错，须立即停止装载并通知收运部门；

③ 危险品包装标记的印制或书写正确，字迹清晰，如有遗漏，须立即停止装载并通知收运部门；

④ 确保集装器拴挂了危险品集装器专用挂牌，以便被迅速识别，如图 5-11 所示。

（2）方向原则。装有液体危险品的包装件必须按要求粘贴保持直立标签。操作人员在搬运、装集装器、装机以及卸货过程中，必须按标签的指向使包装件始终保持直立向上。

（3）轻拿轻放原则。在搬运或装卸危险品包装件时，无论是人工操作还是机械操作，都必须轻拿轻放，切忌磕、碰、摔、撞。

（4）固定防滑原则。危险品包装件装入飞机货舱后，装卸人员须将货物固定在货舱内，以免在飞行中滑动或倾倒，具体必须符合以下要求：

① 如果集装箱未装满（不超过总容积的三分之二），必须设法固定货物；

② 确保体积小的包装件不会从集装板的网眼中掉出；

③ 确保散装包装件不会在货舱内或集装器内移动，当难以捆绑固定货物时，须用其他货物从五个方向（前、后、左、右、上）卡紧该件货物，如图 5-12 所示。

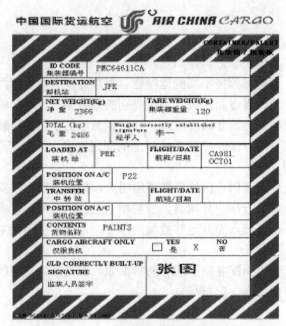

图 5-11 危险品集装器专用挂牌

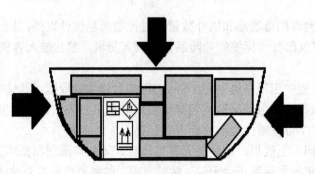

图 5-12 卡紧货物示意图

(5) 可接近原则。

可接近是指在存储或飞行中,仓库管理人员或机组人员能够看见并接近某包装件,在必要时只要包装件大小和重量允许,上述人员可以随时将它搬离。

基于可接近原则,对仅限货机的危险品有以下专门规定。

① 必须使仅限货机的危险品包装件具有可接近性。但是这一要求对以下危险品不适用:无次要危险性的Ⅲ级包装危险品(第3类)、毒性物质和传染性物质(第6类)、放射性物质(第7类)、杂项危险品(第9类)。

② 仅限货机的包装件只能装在集装板上,不准装入集装箱;为了使包装件保持可接近性,集装板上的货物不得用整块塑料布完全盖住;在地面运输中为防雨而使用的塑料布,在装机时必须去掉。

③ 仅限货机的包装件在装板时应符合以下要求:必须装在集装板的靠外一侧,并且使标签朝外而容易被看到;集装器专用挂牌必须与包装件标签位于集装板的同一侧;集装板装机后,上述侧面应靠近货舱内的走道;集装板不得装载于T舱(尾舱)。

（6）隔离原则。

一些不同类项的危险品在互相接触时会发生危险化学反应，称之为性质抵触的危险品。为了避免这样的危险品在包装件偶然漏损时发生危险反应，必须在存储装载时对它们进行隔离。危险品是否需要互相隔离，可根据表 5-10 进行判断。

表 5-10　性质抵触的危险品隔离表

类项	1（不含 1.4 S）	1.4 S	2	3	4.2	4.3	5.1	5.2	8
1（不含 1.4 S）	注 1	注 2	×	×	×	×	×	×	×
1.4 S	注 2	—	—	—	—	—	—	—	—
2	×	—	—	—	—	—	—	—	—
3	×	—	—	—	—	—	×	—	—
4.2	×	—	—	—	—	—	×	—	—
4.3	×	—	—	—	—	—	—	—	×
5.1	×	—	—	×	×	—	—	—	—
5.2	×	—	—	—	—	—	—	—	—
8	×	—	—	—	—	×	—	—	—

说明：

① 注 1：配装组相同的爆炸品无须隔离，配装组不同须隔离，见 IATA-DGR 9.3.2.2。

② 注 2：1.4 S 爆炸品无须与允许空运的其他爆炸品隔离，见 IATA-DGR 9.2.2.2。

③ 当行与列交叉格显示"×"时，表明对应的两种危险品性质抵触，不得相互接触或相邻放置，在仓库中存储时须有 2 m 以上的间隔距离。

④ 当行与列交叉格显示"—"时，表明对应的两种危险品无须隔离。

⑤ 因第 4.1 项、第 6、7、9 类危险品无须和其他危险品隔离，所以未出现在表 5-10 中。

用集装板集装或在货舱内散装的情况下，可采用如下两种方法中的其中一种：将性质抵触的危险品分别用尼龙带固定在集装板或货舱地板上，两者间距至少 1 m；或者用普通货物的包装件将性质抵触的两种危险品隔开，两者间距至少 0.5 m。

关于第 6 类危险品与食品、活动物的隔离。第 6 类毒性物质、传染性物质的危险品包装件必须与食品、活动物隔离（罐装食品除外），不得在货舱内散装在一起，也不得用同一块集装板集装在一起，而且分装这两种货物的集装板在货舱内不得相邻放置。

3. 部分危险品的装载

（1）干冰的装载。运输干冰（固体二氧化碳）时应根据机型、飞机通风率、包装、堆放方式及装载要求等因素做好合理安排。作为货物冷冻剂的干冰，装入货舱（包括客机下货舱、货机主货舱及下货舱）的数量不得超过 IATA-DGR 的限制。

小资料

干冰的危险性

干冰存在两种危险性：一是放出二氧化碳气体，其密度比空气大，会沉积在容器底层，当空气中二氧化碳含量大于 2.5%时，将影响人和动物的正常生理功能；二是降低周围温度，使人和动物处于低温环境。

当干冰正被装机或已装机时必须通知地面操作人员；飞机在经停站着陆时，须打开舱门以利空气流通，降低货舱内的二氧化碳浓度；如需装卸货物，须待货舱内空气充分流通后，工作人员才可进入货舱内进行装卸。

（2）第4.2项、第5.2项危险品的装载。在装载全过程中，含有第4.2项中的自身反应物质或第5.2项中的有机过氧化物的包装件或集装器，须避免阳光直射、远离热源，确保通风良好，切勿与其他货物码放在一起。

（3）第9类磁性物质的装载。不得将磁性物质装载于影响飞机的直读磁罗盘或罗盘传感器的位置上，磁性物质须装在飞机后部的货舱内。

（4）第7类放射性物质的装载。

放射性物质的装载与隔离需重点考虑三个对象：人员、活动物和摄影底片。

放射性物质的防护需重点考虑三要素：时间、距离和屏蔽措施。

Ⅰ级放射性物质可以装在任何机型的货舱内，无数量限制，无特殊要求。

Ⅱ级、Ⅲ级放射性物质的装载限制如下。

① 每个包装件的运输指数不得超过 10。
② 每架客机，非裂变放射性物质包装件的总运输指数不得超过 50。
③ 每架货机，非裂变放射性物质包装件的总运输指数不得超过 200。
④ 对于裂变放射性物质，客、货机上总临界安全指数不得超过 50。
⑤ 遵循放射性物质包装件与人员的间隔距离标准，参见 IATA-DGR 相关规定。
⑥ 放射性物质与活动物的隔离：Ⅱ级、Ⅲ级放射性物质的包装件、合成包装件或者集装器必须与活动物隔离装载；当运输时间小于 24 h，最小间隔距离为 0.5 m；当运输时间大于 24 h，最小间隔距离为 1 m。

5.1.14 危险品应急处置

1. 危险品事故与事故征候

危险品事故指在危险品航空运输及地面相关操作过程中发生人员伤亡、飞机损坏、财产损失或环境危害的事故。

危险品事故征候指在危险品航空运输及地面相关操作过程中发生严重威胁飞行安全的情况或造成人员受伤、飞机损坏，但其程度未构成危险品事故的，为危险品事故征候。

2. 危险品事故报告

当危险品事故或事故征候发生时，承运人应当立即将机上危险品的信息以报告形式提交给处理事故或事故征候的应急服务机构。承运人也必须尽快将此报告提交给航空公司所在国和发生地所在国的有关当局。

初始报告可以用各种形式进行，但所有情况下都应尽快完成一份书面报告，并将相关文件的副本与照片附在书面报告上。书面报告须包括下列内容。

（1）事故或事故征候发生时间。
（2）事故或事故征候发生的地点、航班号和飞行日期。

（3）有关危险品的描述及运单号码。
（4）运输专用货物名称（包括技术名称）和 UN/ID 编号。
（5）危险品类项以及危险性。
（6）包装类型和包装规格标记。
（7）涉及数量。
（8）托运人姓名和地址。
（9）事故或事故征候原因。
（10）采取的措施。
（11）书面报告之前的其他报告情况。
（12）报告人的姓名、职务、地址和联系电话。

3. 应急处置

一旦危险品事故或事故征候发生，必须及时采取有效的应急措施进行处置，把危害或损失控制在最低限度内。在危险品日常操作中，发生任何问题均应由专业人员处置，其他人员勿擅自处理或接近有问题的危险品。

有关部门的电话号码应醒目粘贴在仓库、办公室以及作业现场以备急用。

现场工作人员发现危险品有异常情况时，应立即向本单位领导报告，并保留好记录。报告应记录现场情况、报告对象、时间和报告人员。

运营人应制定危险品应急处置措施。各类危险品应急处置的常用措施如表 5-11 所示。

表 5-11 各类危险品应急处置的常用措施

危险品类项	常见危险品举例	应急处理的常用措施
第 1 类：爆炸品	烟花、爆竹、TNT 炸药、雷管、导火索等	立即通知消防部门；灭火
第 2 类：气体	丁烷、氢、丙烷、乙炔、氯气等	立即通知消防部门；撤离货物到通风区域；至少保持 25 m 距离
第 3 类：易燃液体	汽油、煤油、某些涂料、油漆、酒精、黏合剂等	立即通知消防部门；灭火，但禁止用水灭火（汽油、煤油等比水轻的易燃液体，浮于水面之上仍能继续燃烧，不能用水灭火）
第 4 类：易燃固体	钠、锂、磷、乒乓球、硫黄等	立即通知消防部门；灭火，但禁止用水灭火（尤其是遇水释放易燃气体或大量热能的物质）
第 5 类：氧化物质	过氧化氢（双氧水）、漂白粉、叔丁基过氧化氢、过氧乙酸等	立即通知消防部门；灭火
第 6 类：毒性和传染性物质	氰化物、尼古丁、病毒、细菌、某些临床与医疗废弃物等	尽可能防止泄漏或与其他货物接触；若发生漏泄或重大破损时：① 不得接触破损包装，不得在专家处理前接近货物；② 通过着陆机场当局将异常情况通知医疗保健机构等
第 7 类：放射性物质	钴-60、铯-131	发生漏泄或破损时：① 不得接触破损包装，不得在专家处理前接近货物；② 通过机场当局将异常情况通知医疗机构；③ 万一手部接触到破损包装，用中性洗涤剂或水清洗，将接触到破损包装的衣服放入塑料袋处置（委托专家处理）
第 8 类：腐蚀性物质	盐酸、硫酸等腐蚀性物质	避免与皮肤接触；发生泄漏的，须清洁地板或采取完全中和措施
第 9 类：杂项危险品	干冰、甲醛水等	通风；改变包装件位置；尽可能防止漏泄

任务 5.2　鲜活易腐货物收运

5.2.1　概述

鲜活易腐货物（perishable cargo）指在一般运输条件下，由于气候、湿度、气压的变化或运输时间等原因，易死亡或变质腐烂的货物。如鲜鱼、虾、蟹类、冷冻食品、肉类、花卉、水果蔬菜、血清、疫苗、药品、植物、树苗等。

此种货物，一般要求在运输和保管中采取特别措施，如冷藏、保温等，以保持其鲜活或不变质。为减少鲜活易腐货物在仓库存放的时间，托运人或收货人可到机场、航空公司货运站直接办理交运或提取手续。

5.2.2　收运条件

1. 证明文件

按相关规定，鲜活易腐货物通常须有卫生检疫证明（health quarantine certificate），还应符合目的地国家有关此种货物进出口和过境规定。托运人交运鲜活易腐货物时，应书面提出在运输中须注意的事项及允许的最长运输时间。

2. 包装

（1）必须有适合此种货物特性的包装。根据货物特性采用适合的包装材料和包装方法，保证运输中货物不会变质、包装不会破损、不会有液体溢出而污损飞机或其他货物。

（2）凡怕压货物，外包装须坚固抗压；需通风货物，外包装须有通气孔；需冷冻冷藏的货物，容器必须严密，保证冰水不流出。

（3）带土的植物或树苗不得用麻袋、草包、草绳包装，须采用塑料袋包装，以免土粒、草屑等杂物堵塞飞机空气调节系统。

（4）为便于搬运，鲜活易腐货物每件重量以不超过 25 kg 为宜。

3. 标签

除识别标签外，鲜活易腐货物外包装上还应拴挂或加贴鲜活易腐标签和禁止倒置标签，两种标签如图 5-13 所示。

图 5-13　鲜活易腐标签（左）和禁止倒置标签（右）

5.2.3 收运操作

1. 运单

(1) 品名数量栏(Nature and Quantity of Goods)须注明"PERISHABLE"字样。

(2) 航班/日期栏(Flight/Date)须注明已订妥的航班号及其日期,且以直航航班为宜。

(3) 操作信息栏(Handling Information)须注明其他文件的名称和注意事项,并将装有卫生检疫证明的信封紧附在运单后面,以便通关使用。

2. 运输

(1) 承运前必须查阅TACT规则第七部分关于各国对鲜活易腐物品进出口、转口的运输规定。

(2) 承运前必须查阅TACT规则第八部分关于承运人(航空公司)对鲜活易腐货物的承运规定。

(3) 应优先发运鲜活易腐货物、优先订妥航班且尽可能安排直达航班。

(4) 鲜活易腐货物收运的数量取决于机型以及飞机所能提供的调温设备。

(5) 鲜活易腐货物运达目的地机场后,航空公司或其地面代理应立即通知收货人来机场办理通关、提货相关手续。

(6) 如果在周末和节假日目的地无法清关,应尽量安排鲜活易腐货物在工作日到达。

3. 对常见鲜活易腐品的操作要求

(1) 鲜花。鲜花对温度的变化很敏感,收运数量取决于机型的要求,通常采用集装箱运输,托运人应在飞机起飞前的最后限定时间内到机场交货,装机时应注意天气的变化。

(2) 蔬菜。由于一些蔬菜含较多水分,蔬菜容易氧化变质,须确保包装充分通风,摆放时应远离活动物及有毒物品,以防被污染。如果用集装箱装运,不可与其他货物混装。蔬菜不得与鲜花、植物放在同一舱内,因为大多数蔬菜会散发乙醇气体,会对鲜花和植物造成影响。

(3) 新鲜/冷冻的鱼、肉。包装须密封、不渗漏液体,且须小心存放以免造成污染。集装器内必须洁净,如果之前运输过活动物,必须经过消毒处理,操作人员本身也须经过卫生检查。

4. 鲜活易腐品运输不正常的处理

(1) 运输延误。如遇班机延误、衔接脱班,因延长运输时间而对货物质量产生影响时,航空公司须尽早通知收货人或托运人,征求处理意见并尽可能按照对方意见处理。

(2) 货物腐烂变质。货到目的地通知收货人后,因收货人未及时提取致使货物腐烂变质的,承运人应视具体情况将货物毁弃、移交当地海关或检疫部门处理,若由此发生额外费用,向托运人收取。

任务 5.3 活动物收运

5.3.1 概述

由于航空运输快捷安全,活动物运输在国际航空货运业务中占有非常重要的地位。不同于其他货物，活动物对环境的变化很敏感，由于活动物种类繁多、特性各异等因素，运输工作中容易出现各种问题。因此，工作人员一方面应多了解各种动物的特性，另一方面应严格按照运输规则来组织航空运输。

IATA 每年出版一期《活动物规则》（*Live Animals Regulations*，LAR），包括有关活动物运输的各项内容，如包装种类、操作和仓储标准等，目的是确保活动物安全空运到目的地。

5.3.2 收运条件

1. 一般规定

（1）收运活动物的操作应以 LAR 为依据，严格遵守各项规定。

（2）装卸活动物时必须小心谨慎，确保动物和人的健康与安全。

（3）运输活动物应避免污染其他货物。

2. 基本条件

（1）托运的活动物必须健康状况良好，无传染病，并具有卫生检疫证明。

（2）妊娠期的哺乳动物，一般不予收运，除非兽医证明动物在运输过程中无分娩可能，方可收运。但必须对此类动物采取防护措施。

（3）活动物与尚在哺乳期的幼畜同时托运的情况下，只有大动物与幼畜可以分开时，方可收运。

（4）有特殊不良气味的动物，不予收运。

（5）托运人必须办妥海关手续，并根据有关国家的规定，办妥进出口和过境许可证，以及目的地国家所要求的一切文件。

5.3.3 收运操作

1. 包装

（1）容器须适合不同机型的舱门大小和货舱容积，容器大小须适应动物的特性，并为动物留有适当的活动余地，大型动物的容器须适合机械装卸的要求。

（2）容器须坚固，能防止动物破坏、逃逸和接触外界。容器上须有便于搬运的装置，出入口处须设有安全设施，以防发生事故。

（3）容器应能防止动物粪便漏溢，污损飞机，必要时加放托盘和吸湿物（禁止用稻草作吸湿物）。

（4）容器应有足够的通气孔以防止动物窒息。对不能离水的动物，须注意防止漏水或防止缺氧而造成动物在途中死亡。

（5）必要时容器内应备有饲养设备和饲料。

2. 文件

（1）活动物证明书。托运人每交运一批动物，托运人须填写并提交活动物证明（Shipper's Certificate for Live Animals），声明动物健康状况良好并根据 LAR 规定、承运人和相关国家的要求对货物进行了适当的包装、符合空运条件。活动物证明一式两份并由托运人签字，一份交承运人留存，一份和其他文件附在航空运单上送往目的地。

（2）航空运单。品名数量栏须注明与 LAR 一致的动物名和动物数量；航班/日期栏应注明已订妥的各航段航班/日期。操作信息栏应写明所有文件的名称和其他操作要求。

（3）其他文件。包括动物卫生检疫证明、有关国家的进出口许可证等。

3. 标签和标记

（1）活动物容器上须清楚注明收货人的姓名、地址及电话号码，还应注明动物的习性和特性、特殊饲养的方法及注意事项。

（2）容器上须贴下列标签：① 活动物标签（LIVE ANIMALS）；② 不可倒置标签（THIS SIDE UP）；③ 对人有危害的有毒动物应贴有毒标签（POISONOUS）。活动物标签如图5-14所示。

图5-14 活动物标签

4. 仓储

（1）根据动物习性，野生动物（包括哺乳动物和爬行动物）喜欢黑暗或光线暗淡的环境，一般应放置在安静阴凉处；家畜或鸟类一般应置于敞亮的地方。

（2）不得在高温、寒冷、降雨等恶劣天气时露天存放活动物。

（3）互为天敌的、来自不同地区的、发情期的动物不能存放在一起。

（4）实验用活动物应与其他动物分开存放，避免交叉感染。

（5）活动物不能与食品、放射性物质、毒性物质、传染性物质、干冰等放在一起。

（6）经常存放活动物的区域须定期清扫，清扫时应将动物移开。

（7）装载活动物的容器应与其他货物有一定的隔离距离以便通风。

（8）除非托运人有特别要求，承运人不负责给活动物喂食、喂水。

5. 运输

（1）必须在订妥全程舱位之后方可收运。

（2）活动物空运不办理运费到付。

（3）活动物运输应尽量利用直达航班；如无直达航班，应尽量选择中转次数少的航班。

（4）应注意活动物运达目的地的日期，尽量避开周末和节假日，以免到达后延误交付给收货人，造成活动物死亡。

（5）由于仅部分机型的下货舱可通风和控制温度，因此活动物装载在下货舱内时，应考虑不同机型所提供的运输条件。

（6）活动物在运输过程中，由于自然原因而发生的病、伤或死亡，承运人不负责任，除非能证明是承运人的责任。

（7）活动物在运输途中或到达目的地后死亡（承运人责任事故除外）所产生的一切处理费用，应由托运人或收货人承担。

（8）由于托运人的过失或违反承运人的运输规定，致使活动物在运输过程中造成对承运人或第三者的伤害或损失的，托运人应负全部责任。

任务 5.4　贵重货物收运

5.4.1　概述

凡同一托运人交运的货物中含有下列物品中的一种或多种的，称为贵重货物（valuable cargo）。

（1）声明价值为毛重每千克≥1 000 美元的任何物品。

（2）黄金、混合金、金币以及各种形状的黄金制品，白金类稀有贵重金属等（但上述金属以及合金的放射性同位素则不属于贵重货物，而属于危险品，应按危险品规则进行运输。）

（3）钻石（包括工业钻石）、各种宝石、珍珠以及镶有上述物品的饰物。

（4）金、银、铂制品、饰物和表等。

5.4.2　收运操作

在收运贵重货物时要特别注意下列操作要求。

1. 包装

贵重货物应采用硬质木箱或铁箱包装，不得使用纸质包装，必要时外包装上应用"井"字铁条加固，并使用铅封或火漆封志。

2. 标记与标签

（1）贵重货物包装只能使用挂签。

（2）除识别标签和操作标签外，贵重货物无须任何其他标签和额外粘贴物。

（3）贵重货物外包装上不得有任何对内装物作出提示的标记或内容。

3. 价值声明

（1）托运人交运贵重货物时，是否办理价值声明手续须遵循自愿原则。

（2）每票贵重货物的声明价值不得超过 10 万美元。

（3）每票贵重货物的声明价值超过 10 万美元的，应按以下办法操作：① 请托运人分批托运，即分几份运单托运，同时说明由此产生的运费差额或其他费用由托运人负担；② 承运人请示上级部门，然后按照答复办理。

（4）单次航班上所装载的贵重货物，总价值不得超过 100 万美元。

4. 文件

（1）航空运单。① 详细记载托运人、收货人的名称、地址及联系电话。② 除在货名数量栏填写真实的货物名称、准确净重、内装数量外，还应在此栏注明"Valuable Cargo"字样。③ 在航班/日期栏注明已订妥的航班号及其日期。④ 贵重货物不可与其他货物集运为同一票货物进行运输，必须单独使用一张总运单（MAWB）。

（2）其他文件。参阅 TACT—Rules 7.3 有关贵重货物运输文件的规定，提交其他必需的文件并在运单操作信息栏注明其他文件的名称和操作要求。

5. 订舱

（1）优先使用直达航班。

（2）收运贵重货物前，必须订妥全程舱位，并符合有关承运人的运输条件。

（3）托运人须预先将货物的航班安排情况通知收货人。

（4）如需采取特别安全措施，应在电文中特别注明。如有关航空站需采取特别安全措施（如警卫保护），由此产生的费用，应由托运人负担，如托运人拒付则承运人不予收运。

6. 仓储

（1）贵重货物应存放在贵重货物仓库内，并随时记录出入库情况，货物交接时必须有书面凭证和双方签字。

（2）保证始发站、中转站和目的站机场都设有贵重货物仓库。

（3）总重量在 45 kg 以下、单件体积不超过 45 cm×30 cm×20 cm 的贵重货物，应放在机长指定的位置，有保险箱的尽量应放在保险箱内；超过上述重量和体积的贵重货物，应放在有金属门的集装箱内。

7. 运输

（1）运输贵重货物，应尽量缩短货物在始发站、中转站和目的站机场的时间，避开周末或节假日收运和交付。

（2）贵重货物在装机或装集装箱过程中，至少应有三人在场，其中一人必须是承运人的代表。

（3）始发地机场装机人须负责监护装机过程直至飞机舱门关闭，航班离港后，装机人应立即通知目的地机场卸机人，并做好详细记录。货物到达后，卸机人应安排专人监督卸机过程直至货物入库。

（4）中转站接收中转的贵重货物，应进行复核。发现包装破损或封志有异，应停止运输，征求始发站的处理意见。

（5）如果发现贵重货物有破损、丢失或短少等迹象，应立即停止运输，填写《货物不正常运输记录》并通知有关部门。

（6）收货人提取货物前，应仔细检查货物包装，如有异议应当场向承运人提出，必要时应重新称重，并详细填写运输事故记录。

任务 5.5　超大超重货物收运

5.5.1　概述

超大货物一般指单件体积超过一个指定型号集装器容器的货物，这类货物的运输须按特殊程序处理，且须有专用装卸设备。

超重货物一般指单件超过 150 kg 的货物，但单件最大允许重量主要取决于飞机的机型（地板承受力)、机场设施以及飞机在地面停站的时间。

5.5.2 收运操作

1. 订舱

如果一票货物含有超大超重货物,托运人须详细说明超大超重货物的重量和尺寸,并在托运书上单独列明,以便承运人提前订舱、制订装载计划并准备必要的设备。

2. 包装

托运人所提供的包装应便于承运人操作,如托盘、吊环等,必要时应注明包装的中心位置。

3. 运输

(1) 托运人应负责妥善包装超大超重货物。

(2) 由于超大货物通常不适用集装器而直接装舱,如果该货物同时属于超重货物,则应使用垫板减小压强,防止货舱地板受损。

(3) 装集装箱的超重货物须尽量装在中间位置。

(4) 超重货物体积未超过集装箱的 2/3 容积的,须对货物进行捆绑固定,可采用标准绳具将货物固定在集装箱卡锁轨里。

任务 5.6 作为货物运送的行李收运

5.6.1 概述

作为货物运送的行李(baggage shipped as cargo),又称无人押运行李、无人陪伴行李(unaccompanied baggage),仅限于旅客本人的衣服、与旅行有关的私人物品。

5.6.2 收运条件

(1) 作为货物运送的行李,只能在旅客客票中所列各地点的机场之间运输,并且旅客交付行李的时间不得晚于旅客乘机出行的当天。

(2) 旅客须如实申报行李内容、提供有关的文件、自行办理海关手续并支付所需费用。

(3) 该货物运输的具体时间由承运人决定。

(4) 行李折扣运价不得和任何普通货物运价或指定商品运价相加使用,以致相加后的运价低于适用的规定或组合运价。

如果不能满足上述条件,则其他任何航程只能采用普通货物运价或指定商品运价。

5.6.3 收运操作

1. 文件

(1) 航空运单。

收运此种货物,应在货名数量栏写明"无人押运行李",并将旅客的客票号码、所乘班机的航班号及其日期、起降机场三字代码等信息填入运单,例如:

UNACCOMPANIED BAGGAGE
TKT NO. 999—33996688
CA3212/19JUN
CAN—FRA

（2）客票。

在客票"签注"（ENDORSEMENT）栏内应注明"UNBAG"字样，以及行李运单号码、件数与重量。例如：

UNGAG
AWB NO. 999—88669933
2PC—50K

2. 运输

（1）如旅客要求将钥匙带往目的站时应请其装入自备的结实信封内，在信封上写明收货人和托运人姓名、地址，交给航空公司收运部门封妥、钉在运单之后，然后在运单操作信息栏（Handling Information）注明"KEY OF UNACCOMPANIED BAGGAGE"。

（2）在运输过程中，为了便于和旅客交运的行李区别开来，应在作为货物运送的行李上加挂货物标贴。

任务 5.7　思考与练习

（一）单选题

1. 可以航空运输的爆炸品的类项（组）是（　　）。
   A. 1.4F　　　　B. 1.4S　　　　C. 1.5　　　　D. 1.6
2. 有限数量的危险品包装件毛重不得超过（　　）。
   A. 10 kg　　　B. 20 kg　　　C. 30 kg　　　D. 40 kg
3. 不允许例外数量空运的危险品代码为（　　）。
   A. E0　　　　B. E1　　　　C. E2　　　　D. E3
4. 为便于搬运，鲜活易腐货物每件重量以不超过（　　）kg 为宜。
   A. 15　　　　B. 25　　　　C. 30　　　　D. 35
5. 鲜活易腐货物发生腐烂变质时，承运人需视具体情况将货物毁弃或移交当地海关和检疫部门处理，由此发生的额外费用将向（　　）收取。
   A. 托运人　　　B. 承运人　　　C. 保险公司　　　D. 收货人
6. 关于活动物航空运输要求的描述，错误的是（　　）。
   A. 必须在订妥全程舱位之后方可收运
   B. 活动物空运可以办理运费到付
   C. 活动物运输应尽量利用直达航班，如无直达航班应尽量选择中转次数少的航班
   D. 应注意活动物到达目的站的日期尽量避开周末和节假日
7. 危险品航空运输必须严格按照国际航协《危险品规则》进行，这项规则的英文简称为（　　）。

A. IATA-TI B. IATA-276-R1
C. ICAO-DGR D. IATA-DGR

8. 各种包装等级对内包装吸附材料的要求划分为若干个等级，错误的是（　　）。
   A. A级表示吸附材料能够吸收全部内包装中的液体
   B. B级表示吸附材料能够吸收任一内包装中的液体
   C. C级表示不要求使用吸附材料
   D. D级表示不能使用吸附材料

9. 关于危险品航空运输文件DGD的描述，错误的是（　　）。
   A. 确保签署DGD的人已按当局规定接受相关危险品知识训练
   B. DGD适用于所有危险品运输
   C. DGD的尺寸应与A3纸规格一致
   D. 承运人不接受经变动或修改的DGD，除非签署人对某项变动或修改再次签名

10. 航空运输的超重货物一般指每件超过（　　）kg的货物。
    A. 100　　B. 150　　C. 200　　D. 250

（二）多选题

1. 下列爆炸品类项（组）中，禁止航空运输的有（　　）。
   A. 1.1 B. 1.2
   C. 1.3 C 和 1.3 G D. 1.4 F

2. 航空运输特种货物包括（　　）。
   A. 贵重货物 B. 活动物
   C. 鲜活易腐货物 D. 危险品

3. 放射性物质的防护需重点考虑三要素，包括（　　）。
   A. 时间　　B. 距离　　C. 文件　　D. 屏蔽措施

4. 危险品包装的基本标记必须清晰地标示出（　　）。
   A. 运输专用名称 B. UN/ID 编号
   C. 托运人名称及地址 D. 收货人名称及地址

5. 航空运输活动物所需的文件包括（　　）。
   A. 活动物证明书 B. 动物卫生检疫证明
   C. 航空运单 D. 装箱单

6. 航空运输活动物的容器上应贴有下列标签（　　）。
   A. 特种货物标签 B. 活动物标签
   C. 不可倒置标签 D. 有毒动物应贴危险品标签

7. 下列隐含或可能隐含危险品的物品有（　　）。
   A. 呼吸器　　B. 冷冻水果　　C. 药品　　D. 集运货物

8. 危险品装载的原则包括（　　）。
   A. 预先检查原则 B. 方向原则
   C. 轻拿轻放原则 D. 固定防滑原则
   E. 可接近原则 F. 隔离原则

9. 以下属于航空危险运输包装类型的是（　　）。

A. 有限数量包装 B. 例外数量包装
C. UN 规格包装 D. 单一包装

10. 国际航空危险品物流是危险品从供应地到需求地的跨境流动过程，除了核心环节国际航空运输以外，主要活动还包括（　　）。
    A. 分类、包装　　B. 识别　　C. 收运　　D. 储存、装载

11. 危险品航空运输的基本准则是确保（　　）的安全。
    A. 飞机　　B. 机组人员　　C. 旅客　　D. 货物

12. 以下危险品航空运输法规术语中属于国际法规的是（　　）
    A. CCAR-276-R1 B. ICAO-TI
    C. IATA-TI D. IATA-DGR

13. 必须接受危险品培训的人员包括（　　）的货运代理人员。
    A. 负责危险品收运 B. 负责货物、邮件（非危险品）收运
    C. 负责货物、邮件操作 D. 负责仓储和装卸

14. 危险品的运输专用名称在 IATA-DGR 4.2 品名表中列出的条目包括（　　）。
    A. 泛指的单一条目 B. 属性条目
    C. 特定的泛指条目 D. 属性的泛指条目

15. 除了货运代理人员，必须接受危险品培训的人员还包括（　　）。
    A. 配载人员 B. 飞行机组人员
    C. 飞行以外的机组人员 D. 安检人员

（三）判断题

1. 1.3 C 和 1.3 G 爆炸品既可用客机也可用货机空运。（　　）
2. 鲜活易腐货物外包装上还应拴挂或加贴鲜活易腐标签和禁止倒置标签。（　　）
3. 航空运输的活动物不能与食品、放射性物质、毒性物质等放在一起。（　　）
4. 活动物在航空运输中由于自然原因而发生的病、伤或死亡，承运人不负责任。（　　）
5. 正确、科学地包装危险品，是托运人的重要责任，承运人的职责是对危险品包装状况进行严格检查，监督托运人整改错误或不完善的危险品包装。（　　）
6. 包装等级要求为Ⅱ的危险品，所符合的包装等级要求包括Ⅰ和Ⅱ。（　　）
7. UN 规格包装标记表明此包装件是根据联合国的标准规格设计、测试和生产的。（　　）
8. 航空危险品运输文件主要包括托运人危险品申报单、航空运单、收运检查单、特种货物机长通知单。（　　）
9. 贴有仅限货机标签的危险品，只能装入货机，禁止装在客机上。（　　）
10. 在危险品日常操作中，发生任何问题须由专业人员处置，其他人员勿擅自处理或接近有问题的危险品。（　　）
11. CCAR-276-R1 是我国危险品航空运输的国内法规。（　　）
12. 危险品分类（从第 1 类到第 9 类）是根据危险性从低到高的顺序划分的。（　　）
13. 在任何情况下都禁止航空运输的危险品在 IATA-DGR 4.2 品名表当中标注了 Forbidden 字样。（　　）
14. 确定危险品的运输专用名称应优先选择泛指名称、后选择指定名称。（　　）
15. 经过例外数量包装的危险品接近普通货物。（　　）

（四）简答题

1. 简述九大类危险品的类和项，并举例说出每个类项的常见危险品。
2. 简述危险品收运的一般要求和装载原则。
3. 简述第6、7类危险品应急处理的常用措施。
4. 简述航空运输常见鲜活易腐品的操作要求。
5. 识别图5-15中的危险性标签，准确说出每个标签代表的类项名称。

图5-15 危险性标签

（五）实操题

1. 案例分析——波士顿空难

【案情】

多年前，一架从纽约起飞的货机空中起火后，在波士顿机场迫降时坠毁，机上人员全部遇难。空难事故发生的原因是货舱中有未如实申报的危险品"硝酸"。事故经过：托运人签署了一份空白的"托运人危险品申报单"给货运代理，用卡车将货物交给货运代理，货运代理再转交给包装公司进行包装。然而包装公司不了解硝酸的包装要求，将每个装有5升硝酸的玻璃瓶放入一个用锯末做吸附和填充材料的木箱中，这样的包装共有160个，一些工人在外包装上粘贴了方向性标签，一些人则没有贴。在向航空公司托运时，运单上的品名被写成了"电器"，危险品申报单在操作过程中也丢失了。在货物装入集装器时，粘贴了方向性标签的木箱是按照向上方向码放的，而未粘贴方向性标签的木箱被倒置或侧放了。飞机飞达巡航高度时，因瓶子的内外压差，造成瓶帽松弛，硝酸流出与木屑接触后起火，虽然实际起火的木箱可能不超过2个，但它不久后却导致整架飞机坠毁。事后的实验证明，

> 用硝酸与木屑接触，8分钟后冒烟、起火，16分钟后木箱被烧穿，22分钟后爆燃，32分钟后化为灰烬。

请分析：
（1）上述案例中空运危险品"硝酸"的操作过程有哪些参与方？
（2）各参与方在操作中具体存在哪些方面的错误？

2. 某货主托运固体和液体危险品各1件，UN规格包装标记分别如下：
（1）4G/Y 50/S/15/AU/PA-03-3050；
（2）1A1/Y 1.5/300/2013/DE/1860。
请应用所学知识，解释以上标记的含义。

3. 结合表5-7的品名表，请准确解释A栏→N栏每个栏目的含义。

项目 6

跨境电商航空物流

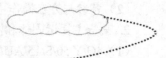

🌿 学习内容

跨境电商及业务模式；跨境电商航空物流及服务类型；跨境电商国际小包邮递（经济型、标准型）；跨境电商国际航空快递；跨境电商海外仓物流；跨境电商税收。

🌿 能力目标

能熟练列举经济型、标准型国际小包邮递的主要异同点；会正确计算国际航空快递运费；能规范填写国际航空快递运单；能准确介绍海外仓物流运作流程；会正确计算海外仓物流各环节费用；能熟练陈述跨境电商综合税和行邮税的要点。

🌿 知识目标

熟悉跨境电商及业务模式；了解跨境电商物流服务的主要类型与特征；掌握国际航空快递运作流程；了解快递运单背面条款；领会海外仓物流的主要优势；了解空港跨境电商保税仓；熟悉跨境电商税收。

🌿 引导资料

跨境电商与国际航空物流的发展前景

近年来，我国传统外贸发展速度放缓，跨境电子商务却保持了快速增长的态势。据海关总署统计，2016—2019年中国跨境电商交易额分别为 6.7 万亿元人民币、7.6 万亿元人民币、9.1 万亿元人民币、10.8 万亿元人民币。在传统外贸年均增长不足 10% 的情况下，中国跨境电商却保持高速增长态势，成为世界电子商务规模最大的市场。与此同时，跨境电商航空物流业也迎来了快速发展的机遇和良好的前景。

分析：订单碎片化是跨境电商的显著特征，具有交易环节少、综合成本低、周期短等优势，跨境电商业的快速增长与跨境物流业强有力的服务支撑是密不可分的，两业之间存在唇齿相依、联动发展的关系。两业良好的发展前景为从业者提供了良好的发展机遇，但扎实掌握相关专业知识与技能是从业者必备的基本条件。

任务 6.1 跨境电商航空物流基础认知

6.1.1 跨境电子商务

跨境电子商务（简称跨境电商）是指不同关境的交易主体，通过电子商务平台达成交易、进行支付结算，并通过跨境物流送达商品、完成交易的一种国际贸易活动。跨境电商是一种新型的贸易方式，它依靠互联网和跨境物流，直接对接终端，满足客户需求，具有交易环节少、成本低、周期短等方面的优势，已在全球范围内蓬勃发展。

2015年国务院颁布《关于促进跨境电子商务健康快速发展的指导意见》等重要政策文件，从国家层面大力推进跨境电商发展，批准了杭州、上海、广州、深圳、宁波、重庆、郑州、天津、福州等一批跨境电商试点城市，并设立了一批跨境电子商务综合试验区。与此同时，海关、商检等部门顺应形势，近年来出台了一系列促进跨境电商通关阳光化、提高通关商检效率、降低关税等方面的利好政策和改革措施，跨境电商行业迎来重大发展机遇和良好的外部发展环境。

当前，跨境电商业务模式日益多元化，常见的零售模式有 B2C（business to customer）、C2C（customer to customer）、B2B2C（business to business to customer），批发业务模式 B2B（business to business），如图 6-1 所示。

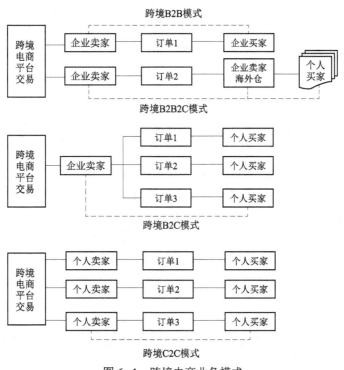

图 6-1 跨境电商业务模式

6.1.2 跨境电商航空物流及服务类型

本部分内容主要围绕零售业务（B2C、C2C、B2B2C）介绍跨境电商物流。

跨境电商航空物流是指跨境电商产品从供应地到接收地的实体跨境物流过程，包括运输、通关、仓储、包装、配送、信息处理等环节，在此过程中，它以国际航空运输为主轴、其他环节为辅助。它是国际航空物流业方兴未艾、发展迅猛的子行业，因此本书将其作为国际航空物流实务的重要内容。跨境电商航空物流服务的主要类型有普通型国际小包邮递、高端型国际航空快递、复合型海外仓物流，如图6-2所示。

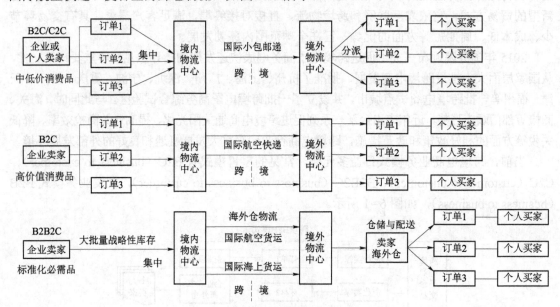

图6-2 跨境电商航空物流服务类型

当前，中国跨境电商交易的主要品类包括标准化必需品、中低价消费品、高价值消费品，对物流服务存在多元化需求。

中低价消费品的跨境电商模式既有B2C也有C2C，对物流服务的需求以普通型国际小包邮递为主，订单货物价值和批量适中，运费承担能力与交货时间要求相对较低，市场呈中频需求，企业或个人卖家一般通过国际普通邮递直接交货给个人买家。

高价值消费品的跨境电商模式以B2C为主，对物流服务的需求以高端型国际航空快递为主，订单货物价值高（因此个人卖家通常难以介入该业务），其运费承担能力强，重量与体积小，交货要求安全可靠、速度快，市场需求较不稳定，企业卖家一般通过国际航空快递直接交货给个人买家。

标准化必需品的跨境电商模式以B2B2C为主，对物流服务的需求以复合型海外仓物流为主（国际运储配一体化），订单货物批量较大，运费承担能力与交货时间要求较低，市场需求稳定、容易预测，企业卖家主要通过空运（有时海运）先将货物运至海外仓（自建或租赁），进行仓储管理，再根据线上交易安排线下配送，将货物交至个人买家。

可见，中国跨境电商业务模式多元化、交易商品品类多样化，决定了跨境电商物流服务的多元化，各类物流服务在订单货物特征、速度、价格、安全度等方面存在显著差异，如表6-1所示。

表 6-1 跨境电商物流服务的主要类型与特征

物流服务 主要类型	主要适合 品类	跨境电商 业务模式	订单货物主要特征	物流服务主要特征		
				速度	价格	安全度
普通型 国际小包邮递	中低价 消费品	B2C/C2C	货值和批量较小,运费承担能力与交货时间要求相对较低,市场需求中频	较慢,通常2～5周不等	较低	较低
高端型 国际航空快递	高价值 消费品	B2C	货值高、运费承担能力强,重量与体积小,交货要求安全可靠、速度快,市场需求较不稳定	最快,通常2～5天不等	高	高
复合型 海外仓物流 (国际运储配)	标准化 必需品	B2B2C	批量大,运费承担能力与交货时间要求居中,市场需求稳定、容易预测	头程运输较慢,终端派送快	适中	高

任务 6.2　跨境电商国际航空快递

6.2.1　国际航空快递概述

国际航空快递(或称国际快递),指以航空运输为主要运输方式,在两个或两个以上国家或地区之间快速收集、运输、递送文件包裹和其他物品,全过程跟踪这些物品并对其保持控制的服务,包括但不局限于与上述过程相关的清关、物流等其他服务。国际航空快递业务是资本、技术和知识最为密集的业务,因而也是利润较高的业务,被喻为高端业务。国际航空快递企业必须具备足够的航空和地面运输能力、枢纽中心及遍布世界主要国家和城市的投递网络、先进的信息跟踪和控制技术。

全球三大国际航空快递巨头简介如表 6-2 所示。

表 6-2　国际航空快递巨头简介

公司标识(英文名)	DHL EXPRESS	FedEx Express	UPS
公司中文名	(德国)敦豪	(美国)联邦快递	(美国)联合包裹
开展国际快递业务的时间	1969 年	1971 年	1970 年后
覆盖国家与地区	229	220	220
显著优势航线	亚太、欧洲、偏远地区	北美、欧洲	美洲
进入中国时间	1980 年	1984 年	1988 年
中国市场份额	25%～30%	30%～35%	15%～20%
注:2016 年,联邦快递与原全球第四大快递公司荷皇天地(TNT)正式合并。			

6.2.2 国际航空快递运作流程

国际航空快递运作流程一般包括以下环节：客户下单（在此指跨境电商企业），取件，始发地操作中心处理快件，始发地空中预报关，地面运输，始发地海关抽查验放，始发地机场空运至 Hub，Hub 分拣转运，Hub 空运至目的地机场，目的地空中预报关，目的地海关查验征放，地面运输，目的地操作中心处理快件，派送，客户签收。国际航空快递一般运作流程如图 6-3 所示。

图 6-3　国际航空快递一般运作流程

6.2.3 快递运费计算

1. 确定重量

按照 IATA 的规定，在计费重量确定规则方面，国际航空快递与国际航空普通货运大概一致，即对比货物毛重和体积重量，再取高者作为计费重量，但是体积重量的算法略有不同。

先计算货物的体积然后再折算体积重量；不论每件货物形状是否规则，以厘米为单位，取最长、最宽、最高的数值，三边的小数部分按四舍五入取整数，求出总体积；然后，体积重量的折算标准为每 5 000 cm³ 折合 1 kg。因此体积重量的计算公式为：

$$体积重量（kg）=货物体积（cm^3）\div 5\,000（cm^3/kg）$$

特别注意：上述公式中的除数是 5 000，而非 6 000。

2. 计算运费

1）运价分类

目前，对于跨境电商线下发货，国际航空快递公司一般实行两种运价形式：两段式临时运价和多段式协议运价。两段式临时运价通常适用于临时合作、件量较小、发件频率较不稳定的客户；多段式协议运价则一般适用于长期合作、件量较大、发件频率较为稳定的客户。

2）两段式临时运价

国际航空快递两段式临时运价举例如表6-3所示。

表6-3 两段式临时运价举例

目的地分区	主要区域	运价单位：CNY/0.5 kg	
		第一个0.5 kg	每增加0.5 kg
1	日韩	210	45
2	东南亚	220	45
3	大洋洲	260	55
4	美加	300	80
5	欧洲	320	80
6	南亚、西亚、中东	400	100
7	东欧、南美、非洲	550	115

注：始发国为中国，每个目的地分区所包括的目的国明细清单另附。

两段式临时运价的特点主要有：

（1）整体运价水平较高，主要适用于临时合作、件量较小、发件频率较不稳定的客户。

（2）简单划分为0.5 kg运价（即起步运价，重量不足0.5 kg按照0.5 kg计算）和重量超过0.5 kg的运价，俗称"首重价"和"续重价"，运费计算方式较为简便。

（3）缺乏激励性折扣，未细分成从低到高的重量段，再按段给予激励性折扣，未能体现运价与运量成反比原则。实践中，为弥补这一缺陷，承运人通常采取按相关标准对整体运费打折的做法。

下面举例介绍两段式临时运费的计算方法。

[例6-1] 某跨境电商卖家委托国际快递公司从广州快递1箱普通产品到洛杉矶，毛重为14.3 kg，尺寸为50×50×40（cm）；快递公司规定，单票货物运费CNY3 000～5 000之间的给予20%折扣，当月FSC费率15.0%，请计算快递总费用。

解：

GW=14.3→14.5（kg）

VW=(50×50×40)÷5 000=20.0（kg）

CW=VW=20.0（kg）

运费=300+(20.0-0.5)×2×80

　　=3 420（CNY）

总费用=3 420×80%×(1+15.0%)=3 146.40（CNY）

3）多段式协议运价

国际航空快递多段式协议运价举例如表6-4所示。

表6-4 多段式协议运价举例

重量段/kg 分区		1 日韩	2 东南亚	3 大洋洲	4 美加	5 欧洲	6 南亚、西亚、中东	7 东欧、南美、非洲
自	至							
0.5	0.5	116	121	143	150	166	220	303
1.0	5.0	25	25	34	42	43	58	63
5.5	10.0	24	24	33	38	39	54	57
10.5	20.0	23	23	33	34	34	48	55
20.5	30.0	49	49	70	74	76	98	110
30.5 以上		48	48	70	70	73	95	106

注：
(1) 始发国为中国，每个分区具体包括的目的国明细清单另附（同文件）；
(2) 0.5 kg 至 20.0 kg 之间的前四个重量段，运价单位为 CNY/0.5 kg；20.5 kg 以上的后两个重量段，运价单位为 CNY/kg。

多段式协议运价的特点主要有：

（1）协议运价作为托运人与承运人所签快递协议的主要部分，整体水平低于两段式临时运价，主要适用于长期合作、件量较大、发件频率较稳定的固定客户。

（2）划分为多个重量段。计费重量在 0.5 kg 至 20.0 kg 之间前四个重量段运费的计算相对复杂，但是 20.5 kg 以上运费的计算较为简单。

（3）具有激励性，按重量段给予不同折扣，体现了运价与运量成反比原则。表 6-12 仅仅是适用于某个件量水平的文件、包裹运价；在实践中，承运人详细规定了不同件量水平与折扣幅度的对应标准，通常建立 10～20 套的运价表，形成了运价与运量严格匹配的运价体系，每个固定客户只能适用一套协议运价。

（4）具有周期性。每个客户在一个协议周期之内只能享受某个水平的运价折扣，不能随意提出更改，原则上须等到协议周期届满，双方再根据发件量历史记录和前景测评，协商下一个协议周期的协议运价。

下面举例介绍多段式协议运价的计算方法。

[例 6-2] 深圳某跨境电商卖家委托国际快递公司同时快递一批普通产品；第一票共 1 箱到休斯敦，毛重为 16.0 kg，尺寸为 50×40×30（cm）；第二票共 3 箱到南安普顿，每箱毛重 12.0 kg，尺寸均为 60×50×40（cm）；适用表 6-12 协议运价，当月 FSC 费率 16.0%。请计算总费用。

解：
(1) 美国：
GW=16.0（kg）
VW=(50×40×30)÷5 000=12.0（kg）
CW=GW=16.0（kg）
运费=150+42×(5.0−0.5)×2+38×(10.0−5.0)×2+34×(16.0−10.0)×2
    =150+378+380+408

=1 316（CNY）

（2）英国：

GW=12.0×3=36.0（kg）

VW=(60×50×40×3)÷5 000=72.0（kg）

CW=VW=72.0（kg）

AR=CNY73/kg

运费=73×72.0=5 256（CNY）

（3）总费用=(1 316+5 256)×(1+16.0%)=7 623.52（CNY）

6.2.4 跨境电商快递运单填制

图 6-4 是 DHL 国际航空快递运单样本，下面以此为例介绍运单各栏目的填写规范。

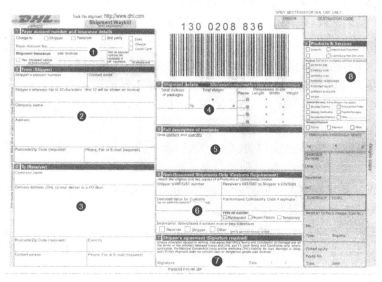

图 6-4 DHL 国际航空快递运单样本

1. 付款方账号及快件保险资料（payer account number and insurance details）

（1）在"付款方式"栏（Charge to）选择运费支付方（发件人、收件人、第三方）。

（2）如果运费由收件人或者第三方支付，就需要在"付款方账号"栏（Payer Account No.）填写支付方的快递账号，若未填写则默认为发件人支付运费。

（3）如果发件人已为快件投保，或者向承运人提出代为投保的要求并支付了保险费，需选择"货物保险"栏（Shipment Insurance），并在"投保金额"栏（Insured Value）填写以本地货币表示的投保金额。

2. 发件人［from（shipper）］

（1）如果发件人具有快递公司账号，须填写"发件人账号"栏（Shipper's Account No.）。

（2）在"联系人姓名"栏（Contact name）填写发件人指定的联系人姓名。

（3）在"发件人参考"栏（Shipper's reference）填写发件人参考信息，通常是与快递物品相关的单据号码或业务代码，便于内部查询、沟通，例如贸易合同号、提单号、信用证号等。

(4)"公司名称"栏(Company)和"地址"栏(Address)。分别填写发件人公司名称及其地址、邮编、电话等联系方式。

3. 收件人 [to (receiver)]

"公司名称"栏(Company name)和"派送地址"栏(Delivery address)。分别填写收件人公司名称及其地址、邮编、国家、联系人、电话等联系方式。

4. 交运快件资料(shipment details)

(1)在"总件数"栏(Total number of packages)填写快件外包装的总数量。

(2)在"总重量"栏(Total Weight)填写快件的总毛重。

(3)在"尺寸(厘米)"栏(Dimensions in cm)按快件外包装不同规格填写最长、最宽、最高的尺寸(以厘米为单位),各种规格各填一行,并在尺寸前填写该规格货物的件数。

5. 交运物品之详细说明(full description of contents)

(1)物品。品名应详细、具体,不得填写代表货物类别的统称,例如电器、日用品、电子产品等不能作为品名。

(2)数量。通常指商品贸易成交的单位数量,应注意与货物外包装数量区别开来。

6. 仅限包裹快件填写(海关要求)[non document shipment only (customs requirement)]

(1)在"海关申报价值"栏(Declared Value for Customs)填写货物价值,必须与商业发票或形式发票上的金额一致。

(2)在"收件地关税/税金支付方式"栏(Destination Duties/Taxes)选择"收件人""发件人"或"其他",如果没有选择,则由收件人支付。

7. 快件协议(要求签字)[shipper's agreement (signature required)]

(1)发件人须在此栏签名及填写日期。

(2)本栏注明了发件人签名同意的协议内容:"除非另有书面协定,我/我们同意承运人的运输条款与条件是我/我们与承运人之间协议的全部条款。该运输条款与条件及(在适用的情况下,目的地在中国境外时)华沙公约限制和/或免除了承运人对于快件丢失、损坏或延误所应承担的责任。我/我们声明交运快件中不含现金及危险物品(请见发件人所持副本背面)。"

8. 产品和服务(products & services)

(1)在"国内服务""国际文件""国际非文件"之中选择本快件的类型,通常选择最后一项。

(2)"计费重量"栏(DIMENSIONAL/CHARGEABLE WEIGHT)。比较毛重和体积重量后取高者作为计费重量,填入本栏。

(3)在"货币/合计"栏(CURRENCY/TOTAL)填写发件人本国货币代码和快递运费等总费用。

6.2.5 快递运单背面条款认知

国际航空快递运单正本的背面以条款形式在承运人与托运人之间明确了双方权利义务关系,因此条款的作用与意义重大。快递企业常通过一些条款限制或者免除自身责任,但必须遵循公平合理的原则,并且以合理方式履行提请发件人注意以及说明条款的义务,才能具有法律效力。总的来讲，法律对待条款的态度一是承认，二是规制，以达到兴利除弊的目的，也就是说法律承认运单条款，但对不公平、不合法的条款（俗称"霸王条款"）不予支持。我国规定中国缔结或者参加的国际条约同中国法律有不同规定的，适用国际条约的规定，就国际航空运输领域而言，我国政府已加入和适用1999年蒙特利尔公约，详见项目7。

业内领先、深受用户推崇的国际航空快递企业在运单背面条款中充分体现了公平合理的原则。下面以DHL为例，介绍部分主要服务条款（节选）。

第2条 不能承运的快件

发件人同意其交运的快件都是可运输的。有下列情形之一的将不予运输：属于国际航空货运协会（IATA）、国际民用航空组织（ICAO）、关于危险货物公路运输的欧洲协定（ADR）及其他相关政府部门或组织所规定的有害物品、危险物品，以及属于禁运或限运的物品；未能按照有关海关规定办理报关手续；仿冒品、动物、现钞、税讫贴、不记名可议付票据、贵重金属和矿石、真正的或仿真的枪支及其零附件、武器、爆炸品、弹药、人体、色情物品或非法的麻醉药品/毒品；DHL认为不能安全、合法运输的其他任何物品；或者包装有缺陷或不当的货物。

第5条 运费

DHL的运费将按照货物毛重计算标准和体积计算标准两者中较高的计算，DHL可以对任何货物重新称重和测量以确认其计算数据。发件人应向DHL支付或返还运输服务中由DHL自身收取或代表发件人、收件人及任何第三方所发生的所有运费、附加费用、关税等税费；当所寄运的快件属于本条款与条件第2条所称的不能承运的情形时还应向DHL支付所有由此引发的赔偿、损害、罚款和相关的费用。

第6条 DHL的责任

DHL所承担的责任仅限于直接的损失或损害，且不超过本条所规定的每公斤或每磅的限额。DHL不承担任何其他损失或损害（包括但不限于利润、收入、利息及未来业务的损失），无论这些其他损失和损害是特殊的或是间接的，无论DHL是否在受理快件之前或之后知晓存在这些损失或损害的风险。如快件采取包含空运、陆运或其他方式的多式联运，快件将被视为以空运方式运输。DHL在任何一票目的地位于中国境外的快件运输中所承担的全部责任都不超过货物实际现金价值，且不得超过以下各项：

（1）在空运或其他非陆运条件下为25.00美元/公斤或11.34美元/磅。

（2）在陆运条件下为12.00美元/公斤或5.44美元/磅。

DHL在任何一票仅在中国境内运输的快件运输中所承担的全部责任都不超过20元人民币/公斤。本第6条规定不影响本条款与条件第7~11条规定。每票快件只能提出一次索赔，且这种赔偿将作为对有关损失及损害的全部和最终的解决方案。如发件人认为本条款与条件关于赔偿的规定将不足以补偿其损失，则应对货物的价值做出特别声明并按本条款与条件第8条（货物保险）的规定要求保险或自行投保，否则发件人将承担一切损失和损害的风险。

第7条 索赔时限

任何索赔必须在DHL接受快件后的30天内以书面方式向DHL提出，否则DHL将不再承担任何责任。

第8条 货物保险

如发件人在运单的正面填好保险项或通过DHL电子商务工具提出代为投保的要求，并支付所需保险费后，DHL 可以为发件人按照货物的实际现金价值就快件的丢失或快件自身的毁损投保。货物保险不包括间接损失或损害，也不包括因运输延误而导致的损失或损害。

* 不适用于邮件运输。

第 9 条　运输延误及退款保证

DHL 将按照其正常运送标准尽合理努力派送快件，但这些标准并不具有约束力，也不构成协议的组成部分。DHL 不对运输延误而导致的任何损失或损害承担责任。

某些特定服务将提供退款保证，即在某些情况下为延误提供全部或部分运费的返还。退款保证条款与条件可在 DHL 官方网站（www.dhl.com）中查阅或致电 DHL 客户服务部门咨询。

第 10 条　不可抗力因素

对于超出 DHL 控制范围的原因而导致的损失或损害，DHL 不承担责任。这些原因包括但不限于：对于电子音像图片、数据或记录的电磁性损坏或删除；快件固有的缺陷或特性（无论 DHL 是否知晓）；非 DHL 雇员或与 DHL 没有合同关系的人员的作为或不作为，如发件人、收货人、第三人、海关或其他政府部门；不可抗力，如地震、龙卷风、风暴、洪水、大雾、战争、空难或禁运等；暴乱或民间骚乱；劳资事件。

第 11 条　国际公约

在空运条件下，如果派送的快件的最终目的地或停靠国不在发件国，则《蒙特利尔公约》或《华沙公约》在可适用的情况下，用于限制 DHL 对快件丢失、损坏所应承担的责任；对于国际陆路运输，则适用《国际公路货运公约》（CMR）。

第 12 条　发件人的保证和赔偿责任

如发件人违反有关法律法规或违反以下保证和陈述，发件人应赔偿因此而给 DHL 造成的损失和损害：发件人或其代理人提供的所有信息都是完整和准确的；货物系由发件人或其雇员在安全的前提下准备的；为发件人准备货物的人员足可信赖；发件人应确保货物在准备、仓储或运输过程中 DHL 免受他人不当干扰；货物所有标识完整准确，地址清晰，包装妥当，适于一般注意程度下的安全运输；符合有关海关和进出口的规定，以及其他法律法规的规定；运单系由发件人或其授权代表签署，本条款与条件对发件人具有约束力。

第 14 条　法律适用和争议解决

考虑到 DHL 的利益，除与所适用法律冲突，与本条款与条件有关的一切争议将受到快件原发件地国法院的非排他管辖，并适用原发件地国法律，发件人不可撤销地接受该管辖。

任务 6.3　跨境电商海外仓物流

6.3.1　海外仓物流概述

跨境电商海外仓物流（或称跨境电商备货物流），是指跨境电商卖家通过国际运输（空运为主）将产品运至海外仓库，并开展仓储、订单处理、分拣包装、派送、信息处理等活动的一体化物流服务过程。在现阶段，此类物流服务主要面向跨境电商 B2B2C 业务模式。

海外仓物流服务具有改善境外买家购物体验（如终端送货快、退换货方便等）、降低卖家综合物流成本、提升服务水平等优势,当前主流跨境电商平台鼓励入驻卖家与之合作,拓展并提供海外仓物流服务;越来越多境外买家倾向于选择可提供海外仓物流服务的卖家,以改善购物体验。海外仓物流的服务优势如表6-5所示。

表6-5 跨境电商海外仓物流的主要优势

适合的主要品类	跨境电商业务模式	卖家优势及风险			买家购物体验优势		
		成本控制	服务水平	主要风险	送货服务	送货运费	售后服务
市场需求较稳定、容易预测的畅销标准品、必需品等	B2B2C	批量较大,跨境运输成本降低,但需注意控制仓储成本	订单满足率高,降低缺货率	易出现库存控制不当,造成产品积压	终端送货本地化、速度快、安全可靠	送货运费较低,数量达标时可免运费	退货、换货便捷,对投诉处理回应快

6.3.2 海外仓物流运作流程

海外仓物流运作流程通常包括备货、国际运输(含通过)、入库储存、卖家网售、买家下单、订单处理、派送等步骤。海外仓物流运作流程如图6-5所示。一般情况下,不论出口还是进口跨境电商业务,该流程都适用。

图6-5 海外仓物流运作流程

海外仓物流运作流程的操作步骤如下。

第一阶段 跨境运输与境外仓储

步骤1:备货,即卖家做好货物跨境运输前的相关准备工作。卖家在跨境电商平台注册→开通海外仓物流账号→在平台录入产品信息→建立入库单→理货(包装、贴条码与标签等)→制单→交货给国际物流企业。

步骤2:国际运输,即国际物流企业接收货物并完成国际运输。接收货物→订舱→国内运输→出境报关→国际空运或海运→境外清关及征税→境外运输至海外仓。

步骤3:入库储存,即海外仓将产品入库上架并做好储存管理。海外仓接收入库信息→交接查验货物→入库上架→库存仓储管理。

第二阶段　网上交易与买家下单

步骤 4：卖家网售。卖家与海外仓信息系统对接，在跨境电商平台向境外市场开展一系列营销活动、销售产品，同时做好产品库存数量控制与品类选择。

步骤 5：买家下单。境外买家在卖家平台选购产品并下单，卖家接收订单后建立出库单，向海外仓下达订单处理指令。

第三阶段　订单处理与派送

步骤 6：订单处理。海外仓接收订单→拣货下架→理货包装→贴条码与标签→出库交接。

步骤 7：派送。海外仓与合作物流商或自营物流部门交接货物→送货至买家→派送签收信息同步上传→处理退换货、提供相关售后服务。

6.3.3　中国境内新型海外仓——空港跨境电商保税仓

1. 中国境内新型海外仓

与出口同步，近年来进口跨境电商业务快速发展，中国境内加快海外仓建设，出现了一批新型海外仓，空港跨境电商保税仓是主要形式之一。空港跨境电商保税仓是指在空港跨境电商试验园区内的保税物流仓库，机场海关专门进驻在园区内，并将园区纳入机场海关综合保税区管理，实行"区仓联动"关务制度。空港跨境电商保税仓与机场综合保税区海关监管系统无缝对接，通过信息共享和卡口联动，简化通关流程、提高通关效率、实现联动监管。

2. 广州空港跨境电商保税仓

以广州空港跨境电商保税仓为例。2014 年广州空港跨境电商试验园区完成配套建设，2015 年获批为广州首个跨境电商试验区（如图 6-6 所示），跨境物流、跨境电商、配套服务企业已纷纷进驻，区内跨境电商保税仓与机场海关综合保税区实行"区仓联动"监管。

图 6-6　广州空港跨境电商试验园区

广州空港跨境电商保税仓具有以下优势。

（1）共享通关政策。除了享受跨境电商的特殊通关政策，还享受与综合保税区一致的海关优惠政策，简化通关流程，保障高效通关。

（2）整合区仓资源。充分利用机场海关综合保税区和保税仓所在的跨境电商试验园区的资源，实行仓关检一体化监管制度，融合了跨境电商交易、支付、物流、通关、商检、税务和结汇等业务，构建起完整的跨境电商生态圈。

（3）集成服务功能。形成空港跨境电商产业集群，整合了跨境电商展示体验、跨境电商保税监管、跨境电商物流、跨境电商配套服务等核心功能，搭建"跨境电子商务一站式服务平台"，为跨境电商企业提供便捷、高效服务。

对中国境内的海外仓而言，主要面向进口跨境电商业务，海外仓物流的整体运作过程与图 6-5 所示海外仓物流运作流程相同。

6.3.4 海外仓物流费用及其计算

跨境电商海外仓物流方式下，跨境电商产品定价的成本主要包括以下几点。

成本 1：境内采购成本

成本 2：海外仓物流成本

成本 3：跨境电商平台扣点和计提损失

综上所述，跨境电商产品定价=成本 1+成本 2+成本 3+规划利润。

可见，海外仓物流成本是跨境电商产品定价的主要成本之一。此外，海外仓物流活动及相关成本的构成较为复杂，涉及一系列运作环节。我国跨境电商产业方兴未艾、发展迅猛，选择海外仓物流方式大势所趋，掌握跨境电商海外仓物流费用及其计算知识具有重要意义。

海外仓物流费用，指跨境电商产品储存仓库设立在海外而产生的一系列物流费用，海外仓物流费用构成如图 6-7 所示。

图 6-7 海外仓物流费用构成

海外仓物流费用计算公式如下：

海外仓物流费用=头程费+仓储费+订单处理费+当地派送费

海外仓可使用物流企业第三方仓库，或跨境电商企业自建仓库。下面所介绍的仓储费、订单处理费等内容涉及的海外仓，均以物流企业仓库为例。

1. 头程费

头程费指从中国境内把跨境电商产品批量运至海外仓所产生的运费。主要运输方式为国际航空货运或集装箱海运，由于该环节是海外仓物流全过程的第一程，因此该费用称为头程费。

（1）国际航空货运方式。

头程费=国际空运费（含出口报关、文件等费用）+境外清关单+境外提货费

国际空运费：以国际航空货运方式为主，计费重量单位为kg；由于国际航空快递费用高很多，实践中较少采用快递。

境外清关费：指境外海关清关的费用，通常按单（AWB）计收。

境外提货费：指完成境外清关后物流企业提取货物并送至海外仓的费用，通常按kg计收。

也有物流企业的报价采取头程费全包价（all-in-one rate）的方式，但物流成本的实际构成仍包括上述几个部分。下面以某国际物流企业英国线为例，从中国空运至英国海外仓头程费报价（数据为平均水平，发布期为2016年1月）如表6-6所示。

表6-6 空运至英国海外仓头程费报价

收费项		价格/CNY
国际空运费 （按分段计费重量）	+45 kg	23/kg
	+100 kg	21/kg
	+300 kg	18/kg
代清关与提货费	境外清关费	300/AWB
	境外提货费	2/kg

举例：某批跨境电商产品计费重量为150 kg，空运至英国海外仓，物流企业代清关与提货，报价如表6-14所示。① 计算头程费；② 以CNY/kg为单位，计算全包价。

头程费=150×21（空运费）+300（清关费）+2×150（提货费）=3 750（CNY）

全包价=3 750÷150=25（CNY/kg）

（2）国际集装箱海运方式。

跨境电商货物的国际集装箱海运业务同样分为整箱货（FCL）与拼箱货（LCL）两种方式。FCL方式下按箱型以每个整箱为单位计算运费。LCL方式下，通常以体积计算运费，单位为CBM，首立方不足1 CBM的按1 CBM计费，超过1 CBM以0.5 CBM为续立方单位计费（实践中也有物流企业以1 CBM为续立方单位，需在发货前与物流企业确认清楚）。

以某国际物流企业的英国线业务为例，从中国海运至英国海外仓头程费报价（数据为平均水平，发布期为2016年1月）如表6-7所示，海运总费用构成较为复杂，此报价以运输

费用为核心，包含了文件费、操作费、出口报关费、境外清关费、境外提取送货费，但未包含商检、查柜等相关机动费用；应注意，由于船公司运价波动频繁、幅度大，卖家发货前需与物流企业确认最新运价。

表6-7 海运至英国海外仓头程费报价

集装箱方式	计费体积段或计费箱	运价/CNY	运输时间
已包含文件费、操作费、出口报关费、境外清关费、境外提取送货费，但未包含商检、查柜等其他相关费用			
拼箱货/LCL	1 CBM	1 200	30工作天
	1.5～5 CBM	600	
	5.5～10 CBM	550	
	10.5 CBM	500	
	首立方不足1 CBM按1 CBM计算，续立方以0.5 CBM为单位		
整箱货/FCL	20 GP	20 000	3～4周
	40 GP	30 000	
	40 HQ	30 000	

2. 仓储费

海外仓可使用物流企业第三方仓库，或跨境电商企业自建仓库，此处所介绍的仓储费、订单处理费等内容涉及的海外仓，均以物流企业仓库为例。

海外仓为了提高跨境电商产品的动销率，仓储费通常按周收取，结合产品体积（单位为CBM）分段计算。上述物流企业仓储费报价（数据为平均水平，发布期为2016年1月）如表6-8所示。

表6-8 仓储费报价

单件产品体积/CBM	每周的仓储费/CNY	计算单位
<0.001	0.45	每件
0.001～0.02	0.65	每件
>0.02	40	每CBM

举例：

（1）某件产品体积为0.5 CBM，这件产品5周的仓储费=0.5×40×5=100（CNY）。

（2）某种产品共100件，每件体积为0.000 5 CBM，这些产品1周的仓储费=0.45×100=45（CNY）。

3. 订单处理费

订单处理费主要包括买家提交产品订单后，海外仓操作人员按订单进行拣货、打包等操作产生的费用，上述物流企业订单处理费报价（数据为平均水平，发布期为2016年1月）如表6-9所示。

表 6-9 订单处理费报价

单件产品重量段/kg	处理费/（CNY/件）
≤1	8
>1	10
>5	14
>10	18
>30	20
>40	40
>50	70
>70	90

1）说明

（1）由于分拣打包等操作以单件产品为单位，订单处理费通常以单件计收。

（2）取毛重 GW 和体积重量 VW 中较大者作为计费重量 CW，VW 算法与国际航空快递一致，即（长×宽×高 cm）÷5 000。

（3）当单件产品重量＞70 kg，处理费不再递增（单件产品的重量体积限制取决于仓储管理规定）。

2）举例

（1）某订单含 CW1 kg 和 CW8 kg 各 1 件，订单处理费=8+14=22（CNY）。

（2）某订单含两件产品，第 1 件 GW=2 kg/size=30×20×10 cm，第 2 件 GW=2 kg/size=40×30×25 cm。

则第 1 件 CW=2 kg，订单处理费=10（CNY）

第 2 件 CW=6 kg，订单处理费=14（CNY）

订单处理总费用=10+14=24（CNY）

此外，订单处理还可提供产品条码代贴、产品分类改装等增值服务，收费报价（数据为平均水平，发布期为 2016 年 1 月）如表 6-10 所示。

表 6-10 条码代贴与分类改装费报价

增值服务项目	收费/（CNY/件）	备 注
产品条码代贴费	0.1	产品如需特殊包装（非标包装），客户需自行提供包装物料
产品分类改装费	0.3	
标准包装物料费	另行报价	

4. 当地派送费

对于不超过 10 kg 的包裹，上述物流企业与英国邮政（Royalmail）合作提供当地派送服务，派送费报价（数据为平均水平，发布期为 2016 年 1 月）如表 6-11 所示。

表 6-11 英国邮政当地派送费报价

派送服务类型	Weight/kg	派送费/CNY
Second-class Delivery 二级派送服务	单件毛重与尺寸限制为 1 kg/61×46×46 cm，不挂号，派送时间为 4～5 个工作日	
	≤1 kg	20
First-class Delivery 一级派送服务	单件毛重与尺寸限制为 10 kg/61×46×46 cm，含挂号，派送时间为 2～3 个工作日	
	≤0.75 kg	23
	>0.75 kg	24
	>2 kg	25
	>3.5 kg	26
	>4.5 kg	27
	>5 kg	28
	>6 kg	29
	>7 kg	32
	>8 kg	36
	>9 kg（≤10 kg）	40
Next-day Delivery 次日派送服务	单件毛重与尺寸限制为 10 kg/61×46×46 cm，含挂号，派送时间为 1 个工作日（次日）	
	≤0.1 kg	62
	>0.1 kg	65
	>0.5 kg	77
	>1 kg	97
	>2 kg（≤10 kg）	246

说明：

（1）派送时间从收件的第二个工作日起算，扣除当地节假日。

（2）地面派送的计费重量取总毛重，不计体积重量，但对单件的重量与尺寸有限制。

举例：

（1）某跨境电商订单产品共 1 件，GW=0.5 kg，size=24×15×3 cm。计算派送费。

则 CW=0.5 kg，尺寸不超限，二级服务、一级服务、次日服务的派送费分别为 CNY20、23、65。

（2）某跨境电商订单产品共 2 件，每件 GW=4 kg/size=30×30×15 cm。

则 CW=8 kg，尺寸不超限，二级服务不适用，一级服务、次日服务的派送费分别为 CNY32、246。

对于超过 10 kg 的重包裹，上述物流企业与另一包裹派送服务公司合作，英国当地派送费报价（数据为平均水平，发布期为 2016 年 1 月）如表 6-12 所示。

表 6–12　重包裹英国当地派送费报价

派送服务类型	Weight/kg	派送费/CNY
重包裹 英国当地派送 （单件>10 kg）	派送时间为 1～2 个工作日，提供信息跟踪服务	
	10 kg	150
	11～20 kg	8
	21～30 kg	6
	>30 kg	4

说明：

（1）首重为 10 kg，续重不足 1 kg 按 1 kg 算，续重价格单位为 CNY/kg。

（2）派送时间从收件的第二个工作日起算，扣除当地节假日。

（3）地面派送的计费重量取总毛重，不计体积重量，重包裹单件的重量原则上不超过 150 kg、单件的单边尺寸不超过 150 cm，超过需另行提前咨询。

举例：

（1）某跨境电商订单产品共 1 件，GW=12 kg/size=50×40×30 cm，则 CW=12 kg，尺寸不超限，派送费=150+8×(12−10)=166（CNY）。

（2）某跨境电商订单产品共 2 件，每件 GW=19 kg/size=40×40×30 cm，则 CW=38 kg，尺寸不超限，派送费=150+8×(20−10)+6×(30−20)+4×(38−30)=322（CNY）。

任务 6.4　跨境电商税收

6.4.1　跨境电商零售进口税收政策

我国自 2019 年 1 月 1 日起，调整跨境电商零售进口税收政策，提高享受税收优惠政策的商品限额上限，扩大清单范围。

1. 税收政策的调整

（1）将年度交易限值由每人每年 20 000 元（人民币，下同）提高至 26 000 元，今后随居民收入提高相机调高。

（2）将单次交易限值提高至 5 000 元，同时明确完税价格超过单次交易限值但低于年度交易限值，且订单下仅一件商品时，可以自跨境电商零售渠道进口，按照货物税率全额征收关税和进口环节增值税、消费税，交易额计入年度交易总额。

（3）明确已经购买的跨境电商零售进口商品不得进入国内市场再次销售。

2. 商品清单的调整

（1）将部分近年来消费需求比较旺盛的商品纳入清单商品范围，增加了葡萄汽酒、麦芽酿造的啤酒、健身器材等 63 个税目商品。

（2）根据税则税目调整情况，对前两批清单进行了技术性调整和更新，调整后的清单共 1 321 个税目。

上述政策的实施，有利于促进跨境电商新业态的健康发展，培育贸易新业态新模式；有利于给国内相关企业引入适度竞争，促进国内产业转型升级，促进新动能增长；有利于增加境外优质消费品的进口，满足人民群众的生活需要；有利于维护公平竞争的市场环境。

6.4.2 跨境电商零售出口税收政策

自 2020 年 1 月 1 日起，国家税务总局发布的《关于跨境电子商务综合试验区零售出口企业所得税核定征收有关问题的公告》（以下简称《公告》）正式实施。

1. 有关背景

为支持跨境电商新业态发展，推动外贸模式创新，国务院常务会议决定，出台更加便利企业的所得税核定征收办法。因此，税务总局制发《公告》，进一步明确跨境电商企业所得税核定征收有关问题，促进跨境电商企业更好地开展出口业务。

2. 主要内容

《公告》从核定征收范围、条件、方式、程序、优惠政策等方面对综试区内跨境电商企业核定征收企业所得税相关事项进行了规定，旨在为综试区内跨境电商企业提供更为便利的操作办法。

（1）核定征收范围。跨境电商企业是指符合财税〔2018〕103 号文件规定的企业，即自建跨境电子商务销售平台或利用第三方跨境电子商务平台开展电子商务出口的企业。

（2）核定征收方式。由于跨境电商企业可以准确核算收入，为简化纳税人和税务机关操作，综试区内核定征收的跨境电商企业统一采用核定应税所得率方式核定征收企业所得税。同时，考虑到跨境电商企业出口货物的采购、销售，主要是通过电子商务平台进行的，不同地区之间差异较小，为进一步减轻企业负担，促进出口业务发展，综试区核定征收的跨境电商企业的应税所得率按照《国家税务总局关于印发〈企业所得税核定征收办法〉（试行）的通知》（国税发〔2008〕30 号，国家税务总局公告 2018 年第 31 号修改）中批发和零售贸易业最低应税所得率确定，即统一按照 4%执行。

（3）优惠政策。综试区内核定征收的跨境电商企业，主要可以享受以下两类优惠政策。一是符合《财政部　税务总局关于实施小微企业普惠性税收减免政策的通知》（财税〔2019〕13 号）规定的小型微利企业优惠政策条件的，可享受小型微利企业所得税优惠政策。上述规定如有变化，从其规定。二是取得的收入属于《中华人民共和国企业所得税法》第二十六条规定的免税收入的，可享受相关免税收入优惠政策。

任务 6.5　思考与练习

（一）单选题

1. 关于全球三大国际快递公司的描述，不正确的是（　　）。
　　A. Fedex 中文名为"敦豪"　　　　B. UPS 是美国公司
　　C. 最早进入中国的是 DHL　　　　D. Fedex 已经与 TNT 合并
2. 关于国际航空快递多段式协议运价适用性的描述，错误的是（　　）。
　　A. 一般适用于件量较大的企业客户

B. 一般适用于件量较小的企业客户

C. 一般适用于发件频率较稳定的企业客户

D. 一般适用于长期合作的企业客户

3. 关于国际航空快递两段式临时运价的特点，以下正确的是（　　）。

　　A. 整体运价水平较低

　　B. 简单划分为"首重价"和"续重价"两段

　　C. 具有激励性，按重量段给予不同折扣

　　D. 体现了运价与运量成反比的原则

4. 以下不属于标准型国际小包邮递服务的是（　　）。

　　A. 4PX 新邮挂号小包　　　　　　　　B. 中国邮政挂号小包

　　C. 中国邮政平常小包+　　　　　　　D. 航空专线—燕文

5. 根据关于国际小包邮递的重量体积限制，以下可邮递的是（　　）。

　　A. 65×10×10 cm 的方形包裹

　　B. 直径 25 cm、长度 55 cm 的圆柱形包裹

　　C. 50×30×20 cm 的方形包裹

　　D. 直径 5 cm、长度 10 cm 的圆柱形包裹

（二）多选题

1. 关于"中国邮政平常小包+"与"中国邮政挂号小包"对比描述正确的有（　　）。

　　A. 订单金额限制相同　　　　　　　　B. 均有物流速度承诺

　　C. 运费不同　　　　　　　　　　　　D. 赔付上限相同

2. 关于国际航空快递运作流程的描述，正确的有（　　）。

　　A. 始发地海关抽查验放之前先完成预报关

　　B. 货物空运至目的地机场之前先经过 Hub 分拣

　　C. 目的地海关查验征放之前先完成预报关

　　D. 除了空中运输还包括地面运输

3. 关于多段式协议运价的特点，以下正确的有（　　）。

　　A. 整体水平高于两段式临时运价

　　B. 划分为多个重量段

　　C. 具有激励性，按重量段给予不同折扣

　　D. 具有周期性

4. 关于两段式临时运价的适用性，正确的有（　　）。

　　A. 通常适用于临时合作的企业或个人客户

　　B. 通常适用于件量较大的企业或个人客户

　　C. 通常适用于件量较小的企业或个人客户

　　D. 通常适用于发件频率较不稳定的企业或个人客户

5. 跨境电商海外仓物流的主要优势包括（　　）。

　　A. 不易造成产品积压　　　　　　　　B. 订单满足率高

　　C. 终端送货快　　　　　　　　　　　D. 退换货方便

（三）判断题

1. 跨境电商的常见业务模式，有零售 B2B、B2C、C2C 以及批发 B2B2C。（　　）
2. "中国邮政平常小包+"是标准型国际小包邮递服务。（　　）
3. 国际航空快递与国际航空普通货运的体积重量算法一致。（　　）
4. 国际航空快递企业一般实行两段式协议运价和多段式临时运价。（　　）
5. 国际小包邮递的运作实行空中预报关和 Hub 不间断作业。（　　）
6. 我国国际航空快递业适用 1999 年蒙特利尔公约。（　　）
7. 空港跨境电商保税仓是中国的新型海外仓，主要面向出口业务。（　　）
8. 根据海外仓物流运作流程，入库储存在卖家网售之后、订单处理之前。（　　）
9. 在海外仓物流过程中，所涉及的税收并不完全等于关税。（　　）
10. 订单处理费通常以单件计收。（　　）

（四）简答题

请复述跨境电商海外仓物流的运作流程。

（五）实操题

1. 某跨境电商卖家委托 ABC 国际快递公司从广州快递高价值产品 1 箱，目的地为墨尔本，毛重 14.0 kg，尺寸为 45×45×35（cm），运价适用表 6-12，当月 FSC 费率为 10.0%，请计算快递总费用。

2. 某跨境电商卖家委托 ABC 国际快递公司从广州快递商品到洛杉矶，请根据以下信息，规范填写图 6-8 空白运单。

（1）发件人信息
GUANGZHOU WISEBRIGHT TRADING CO.，LTD.
RM 806-808，123 TIYU DONG RD，TIANHE DIST
GUANGZHOU，CHINA
TEL：8620-87067898
CONTACT NAME：MICHAEL CHENG
（2）收件人信息
UNIT 1011，LARRY BLDG，266 STAR AVE
LOS ANGELES，CA96766，USA
TEL：001-1-4859226
CONTACT PERSON：TONY JACKSON
（3）运费预付；运价适用表 6-12；发件人快递账号为 630987456；FSC 费率为 10.0%
（4）货物：品名为珍珠首饰（5 pcs），共 1 箱，毛重 1.5 kg，尺寸为 30×20×20 cm；申报价值为 1 200 美元。
（5）保险：客户委托 ABC 公司代投保险，投保金额为货值 110%（已含运保费），保险费率为 0.5%。
（6）发件日期为 2020 年 6 月 21 日，目的地关税由收件人支付。

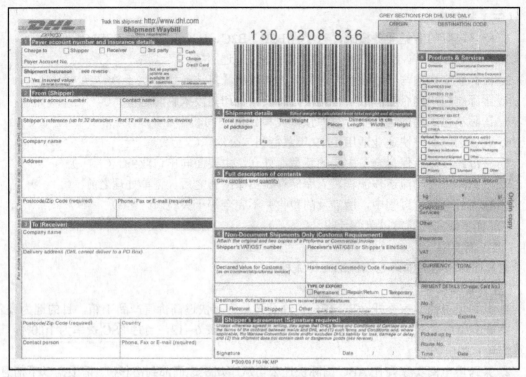

图6-8 国际航空快递运单

3. 某跨境电商卖家以 B2B2C 业务为主,与教材所述国际物流企业合作,选用英国海外仓物流服务;现有 10 件(箱)共 300 kg 产品从中国空运(非快递)至英国海外仓,物流全程各环节收费标准与教材前面列举的各报价表一致,产品的具体信息如下。

(1)NOP:10 pcs
(2)GW:300 kg,30 kg/pc
(3)Size:50×40×30 cm/pc
(4)Average Warehousing Time:5 weeks

请完成:

(1)计算平均单件产品的海外仓物流费用。

(2)如果采用国际航空快递服务(运价适用表6-12),请计算单件物流费用与海外仓物流费用的差额。

项目 7

国际航空物流法规与应用

学习内容

蒙特利尔公约；中国民航法；国际航空物流事故的责任划分；国际航空物流事故的索赔；国际航空物流事故处理案例分析。

能力目标

能正确进行国际航空物流事故的责任划分；会按规定程序索赔；能正确分析和处理国际航空物流事故的一般案例。

知识目标

了解国际与国内航空法规；掌握国际航空物流事故责任划分的一般流程；熟悉索赔原则与条件、索赔程序、索赔文件的要求和理赔依据。

引导资料

应用国际公约处理国际航空物流事故

有一套生产设备通过空运进口到北京再中转至目的地唐山。货主与承运人签订了航空运输合同，服务范围为门到门。货物毛重 868 kg，价值 21 500 美元，货主向承运人声明了货物价值并缴付了声明价值附加费。承运人将货物先空运到北京，再用卡车陆运到唐山，在陆运路上发生严重车祸，货物遭受全损。货主因此向承运人提出索赔。

分析：此案关键在于确定事故是否发生在航空运输期间，从而确定是否适用蒙特利尔公约处理事故，可以以蒙特利尔公约第十八条第四款的规定为依据。此外，托运人向承运人办理了货物价值声明手续，赔偿限额的规定是否仍然适用，可按照公约第二十二条第三款的内容进行处理。

任务 7.1 国际航空物流法规认知

7.1.1 国际航空公约：蒙特利尔公约

蒙特利尔公约，正式名称是《统一国际航空运输某些规则的公约》（*Convention For The Unification Of Certain Rules For International Carriage By Air*）。为了使华沙公约及其相关文件现代化和一体化，1999 年 5 月 ICAO 起草了蒙特利尔公约，在蒙特利尔召开的国际航空法大会上，中国和其他 51 个国家签署了该项公约，中国于 2005 年加入蒙特利尔公约。

在蒙特利尔公约以前，国际上已经存在若干个关于国际航空运输赔偿的规则，具体包括 1929 年华沙公约、1955 年海牙议定书、1961 年瓜达拉哈拉公约、1971 年危地马拉城协议书、1975 年蒙特利尔附加议定书。上述第二至第五项协议都是对华沙公约的修订，因此上述五项文件被统称为华沙公约文件。随着历史的发展，华沙公约中的某些规定已显陈旧，而且相关修订文件数量较多。为了使华沙公约及其相关文件现代化和一体化，产生了蒙特利尔公约，正式生效后取代原有的华沙公约文件。

 小资料

1999 年蒙特利尔公约的主要内容（节选）

第一条 适用范围

一、本公约适用于所有以航空器运送人员、行李或者货物而收取报酬的国际运输。本公约同样适用于航空运输企业以航空器履行的免费运输。

二、就本公约而言，"国际运输"系指根据当事人的约定，不论在运输中有无间断或者转运，其出发地点和目的地点是在两个当事国的领土内，或者在一个当事国的领土内，而在另一国的领土内有一个约定的经停地点的任何运输，即使该国为非当事国。就本公约而言，在一个当事国的领土内两个地点之间的运输，而在另一国的领土内没有约定的经停地点的，不是国际运输。

三、运输合同各方认为几个连续的承运人履行的运输是一项单一的业务活动的，无论其形式是以一个合同订立或者一系列合同订立，就本公约而言，应当视为一项不可分割的运输，并不仅因其中一个合同或者一系列合同完全在同一国领土内履行而丧失其国际性质。

第七条 航空货运单的说明

一、托运人应当填写航空货运单正本一式三份。

…………

四、承运人根据托运人的请求填写航空货运单的，在没有相反证明的情况下，应当视为代托运人填写。

第十条　对凭证说明的责任

一、对托运人或者以其名义在航空货运单上载入的关于货物的各项说明和陈述的正确性，……托运人应当负责。以托运人名义行事的人同时也是承运人的代理人的，同样适用上述规定。

二、对因托运人或者以其名义所提供的各项说明和陈述不符合规定、不正确或者不完全，给承运人或者承运人对之负责的任何其他人造成的一切损失，托运人应当对承运人承担赔偿责任。

第十一条　凭证的证据价值

一、航空货运单或者货物收据是订立合同、接受货物和所列运输条件的初步证据。

二、航空货运单上或者货物收据上关于货物的重量、尺寸和包装以及包件件数的任何陈述是所述事实的初步证据；除经过承运人在托运人在场时查对并在航空货运单上或者货物收据上注明经过如此查对或者其为关于货物外表状况的陈述外，航空货运单或者货物收据上关于货物的数量、体积和状况的陈述不能构成不利于承运人的证据。

第十二条　处置货物的权利

一、托运人在负责履行运输合同规定的全部义务的条件下，有权对货物进行处置，即可以在出发地机场或者目的地机场将货物提回，或者在途中经停时中止运输，或者要求在目的地点或者途中将货物交给非原指定的收货人，或者要求将货物运回出发地机场。托运人不得因行使此种处置权而使承运人或者其他托运人遭受损失，并必须偿付因行使此种权利而产生的费用。

二、托运人的指示不可能执行的，承运人必须立即通知托运人。

…………

四、收货人的权利依照第十三条规定开始时，托运人的权利即告终止。但是，收货人拒绝接受货物，或者无法同收货人联系的，托运人恢复其处置权。

第十三条　货物的交付

一、除托运人已经根据第十二条行使其权利外，收货人于货物到达目的地点，并在缴付应付款项和履行运输条件后，有权要求承运人向其交付货物。

二、除另有约定外，承运人应当负责在货物到达后立即通知收货人。

三、承运人承认货物已经遗失，或者货物在应当到达之日起七日后仍未到达的，收货人有权向承运人行使运输合同所赋予的权利。

第十八条　货物损失

一、对于因货物毁灭、遗失或者损坏而产生的损失，只要造成损失的事件是在航空运输期间发生的，承运人就应当承担责任。

二、但是，承运人证明货物的毁灭、遗失或者损坏是由于下列一个或者几个原因造成的，在此范围内承运人不承担责任：

（一）货物的固有缺陷、质量或者瑕疵；

（二）承运人或者其受雇人、代理人以外的人包装货物的，货物包装不良；

（三）战争行为或者武装冲突；

（四）公共当局实施的与货物入境、出境或者过境有关的行为。

三、本条第一款所称的航空运输期间，系指货物处于承运人掌管之下的期间。

四、航空运输期间，不包括机场外履行的任何陆路、海上或者内水运输过程。但是，此种运输是在履行航空运输合同时为了装载、交付或者转运而办理的，在没有相反证明的情况下，所发生的任何损失推定为在航空运输期间发生的事件造成的损失。承运人未经托运人同意，以其他运输方式代替当事人各方在合同中约定采用航空运输方式的全部或者部分运输的，此项以其他方式履行的运输视为在航空运输期间。

第十九条 延误

旅客、行李或者货物在航空运输中因延误引起的损失，承运人应当承担责任。但是，承运人证明本人及其受雇人和代理人为了避免损失的发生，已经采取一切合理的措施或者不可能采取此种措施的，承运人不对因延误引起的损失承担责任。

第二十条 免责

经承运人证明，损失是由索赔人或者索赔人从其取得权利的人的过失或者其他不当作为、不作为造成或者促成的，应当根据造成或者促成此种损失的过失或者其他不当作为、不作为的程度，相应全部或者部分免除承运人对索赔人的责任。

第二十二条 延误、行李和货物的责任限额

....

三、在货物运输中造成毁灭、遗失、损坏或者延误的，承运人的责任以每公斤17特别提款权为限，除非托运人在向承运人交运包件时，除承运人证明托运人声明的金额高于在目的地点交付时托运人的实际利益外，承运人在声明金额范围内承担责任。

四、货物的一部分或者货物中任何物件毁灭、遗失、损坏或者延误的，用以确定承运人赔偿责任限额的重量，仅为该包件或者该数包件的总重量。但是，因货物一部分或者货物中某一物件的毁灭、遗失、损坏或者延误，影响同一份航空货运单、货物收据或者在未出具此两种凭证时按第四条第二款所指其他方法保存的记录所列的其他包件的价值的，确定承运人的赔偿责任限额时，该包件或者数包件的总重量也应当考虑在内。

....

六、本条规定的限额不妨碍法院按照其法律另外加判全部或者一部分法院费用及原告所产生的其他诉讼费用，包括利息。判给的赔偿金额，不含法院费用及其他诉讼费用。

第二十三条 货币单位的换算

一、本公约中以特别提款权表示的各项金额，系指国际货币基金组织确定的特别提款权。在进行司法程序时，各项金额与各国家货币的换算，应当按照判决当日用特别提款权表示的该项货币的价值计算。

....

第二十五条 关于限额的订定

承运人可以订定，运输合同适用高于本公约规定的责任限额，或者无责任限额。

第二十六条 合同条款的无效

任何旨在免除本公约规定的承运人责任或者降低本公约规定的责任限额的条款，均属无效，但是，此种条款的无效，不影响整个合同的效力，该合同仍受本公约规定的约束。

第三十一条 异议的及时提出

....

二、发生损失的，有权提取托运行李或者货物的人必须在发现损失后立即向承运人提出异议,并且,托运行李发生损失的,至迟自收到托运行李之日起七日内提出,货物发生损失的,至迟自收到货物之日起十四日内提出。发生延误的,必须至迟自行李或者货物交付收件人处置之日起二十一日内提出异议。

三、任何异议均必须在前款规定的期间内以书面形式提出或者发出。

四、除承运人一方有欺诈外,在前款规定的期间内未提出异议的,不得向承运人提起诉讼。

第三十三条 管辖权

一、损害赔偿诉讼必须在一个当事国的领土内,由原告选择,向承运人住所地、主要营业地或者订立合同的营业地的法院,或者向目的地点的法院提起。

……

第三十四条 仲裁

一、在符合本条规定的条件下,货物运输合同的当事人可以约定,有关本公约中的承运人责任所发生的任何争议应当通过仲裁解决。此协议应当以书面形式订立。

二、仲裁程序应当按照索赔人的选择,在第三十三条所指的其中一个管辖区内进行。

三、仲裁员或者仲裁庭应当适用本公约的规定。

四、本条第二款和第三款的规定应当视为每一仲裁条款或者仲裁协议的一部分,此种条款或者协议中与上述规定不一致的任何条款均属无效。

第三十五条 诉讼时效

一、自航空器到达目的地点之日、应当到达目的地点之日或者运输终止之日起两年期间内未提起诉讼的,丧失对损害赔偿的权利。

二、上述期间的计算方法,依照案件受理法院的法律确定。

第三十七条 对第三人的追偿权

本公约不影响依照本公约规定对损失承担责任的人是否有权向他人追偿的问题。

第五十二条 日的定义

本公约所称"日",系指日历日,而非工作日。

7.1.2 中国航空法规:中国民航法

在国内,与国际航空物流相关的最重要法规为《中华人民共和国民用航空法》(简称"中国民航法"),由全国人大常委会1995年通过、2009年第1次修正、2015年第2次修正。

关于涉外关系的法律适用,中国民航法第184条规定:"中华人民共和国缔结或者参加的国际条约同本法有不同规定的,适用国际条约的规定;但是,中华人民共和国声明保留的条款除外。中华人民共和国法律和中华人民共和国缔结或者参加的国际条约没有规定的,可以适用国际惯例。"

关于承运人的赔偿责任限额,中国民航法第129条(二)规定:"国际航空运输承运人的赔偿责任限额按照下列规定执行:对托运行李或者货物的赔偿责任限额,每公斤为17计算单位。旅客或者托运人在交运托运行李或者货物时,特别声明在目的地点交付时的利益,并在必要时支付附加费的,除承运人证明旅客或者托运人声明的金额高于托运行李或者货物在目的地点交付时的实际利益外,承运人应当在声明金额范围内承担责任。托运行李或者货物的一部分或者托运行李、货物中的任何物件毁灭、遗失、损坏或者延误的,用以确定承运人赔偿责任限额的重量,仅为该一包件或者数包件的总重量;但是,因托运行李或者货物的一部分或者托运行李、货物中的任何物件的毁灭、遗失、损坏或者延误，影响同一份行李票或者同一份航空货运单所列其他包件的价值的，确定承运人的赔偿责任限额时，此种包件的总重量也应当考虑在内。"

关于上述第 129 条的"计算单位"，中国民航法第 213 条规定："本法所称计算单位，是指国际货币基金组织规定的特别提款权；其人民币数额为法院判决之日、仲裁机构裁决之日或者当事人协议之日，按照国家外汇主管机关规定的国际货币基金组织的特别提款权对人民币的换算办法计算得出的人民币数额。"

任务 7.2　国际航空物流事故的责任划分

7.2.1　国际航空物流事故的概念

国际航空物流过程的空间跨度大、作业环节多、单证文件多、跨国环境和条件多变，因此在接收、仓储保管、配载、运输、报关报检、交付等过程中，难免发生各种事故。国际航空物流事故主要包括国际航空物流过程中产生的货损、货差、货失、延误、错误交付、单证差错等事故。

7.2.2　国际航空物流事故的责任划分流程

国际航空物流过程中发生事故的原因很多，虽然大部分是由于承运人的原因所致，但是实践中还有一些事故是由于货物、货方（托运人、收货人）、不可抗力等因素所致。不同原因造成的货物损失将由不同当事人承担，这里的当事人可能是运输合同、买卖合同、保险合同当中的当事人。就运输合同而言主要当事人是承运人和托运人，只有了解当事人各自承担的责任，才能明确划分物流事故的责任。有关国际航空物流承运人及托运人应承担的义务和责任，适用蒙特利尔公约的有关规定。国际航空物流事故责任划分的一般流程如图 7-1 所示，一般情况下可参考该流程进行处理，但也有些事故的责任划分流程可能更复杂或简单。

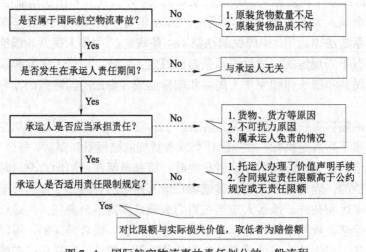

图 7-1　国际航空物流事故责任划分的一般流程

1. 确定是否属于国际航空物流事故

（1）国际航空物流事故。主要指国际航空物流过程中（接收、仓储保管、配载、运输、报关报检、交付等环节）产生的货损、货差、货失、延误、错误交付、单证差错等事故。

（2）非物流事故。除由于承运人的原因会造成物流事故外，还有一些情况也会使货物发生损失，但是不属于运输合同管辖，而应该由贸易合同管辖。因此，此时虽然发生了事故，但不能认定就是物流事故，以下是两种典型的情况。

① 原装货物数量不足。如果贸易合同规定了货物买卖的数量，但卖方在货物原始包装件内所装的货物数量不足，而承运人又无法知道包装件内实际所装的货物数量，这就会造成所谓的原装货物数量不足，这种情况不属于物流事故，承运人只要确保"货物外表状况良好"的情况下交付货物，就不承担任何责任。原装货物数量不足的问题，应该由贸易合同管辖。

② 原装货物品质不符。如果卖方托运的货物与贸易合同规定的货物品质不符，承运人显然无法确切知道货物的品质情况，造成承运人在目的地向收货人交付的货物品质与买卖合同不符，这种情况也不属于物流事故，除特别约定外，承运人只要确保"货物外表状况良好"的情况下交付货物，就不承担任何责任。原装货物品质不符的问题，也应由贸易合同管辖。

2. 确定是否在承运人责任期间

原则上，不在承运人的责任期间发生的物流事故，承运人不承担责任。在承运人的责任期间内发生的物流事故（由于货物、货方、不可抗力等原因造成的除外），原则上由承运人承担责任。

小资料

承运人责任期间

承运人的责任期间，也就是蒙特利尔公约第十八条第三款规定的"航空运输期间"，简单来说，"系指货物处于承运人掌管之下的期间"。同时该条第四款规定："航空运输期间，不包括机场外履行的任何陆路、海上或者内水运输过程。但是，此种运输是在履行航空运输合同时为了装载、交付或者转运而办理的，在没有相反证明的情况下，所发生的任何损失推定为在航空运输期间发生的事件造成的损失。"

在实践中，承运人包括当事人型的国际航空物流企业（无机承运人）与航空公司（有机承运人），两者的责任期间有所不同。通常航空公司的责任期间为站到站；而物流企业通常提供门到门运输服务，其责任期间除了航空运输，还包括"陆路"运输期间（收发货人与机场之间的地面运输期间），并且"此种运输是在履行航空运输合同时为了装载、交付或者转运而办理的"，因此物流企业的责任期间实际上是门到门范围，在这段时间发生的物流事故（由于货物、货方、不可抗力等原因造成的除外），原则上都由物流企业承担责任。

3. 确定承运人是否应当承担责任

如果国际航空物流事故是由于承运人（包括承运人的受雇人、代理人）的原因造成的，承运人应承担责任；但是，即使事故发生在承运人责任期间，如果由于货物、货方、不可抗力等原因，或属于承运人免责的情况，承运人也不承担责任。

（1）由于货物、货方、不可抗力等原因造成。如果属于蒙特利尔公约第十八条（货物损失）第二款规定的情况，事故并非由承运人的原因造成，承运人不承担责任。

（2）属于承运人免除责任的情况。如果适用蒙特利尔公约第十九条（延误）、第二十条（免责）的规定，承运人不承担或免除责任。

4. 确定承运人赔偿是否适用责任限制规定

如果属于国际航空物流事故且发生在承运人责任期间、事故是由于承运人的原因造成且承运人不可免责，承运人应对事故承担赔偿责任，则接下来需确定承运人是否适用责任限制的规定。

（1）适用责任限制规定。蒙特利尔公约赋予了承运人一项特殊的权利，即赔偿责任限制。蒙特利尔公约第二十二条（延误、行李和货物的责任限额）第三款规定："承运人的责任以每公斤17特别提款权为限。"

（2）不适用责任限制规定。实践中这种情况通常是，托运人在向承运人交运货物时，办理了货物价值声明手续，即事先向承运人声明了货物价值并按要求缴付了声明价值附加费，则"承运人在声明金额范围内承担责任"（公约第二十二条第三款规定）。

此外，还有一种特殊情况，运输合同订定了适用高于公约规定的责任限额，或者无责任限额（公约第二十五条规定），则承运人按合同的规定赔偿。

 小资料

特别提款权（SDR）

特别提款权（Special Drawing Right，SDR），是由国际货币基金组织（IMF）于1969年创设的一种用于补充成员国官方储备的国际储备资产，俗称"纸黄金"，由于它是国际货币基金组织原有的普通提款权以外的一种补充，所以称为特别提款权。它不能直接支付，使用时必须先兑换成其他货币，其市值不是固定的，由一篮子货币决定。2015年11月30日，国际货币基金组织正式宣布人民币于2016年10月1日加入货币篮子，特别提款权的价值由美元、欧元、人民币、日元、英镑这五种货币所构成的一篮子货币的当期汇率确定，所占权重分别为41.73%、30.93%、10.92%、8.33%和8.09%（非完全固定）。

7.2.3 当事人与受雇人或代理人的责任划分

货方（托运人或收货人）和承运人是国际航空物流合同（若仅涉及国际空运业务，则为运输合同）的当事人双方，两者皆有可能对国际航空物流事故负有责任。如果当事人对物流事故不能免责，尽管事故是由于受雇人或代理人的原因造成的，当事人双方应先根据合同规定划分责任，之后再各自和受雇人或代理人划分具体的事故责任。

从事故处理程序上说，责任划分和索理赔首先在合同当事人之间进行，然后才在当事人与受雇人或代理人之间进行。

任务 7.3　国际航空物流事故的索理赔

7.3.1　国际航空物流事故的发现

物流事故可能在物流过程的任何环节中发生，但是物流事故往往是收货人在最终目的地收货时或者收货后才发现的。当然，一些物流事故也可能在运输途中就被发现。

1. 事故第一发现人应及时报告

国际航空物流事故的第一发现人负有及时报告事故的责任。例如，收货人提货时，一旦发现货物包装件数量不足、货物外表状况不良等情况，应将损失事实以书面的形式通知承运人或其代理人，即使损失不明显，也必须在收货后的规定时间内，向承运人或其代理人通报事故情况，作为以后索理赔的重要依据。

2. 妥善保留原始记录和单证资料

无论索理赔工作日后如何进行，妥善记录和保留有关事故的原始记录和单证资料十分重要。运单、商业发票、装箱单、事故签证、事故记录、检验报告、双方电子或书面往来文件等资料均是日后处理物流事故和确定责任方的重要依据，必须妥善保管。如果收货人与承运人不能对事故的性质和损失程度取得一致意见时，则应在彼此同意的条件下，双方共同指定检验人（如商检等中间机构）进行检验，检验人签发的检验报告也是日后处理物流事故的重要依据。

7.3.2　索赔原则与条件

货物在国际航空物流过程中发生了货损、货差、货失、延误等事故，受损方向承运人等责任方提出赔偿要求的行为，称为索赔（claim）。责任方受理受损方的索赔申请、处理受损方提出的赔偿要求的行为，称为理赔（settlement of claim）。

1. 索赔的原则

（1）实事求是。实事求是是双方沟通的基础，也是解决纠纷的关键。实事求是就是根据事故所发生的实际情况，深入分析事故原因，确定责任人及其责任范围。

（2）有根有据。在提出索赔时，应掌握造成货损事故的有力证据，并依据合同有关条约、国际公约、法律规定以及国际惯例，有根有据地提出索赔。

（3）合情合理。根据事故发生的事实，准确地确定损失程度和金额，合理地确定责任方应承担的责任。根据不同情况，采用不同的解决方式、方法，使事故尽早得到合理的处理。

（4）注重实效。注重实效指索赔应注重实际效益。如果已不可能得到赔偿，而仍然长期纠缠在法律诉讼中，则只能是浪费时间和财力。如果能收回一部分损失，切不可因等待全额赔偿而放弃。

2. 索赔对象的确定

发生物流事故后，受损方在提出索赔要求之前，需根据相关合同正确确定索赔对象。

（1）根据货物运输合同、确定索赔对象为承运人的常见情况主要有：

① 承运人在目的地交付的货物包装件数量少于航空运单等运输单证中记载的数量；

② 承运人在运单上未对货物外表状况作出批注，但在目的地交付货物时收货人发现货物外表状况不良且内装物发生残损、短少；

③ 由于承运人的原因且非货物、货方、不可抗力等因素，承运人免责事项造成的货物损失。

（2）根据货物买卖合同、确定索赔对象为卖方的常见情况主要有：

① 包装件内所装货物的数量不足；

② 包装件内所装货物的品质与买卖合同规定不符；

③ 包装不善导致货物受损（承运人确保货物外表状况良好）；

④ 未在合同规定的装运期内装运货物。

（3）根据货物保险合同，确定索赔对象为保险人的常见情况主要有：

① 在承保责任范围内由于自然灾害、意外事故等原因引起的货物损失；

② 其他在承保责任范围内保险人应予赔偿的货物损失。

3. 索赔必须具备的条件

一项合理的索赔必须具备以下四个基本条件。

（1）索赔方必须具有索赔权。提出索赔的人原则上是货物所有人，或是运单上记载的收货人或合法的运单持有人。但是，根据收货人提出的权益转让书，也可以由有代位求偿权的货物保险人或其他有关当事人提出索赔。物流企业接受货主的委托后，也可以办理物流事故的索赔事宜。

（2）责任方必须负有实际赔偿责任。收货人作为索赔方提出的赔偿应在承运人免责范围之外，或在保险人承保责任范围之内，或在买卖合同规定由买方承担的责任范围之内。

（3）索赔金额必须合理。合理的索赔金额应以实际货损程度为基础。要注意在实践中责任人经常受到赔偿责任限额规定的保护。

（4）索赔必须在规定期限内提出。索赔必须在规定的期限内即"索赔时效"内提出，否则时效过后难以得到赔偿。

7.3.3 索赔程序

国际航空物流事故多数是由于承运人的原因所致，下面以承运人作为索赔对象为例，介绍索赔程序。

1. 提出索赔的期限

索赔程序的第一个环节是索赔方向承运人发出索赔通知。关于发出索赔通知的期限，蒙特利尔公约第三十一条第二款规定："货物发生损失的，至迟自收到货物之日起十四日内提出。发生延误的，必须至迟自行李或者货物交付收件人处置之日起二十一日内提出异议。"第三款规定："任何异议均必须在前款规定的期间内以书面形式提出或者发出。"第四款规定："除承运人一方有欺诈外，在前款规定的期间内未提出异议的，不得向承运人提起诉讼。"

2. 提交索赔的文件

索赔申请书（索赔函）和有关单证是索赔方向承运人正式要求赔偿所需的书面文件，提交索赔申请书和单证意味着索赔方向承运人正式提出了赔偿要求。因此，如果索赔方仅仅发出了索赔通知，却没有提交索赔申请书及有关单证，则可解释为没有正式提出索赔要求，承运人不会受理索赔。

（1）索赔申请书的内容。索赔申请书或索赔函没有统一的格式和内容要求，内容主要包括承运人及索赔方的名称、货物名称和运单号、航班号及日期、货物损失情况及相关信息、索赔理由、索赔金额、索赔日期、联系人及其联系方式等。索赔申请书示例如下。

索赔申请书

致：XXXX 有限公司
自：YYYY 有限公司
关于：航空运单（此处标明运单号码）项下货物损失的赔偿
日期：____年___月___日
XXXX 有限公司：
　　贵司承运的上述运单项下货物在目的地交付时外包装发生了明显破损，内装货物严重受损并已丧失使用价值，具体情况详见贵公司签发的《货物运输事故签证》。现本着实事求是、合理有据、维护双方共同利益的原则，我方就货物的实际损失向贵司提出赔偿申请。此票货物价值 3 150 美元，请按原价给予赔偿，价值证明详见本函随附发票。
　　请贵公司予以尽快办理为盼，谢谢合作。
　　顺颂商祺！
　　联系人：_____ 联系方式：_____
　　附注：随附单证包括运单、发票、装箱单、《货物运输事故签证》。

（2）索赔所需的有关单证。除了索赔申请书，索赔方须提供能够证明事故的原因、丧失程度、索赔金额、责任划分以及索赔方具有索赔权利的单证，包括但不限于以下单证：

① 运单正本或副本；
② 商业发票；
③ 装箱单；
④ 货物运输事故签证或事故相关记录；
⑤ 检验报告（由商检等中间机构签发的货损鉴定报告）；
⑥ 电子或书面往来文件。

 小资料

货物运输事故签证

《货物运输事故签证》是承运人针对货运事故签发的证明文件，通常在目的地交付货物时签发。在承运人填写这份签证之前，收货人须与承运人的操作人员共同检查货物损失情况，认真、全面确认货物的具体受损程度。《货物运输事故签证》须客观详尽地描述货物受损的状况，不能使用模糊的字眼或笼统的措辞。签证由承运人签字后，再由收货人签字，其中一份由承运人留存，另一份交收货人留存。

3. 提起诉讼或仲裁

通过当事人双方协商或非法律机关的第三人调停无法解决索赔问题时，可以通过法律手段解决争议，即提起诉讼、进入司法程序；另外，双方还可以通过仲裁解决争议（按照蒙特利尔公约第三十四条关于仲裁的规定）。

法律对涉及索赔的诉讼案件规定了诉讼时效。在解决赔偿问题没有希望的情况下，索赔方应在规定的诉讼时效届满之前提起诉讼，否则就失去了起诉的权利。蒙特利尔公约第三十五条（诉讼时效）规定："自航空器到达目的地点之日、应当到达目的地点之日或者运输终止之日起两年期间内未提起诉讼的，丧失对损害赔偿的权利。"

7.3.4 理赔

对于承运人来说，在受理索赔申请前后，首要的工作是判断自己是否应承担责任且如何划分责任，通常可按国际航空物流事故责任划分（如前面图 7-1 所示）的一般流程进行。

若确定承运人应予以赔偿，则应按规定理赔。理赔的依据主要是蒙特利尔公约，中国民航法对承运人赔偿的相关规定与公约一致。实际赔偿的常见情况有以下两种。

（1）如果托运人已向承运人声明货物价值并缴付了声明价值附加费的，承运人按照声明价值赔偿。

（2）如果托运人没有向承运人办理货物价值声明手续的，承运人按照实际损失的价值金额赔偿，赔偿责任限额为毛重每公斤 SDR17。

此外，如果运输合同订定适用高于公约规定的责任限额，或者无责任限额，则承运人按合同的规定赔偿。

如果事故是由于承运人的受雇人或代理人的原因造成的，由于承运人才是合同当事人，所以从事故处理程序上来说，原则上理赔首先在承运人与索赔人之间进行，然后才是承运人向受雇人或代理人追偿。

任务 7.4　国际航空物流事故处理案例分析

7.4.1　案例：国际航空运输货物丢失的处理

【案情】

> 一票从法兰克福空运至上海的货物，总毛重 250 kg，品名为"尼龙粉"，价值 3 000 欧元，托运人未向承运人办理货物价值声明手续。事故结果：货物丢失 25 kg。调查情况：承运人操作人员在上海机场卸货时发现有粉末散落，但未对此引起重视，继续卸货搬运，造成货物散落丢失 25 kg，货损价值为 300 欧元，折合人民币 2 238.90 元（按当时汇率，EUR1=CNY7.463 0，SDR1=CNY9.199 6）。

【问题】 如何处理国际航空物流货物丢失事故？

【分析】 此事故为国际航空物流事故，适用国际公约，承运人应赔偿。托运人未向承运人办理货物价值声明手续。先比较赔偿限额和实际损失再取低者。赔偿限额为17×25（SDR），折合人民币3 909.83元；实际损失人民币2 238.90元；按后者赔偿。

7.4.2 案例：国际航空物流货物延误的处理

【案情】

> 有一批服装从国内服装生产基地A市经北京空运到巴黎，参加世界服装博览会。承运人安排了第一程（A市至北京）的最早航班，但因托运人提供的资料严重出错造成报关延误，货物4天后才抵达北京；又由于连续几天大雪货物滞留在机场，承运人安排了天气恢复正常后的最早航班转运到巴黎；然后承运人在第一时间内即5月20日将货物交付收货人，但是仍比约定的到达日期延误了8天；承运人提供了翔实资料，证明自己已经采取一切合理的措施；6月10日，收货人向承运人书面提出异议、要求赔偿。

【问题】 请问承运人是否可以免责？为什么？

【分析】 虽然，蒙特利尔公约第十三条第三款规定："承运人承认货物已经遗失，或者货物在应当到达之日起七日后仍未到达的，收货人有权向承运人行使运输合同所赋予的权利。"然而，第十九条（延误）又规定："旅客、行李或者货物在航空运输中因延误引起的损失，承运人应当承担责任。但是，承运人证明本人及其受雇人和代理人为了避免损失的发生，已经采取一切合理的措施或者不可能采取此种措施的，承运人不对因延误引起的损失承担责任。"

此案适用第十九条规定，承运人不对此案货物的延误承担责任，同时收货人超期提出异议。

7.4.3 案例：国际航空物流部分货物受损的处理

【案情】

> 有一批干酪从墨尔本空运到深圳，共847 kg，托运人未办理货物价值声明手续。货物运抵深圳机场后，承运人发出到货通知，收货人办完海关手续前来提货时，发现货物因没有放在冷库保管而受损，收货人当即提出异议并索赔。调查发现，航空运单的"操作信息"栏注明"KEEP COOL"字样，但操作人员疏忽了这个重要的操作注意事项。经过挑选与核查，受损货物的比例为60%。

【问题】 如何处理国际航空运输货物部分受损事故？

【分析】 此批货物属于国际运输，根据蒙特利尔公约第二十二条第四款："货物的一部分或者货物中任何物件毁灭、遗失、损坏或者延误的，用以确定承运人赔偿责任限额的重量，仅为该包件或者该数包件的总重量。但是，因货物一部分或者货物中某一物件的毁灭、遗失、损坏或者延误，影响同一份航空货运单、货物收据或者在未出具此两种凭证时按第四条第二款所指其他方法保存的记录所列的其他包件的价值的，确定承运人的赔偿责任限额时，该包件或者数包件的总重量也应当考虑在内。"

这批货物的60%损失，并不影响其他40%货物的价值，因此确定赔偿金额的重量是总毛重的60%，即847×60%=508.2（508.5 kg），赔偿限额为17×508.5（SDR）。

7.4.4 案例：陆路运输期间货物受损的处理

【案情】

> 有一批成套设备由德国法兰克福进口到江苏昆山，货主与承运人签订了航空运输合同，服务范围为门到门。货物毛重为1 646 kg，价值为86 500欧元，货主向承运人办理了货物价值声明手续。承运人将货物先空运到上海，再用卡车陆运到昆山，不幸在陆路上发生严重车祸，货物遭受全损。货主当即向承运人书面提出索赔。

【问题】 如何处理陆运期间货物受损事故？

【分析】 虽然事故发生在国内陆运期间，但是根据蒙特利尔公约第十八条第四款："航空运输期间，不包括机场外履行的任何陆路、海上或者内水运输过程。但是，此种运输是在履行航空运输合同时为了装载、交付或者转运而办理的，在没有相反证明的情况下，所发生的任何损失推定为在航空运输期间发生的事件造成的损失。"

因此，事故发生的区段属于航空运输期间，仍然适用蒙特利尔公约，承运人赔偿限额为17×1 646（SDR），但是货主向承运人办理了价值声明手续，应按声明价值86 500欧元赔偿。

7.4.5 案例：多个主体参与的国际航空物流事故的处理

【案情】

> 有10箱、价值10 000美元的丝织品从杭州空运到法国巴黎，货主委托航空货运代理人A公司订舱。A公司于8月1日向托运人转交了B航空公司签发的航空运单，上面载明第一承运人为B航空公司、第二承运人是C航空公司，货物毛重为250 kg，未办理货物价值声明手续。8月2日，B航空公司将货物从杭州运抵北京，8月3日准备将货物转交给C航空公司承运时，发现货物灭失。B航空公司马上通知A公司货物已灭失。之后货主向A公司递交索赔申请书和有关单证，要求A公司全额赔偿。

【问题】

1. 本案中，A、B、C公司的法律地位是什么？
2. 谁应当对货物的灭失承担责任？
3. 本案是否适用蒙特利尔公约？依据是什么？
4. 货主要求全额赔偿有无依据？应赔偿多少？

【分析】

1. A是B航空公司的代理人；B既是缔约承运人，也是第一区段的承运人；C是第二区段的实际承运人。
2. B航空公司应当承担责任。
3. 适用。此案始发站是杭州，经停站为北京，目的站为巴黎，中国和法国都参加了蒙特利尔公约。根据第一条（适用范围）第三款的规定："运输合同各方认为几个连续的承运人履行的运输是一项单一的业务活动的，无论其形式是以一个合同订立或者一系列合同订立，就本公约而言，应当视为一项不可分割的运输，并不仅因其中一个合同或者一系列合同完全在同一国领土内履行而丧失其国际性质。"

因此，即使杭州至北京段在中国境内，但也是国际航空运输的组成部分。

4. 货主要求全额赔偿无依据。由于托运人未办理货物价值声明手续，因此赔偿不应超过限额 17×250（SDR）。

7.4.6 案例：空中运输未开始的责任认定

【案情】

> 一票从广州空运到首尔的活动物，共 1 件、毛重 30 kg，计费重量 46 kg，价值 1 606 美元，托运人未向承运人办理货物价值声明手续。事故结果：活动物死亡。调查情况：当天航班的起飞时间为 9：45，操作人员已将所有货物提前运到停机坪准备装机，后因飞机发生故障推迟了起飞时间，装机时间也推迟到当天下午两点，但是操作人员一直到中午才将货物运回货运站，当时气温达 35 摄氏度，该动物遭受日晒时间太长，受热过度，全部死亡。

【问题】如何认定空中运输未开始的责任？

【分析】此批货物的空中运输虽然未开始，但蒙特利尔公约第十八条第一款规定："对于因货物毁灭、遗失或者损坏而产生的损失，只要造成损失的事件是在航空运输期间发生的，承运人就应当承担责任。"第三款规定："本条第一款所称的航空运输期间，系指货物处于承运人掌管之下的期间。"

事故发生时货物处于承运人掌管之下，因此事故是在航空运输期间发生的；托运人未向承运人办理货物价值声明手续，先比较赔偿限额和实际损失再取低者，应按照 17×30（SDR）赔偿。

任务 7.5 思考与练习

（一）单选题

1. 国际航空物流事故中，关于托运人责任的判断描述错误的是（　　）。
   A. 托运人将货物移交承运人之前发生的损失由托运人自己负责
   B. 货物交给承运人后处于承运人责任期间，托运人就能完全免除货损责任
   C. 由于托运人对货物包装不善原因造成损失时，由托运人负责
   D. 由于托运人原因导致在航空运单上载入的关于货物的各项说明和陈述的正确性有误，托运人对造成的相关损失负责

2. 若已确定承运人对货损负责，关于赔偿金额的描述错误的是（　　）。
   A. 托运人未向承运人办理货物价值声明手续的，比较实际损失价值和赔偿限额，取低者进行赔偿
   B. 托运人未向承运人办理货物价值声明手续的，赔偿限额为毛重每千克 SDR17
   C. 托运人已向承运人办理货物价值声明手续的，承运人按照声明价值赔偿

D. 托运人已向承运人办理货物价值声明手续的，比较声明价值和赔偿限额，取低者
3. 关于索赔申请书的描述，错误的有（　　）。
    A. 索赔申请书是索赔方向承运人正式要求赔偿所需的书面文件
    B. 提交索赔申请书意味着索赔方正式提出了赔偿要求
    C. 如果索赔方没有提交索赔申请书但已经发出索赔通知，承运人应该受理索赔
    D. 如果索赔方仅仅发出了索赔通知而没有提交索赔申请书，则可解释为没有提出正式索赔要求
4. 国际航空物流事故的诉讼应在规定期限内提起，否则就丧失对损害赔偿的权利，期限错误的是（　　）。
    A. 自航空器到达目的地点之日起两年内
    B. 自航空器到达目的地点次日起两年内
    C. 自航空器应当到达目的地点之日起两年内
    D. 或者运输停止之日起两年内
5. 关于国际航空物流事故责任划分的一般流程与索理赔程序的描述，错误的是（　　）。
    A. 确定是否国际航空物流事故在前，确定是否在承运人责任期间在后
    B. 确定承运人是否应当承担责任在前，确定承运人赔偿是否适用责任限制规定在后
    C. 责任划分和索理赔首先在当事人之间进行，然后才在当事人各自和受雇人或代理人之间进行
    D. 责任划分和索理赔首先在当事人各自和受雇人或代理人之间进行，然后才在当事人之间进行

（二）多选题
1. 以下哪些情况不属于国际航空物流事故?（　　）
    A. 原装货物数量不足
    B. 原装货物品质不符
    C. 国际航空物流企业在其责任期间未按照货物标签操作造成货损
    D. 航空公司在机场货运站保管货物不当造成货差
2. 下列选项中，承运人可以免除责任的有（　　）。
    A. 承运人在其责任期间由于其代理人对货物包装不良造成的货物损失
    B. 承运人在其责任期间由于其受雇人保管货物不当造成的货物损失
    C. 不可抗力因素造成的货物损失
    D. 托运人对货物申报内容不实造成的相关损失
3. 若当事人型国际航空物流企业提供门到门服务，对其责任期间的相关描述正确的有（　　）。
    A. 责任期间除了航空运输期间，还包括陆运期间
    B. 责任期间只是航空运输期间，不包括陆运期间
    C. 责任期间是门到门期间，而非机场到机场期间
    D. 虽发生在物流企业责任期间，但是由于货物、货方、不可抗力等原因造成的货物损失，物流企业不承担责任
4. 索赔必须具备的条件包括（　　）。

A. 索赔方具有索赔权　　　　　　B. 责任方必须负有实际赔偿责任
C. 赔偿的金额必须是合理的　　　D. 在规定的期限内提出索赔

5. 通过当事人双方协商或非法律机关的第三人调停无法解决索赔问题时，对解决争议的描述正确的有（　　）。

A. 只能通过法律手段解决争议，也就是提起诉讼、进入司法程序
B. 可以通过仲裁解决争议，只要合同有约定
C. 如果通过诉讼途径解决争议，索赔方应在规定的诉讼时效届满之前提起诉讼，否则就失去了起诉的权利
D. 损害赔偿诉讼必须在一个当事国的领土内，由原告选择

（三）判断题

1. 除由于承运人的原因会造成国际航空物流事故外，还有一些情况也会使货物发生数量、质量变化，但不能认为一定发生了物流事故。（　　）
2. 关于国际航空物流事故处理，在进行司法程序时，关于各项金额与各国家货币的换算，应当按照判决当月用特别提款权表示的该项货币的价值计算。（　　）
3. 航空运输期间不包括机场外履行的任何陆路、海上或者内水运输过程。（　　）
4. 承运人可以订定，运输合同适用低于公约规定的责任限额，或者无责任限额。（　　）
5. 物流事故可能在物流过程的任何环节中发生，但是事故往往是收货人在最终目的地收货时或者收货后才发现的。（　　）
6. 物流事故发生后，第一发现人负有及时报告的责任。（　　）
7. 如果事故是由于承运人的受雇人或代理人的原因造成的，承运人也不能免责。（　　）
8. 索赔方向责任方发出索赔通知是索赔程序的第一环节。（　　）
9.《货物运输事故签证》是承运人针对货运事故签发的证明文件，通常在目的地交付货物时签发。（　　）
10. 根据蒙特利尔公约，货物发生损失的，至迟自收到货物之日起二十一日内提出异议。（　　）

（四）案例分析题

1. 有一票成套小型作业设备从上海空运到吉隆坡，采用木箱作外包装，共 6 箱，总毛量 360 kg，总价值 80 000 美元，货主未向承运人声明价值，在目的地交货时其中 1 个木箱严重裂开（该箱货物毛重 100 kg），经检验箱内设备严重受损并丧失使用价值，其他 5 个木箱完好，但是整套机器已完全无法运作。

请分析：
（1）承运人是否应该赔偿？
（2）应该赔偿多少？依据是什么？

2. 某企业空运出口一批服装，航空公司在签发航空运单时，按照托运人在已签章的托运书上填写的内容，在航空运单"货物品名及数量"（Nature and Quantity of Goods）栏目记载了服装的"数量"为 2 000 件（pcs）。收货人收到货物时虽然外包装外表状况良好，但发现服装实际"数量"只有 1 950 件，于是要求托运人赔偿。但是托运人认为是承运人的责任，向承运人索赔。

请分析：

（1）承运人是否应该赔偿？
（2）依据是什么？

3. 某货主空运两只宠物狗到国外，共毛重15 kg、价值1 200美元，货主向承运人办理了货物价值声明手续。航班起飞时间为9:30，操作人员已将所有货物提前运到停机坪准备装机，后因飞机发生故障推迟了起飞时间，装机时间也推迟到当天下午三点，但是操作人员直到12:00才将货物拉回货运站保管，当时气温高达36摄氏度，宠物狗已经遭受日晒时间太长，受热过度，不久后死亡。货主要求承运人赔偿，但承运人认为空运尚未开始，因此没有责任。

请分析：
（1）承运人是否应该赔偿？
（2）应该赔偿多少？

4. 有一件建筑模型从厦门空运至悉尼，参加全球性建筑展览会。承运人采用中转航班，托运人未向承运人办理货物价值声明手续。承运人由于自身原因未能安排第一程的最早航班，货物几天后才抵达中转机场，又由于承运人操作延误，货物在机场停留过长时间后才转运到悉尼，于6月20日交付收货人，比约定的交付日期延误了8天，此时展会已结束。收货人于7月10日以书面形式提出异议，要求承运人按货值赔偿损失。

请分析：
（1）承运人是否应该赔偿？
（2）依据是什么？

5. 某公司通过空运出口一批陶瓷，在办妥相关手续后，才得知错发了其中一部分已经破损的货物，于是马上向承运人提出退回货物，并承诺承担由此产生的一切费用。而此时货物已装上飞机，且机上还有其他托运人的紧急物资，卸机必将导致延误，因此承运人立即通知托运人并说明情况，拒绝了对方提出的卸机要求。

请分析：
（1）承运人的拒绝有无道理？
（2）依据是什么？

6. 有一批出口空运到纽约的冻鸡，在目的地交货时，收货人发现货物由于没有冷冻保管已产生异味并变质，当即提出异议并向承运人索赔。经详细调查，事故发生原因是托运人填写并签署的托运书中的内容出现错误，将物流运输条件"冷冻保管"错写为"冷藏保管"，承运人照此填制、签发航空运单，相关环节中的操作人员也按此要求对货物进行冷藏保管。

请分析：谁应对货物损失承担责任？为什么？

项目 8

国际航空物流信息管理

学习内容

条码技术；无线射频识别技术；电子数据交换技术；跟踪技术 GPS 与 GIS；国际航空物流信息管理；国际航空物流信息管理系统。

能力目标

能正确解释 BC、RFID、EDI、GPS、GIS 等物流信息技术的工作原理；能介绍上述物流信息技术在国际航空物流信息管理中的应用领域；会正确描述国际航空物流信息管理系统的组成、功能和构建。

知识目标

熟悉 BC、RFID、EDI、GPS、GIS 等物流信息技术的定义及其主要特点；了解国际航空物流信息管理的定义与主要活动；熟悉国际航空物流信息管理系统的组成与构建。

引导资料

构建统一的国际航空物流信息平台

我国的国际航空物流信息管理已具备一定基础，但仍有很大的提升空间。未来，构建统一的国际航空物流信息平台是主要发展趋势之一。信息共享是信息管理的核心，信息平台是信息共享的核心。从地域上，统一信息平台可实现境内与境外信息管理系统的整合；从主体上，统一信息平台可实现国际航空物流企业与各合作伙伴、联盟成员的信息互联互通，包括众多航空公司、海关、商检机构、保险公司以及第三方仓储配送企业、报关报检企业等成员。借助该平台，一方面提高国际航空物流的运作效率、提升服务水平、改善经营效益，另一方面降低各环节物流成本、降低经营风险、减少决策失误。

分析：国际航空物流信息管理的主要目的是通过集成、分析、控制信息流以更高效地管理物流，主要途径是构建统一的国际航空物流信息平台，实现信息共享、互联互通，在服务上提高物流自动化程度、效率与服务水平，在管理上提升物流决策水平，更合理地配置物流资源。

任务 8.1 物流信息技术应用

物流信息技术是指运用于物流运作过程各环节中的信息技术,包括硬件技术和软件技术。这里主要介绍物流信息活动主要环节(采集、存储、传输、交换、利用)中常用的信息技术,包括条码(BC)、射频识别(RFID)、电子数据交换(EDI)、全球定位系统(GPS)、地理信息系统(GIS)等,使读者了解物流信息技术的组成原理和工作过程,以及它们在国际航空物流信息管理中的具体应用。

8.1.1 条码技术

1. 定义

条码(barcode,BC)是由一组按特定规则的条、空及其对应字符组成的表示一定信息的符号。物流领域中常用的条码包括一维码与二维码,前者分布在一维方向的平面上,后者分布在二维方向的平面上,如图 8-1、图 8-2 所示。

图 8-1 一维码

Data Matrix　　Maxi Code　　Aztec Code　　QR Code　　Vericode

PDF417　　Ultracode　　Code 49　　Code 16K

图 8-2 二维码

2. 特点

条码是物流自动跟踪的最有力工具，被广泛应用。条码具有制作简单、制作成本低、信息采集速度快、准确率高、设备易用等优点，所以从生产到销售的流通转移过程中，条码技术起到了准确识别物品信息、及时反映物品状态、快速跟踪物品历程的重要作用，它是整个物流信息管理工作的基础，极大地促进了物流业的发展。

相比一维码，二维码的优点包括：高密度编码、信息容量与编码范围更大，具有纠错功能、可引入加密措施、译码可靠性更高，比一维码具有更高级的条码格式；一维码只能在一个方向（通常是水平方向）上表达信息、只能由数字和字母组成，而二维码在水平和垂直方向都可以存储信息、能存储汉字、数字和图片等信息，因此二维码的应用领域更广泛。

3. 工作原理

条码符号是图形化的编码符号，对条码符号的识读要借助一定的专用设备，将条码符号中含有的编码信息转换成计算机可识别的数字信息。从系统结构和功能上讲，条码识读系统由扫描系统、信号整形、译码三部分组成，如图8-3所示。

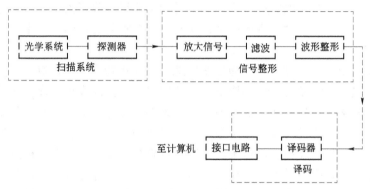

图8-3 条码识读系统组成

扫描系统由光学系统及探测器即光电转换器件组成，它完成对条码符号的光学扫描，并通过光电探测器，将条码条空图案的光信号转换成为电信号。信号整形部分由信号放大、滤波、波形整形组成，它的功能在于将条码的光电扫描信号处理成为标准电位的矩形波信号，其高低电平的宽度和条码符号的条空尺寸相对应。译码部分一般由嵌入式微处理器组成，它的功能是对条码的矩形波信号进行译码，其结果通过接口电路输出到条码应用系统中的数据终端。

4. 技术应用

条码技术应用领域十分广泛。实际上，在全球范围内每天需要运用到条码扫描的次数已经上亿次，其应用范围也涉及各个领域和行业，其中包括物流、仓储、图书馆、银行、POS收银系统、医疗卫生、零售商品、服装、食品服务以及高科技电子产品等，而且目前每天都在一些新增加的项目上持续用到条码技术。

条码技术在国际航空物流信息管理中的应用领域主要有物流节点操作管理、仓储管理。

（1）节点操作管理中的应用。国际航空物流节点包括境内外国际物流中心、始发地与目的地机场货运站。条码技术在节点操作管理中的应用，主要体现在条码成为联系操作流程各环节的工具。在空运操作流程中，货物先后在物流中心和机场货运站流转，从境内入仓理货、入站交接到境外出站交接、入库分拆，各环节之间的联系是复杂的。

在传统的操作方式下，操作人员之间一般以纸面单据交流，完成操作流程的衔接。应用条码技术之后，可以借助无线局域网建立半自动化的操作管理方式，通过无线网络下达操作指令，操作人员通过手持终端接受指令，然后扫描条码（通常以标签为信息载体）进行确认并准确无误地完成操作，操作完成情况又被及时地传回指令下达方以得到确认。较之纸面单据，利用条码和无线网络可以大大提高物流节点操作效率，同时条码也显著减少操作错误，提升空运操作流程运作水平。

（2）节点仓储管理中的应用。在国际航空物流全过程中，仓储管理活动集中在国际物流中心。在境内物流中心，一部分货物仅在仓库短暂停留，一旦理货、制单、订舱等工作完成，马上出库运往机场货运站办理后续手续；另一部分货物在仓库停留较长时间，仓储管理活动由此产生，在此期间物流企业受客户委托提供货物储存、库存控制、流通加工、包装等物流服务，在这种情况下货物仓储的批量较大，此后一旦接收到客户空运出口货物的订单指令，操作员马上启动后续各环节的工作，按订单要求安排货物出库并完成国际空运任务。同样，在境外物流中心，一部分货物完成入库分拆后马上被派送给收货人，另一部分货物会在仓库停留较长时间，仓储管理活动也由此产生，此后一旦接收到客户的订单指令，物流中心才向收货人配送货物。

仓储管理实际上是条码技术应用的传统领地，贯穿货物出入库、盘点、库存管理等多个方面。在出入库过程中，条码可以加快出入库的速度，也能减少出入库操作的差错。条码在仓储管理中带来的最大变化是在盘点业务上，传统的手工方式盘点一般是利用纸笔记录，效率不高同时存在数据失实的可能；应用条码后则可显著提高效率和准确率，如使用手持终端盘点，只需要利用手持终端扫描箱体条码，所有盘点数据都会记录在手持终端中，并可被方便地导入管理系统中，盘点重复等错误也可被自动处理。在库存管理中，条码的作用在于货位保证，采用传统方式做货位保证，难以避免货物与货位信息的脱节，经常出现的情况是，系统指示在某货位的某货物进行出库，但操作人员将叉车开到该货位后却发现并不存在该货物；而条码技术不仅可以标识所有货物，还可以标识货位，严格规定只有扫描了货位条码和货物条码后才能完成上下架过程，就可以保证货物的货位信息是准确的。

8.1.2 无线射频识别技术

1. 定义

无线射频识别（radio frequency identification，RFID）是从 20 世纪 90 年代开始兴起的一项自动识别通信技术，可通过无线电信号识别特定目标并读写相关数据，而无须识别系统与特定目标之间进行机械或光学接触。从概念上来讲，RFID 类似于条码扫描：条码技术使用专用的扫描读写器及附着于目标物的条形码，利用光信号将信息由条形磁传送到扫描读写器；而 RFID 则使用专用的 RFID 读写器及附着于目标物的 RFID 标签，利用频率信号将信息由 RFID 标签传送至 RFID 读写器。

2. 特点

RFID 是一项易操作、简单实用且特别适合于自动化控制的识别技术。它可自由工作在各种恶劣环境下：短距离射频产品不怕油渍、灰尘污染等恶劣的环境，可以替代条码，例如用在流水线上跟踪物体；长距离射频产品多用于交通运输上，识别距离可达几十米，例如自动收费或识别运输车辆身份等。射频识别系统主要有以下几个方面的优势、特点。

（1）识别速度快：标签一进入磁场，读写器就可以即时读取其中的信息，而且能够同时处理多个标签，实现批量识别。

（2）数据容量大：数据容量最大的二维条形码（PDF417），最多也只能存储 2 725 个数字，若包含字母，存储量则会更少；RFID 标签则可以根据用户的需要扩充到数十 KB。

（3）使用寿命长，应用范围广：使用无线电通信方式，可以应用于粉尘、油污等高污染环境和放射性环境，而且其封闭式包装使得其寿命大大超过印刷的条形码。

（4）标签数据可动态更改：利用编程器可以向标签写入数据，从而赋予 RFID 标签交互式便携数据文件的功能，而且写入时间相比打印条形码更少。

（5）更强的安全性：不仅可以嵌入或附着在不同形状、类型的产品上，而且可以为标签数据的读写设置密码保护，从而具有更强的安全性。

（6）动态实时通信：标签以每秒 50～100 次的频率与读写器进行通信，所以只要 RFID 标签所附着的物体出现在读写器的有效识别范围内，就可以对其位置进行动态的跟踪和监控。

3．工作原理

RFID 工作原理如图 8-4 所示。

（1）读写器将无线电载波信号经过天线向外发射。

（2）RFID 标签进入发射天线工作区被激活，将自身信息经天线发射回去。

（3）天线接收到标签发出的信息，经天线的调节器传输给读写器，读写器对接收到的信息进行解码。

（4）读写器发送信息至计算机系统，计算机系统进行处理和控制，对执行机构发出动作指令信号。

（5）计算机系统通过网络实现各个监控点采集的信息互联互通，构成信息平台。

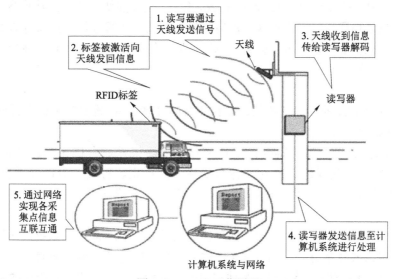

图 8-4　RFID 工作原理

4．技术应用

RFID 技术在国际航空物流信息管理中的应用主要包括以下领域。

（1）空运集装器识别系统。将记录有集装器的位置、物品类别、数量等数据的标签安装在集装器上，借助射频识别技术，就可以确定集装器在物流中心和机场货运站的确切位置，在移动时可以将更新的数据写入射频卡（RFID 标签）。系统还可以识别在未被允许情况下的集装器移动，有利于管理和安全。

（2）地面运输督导。利用 RFID 技术可以进行地面运输车辆的实时跟踪，通过调度控制中心的网络在各个路段向司机报告地面交通状况，指挥车辆绕开堵塞路段，并用电子地图实时显示交通状况，司机合理规划运输路线，显著提高运输效率，降低运输成本。

（3）国际航空快递与邮递信息系统。在快递与邮递领域，如果在包裹标签中贴上 RFID 芯片（通常是较高价值产品），不仅可以实现分拣过程的全自动化，而且包裹到达某个地方，标签信息就会被自动读入管理系统，并融入互联网、物联网，供物流企业和客户查询包裹的当前状态。目前，RFID 在国际快递领域的应用范围在逐渐扩大，但是由于成本因素其在邮递领域的应用范围较小。

（4）物流节点停车场管理系统。当地面运输车辆进出国际物流中心和机场货运站停车场时无须停车，系统自动识别车辆的合法性，完成放行（禁止）、记录等管理功能，从而节约进出场的时间，提高入站交接与地面运输的效率。

（5）RFID 库存跟踪系统。将 RFID 标签贴在托盘、包装箱或元器件上，无须打开产品的外包装，系统就可以对其成箱成包地进行识别，实现商品从原料、成品、运输、仓储、配送、上架、最终销售甚至到退货处理等所有环节进行实时监控，极大地提高自动化程度，大幅度降低差错率，提高物流过程的透明度和管理效率。

8.1.3 电子数据交换技术

1. 定义

电子数据交换（electronic data interchange，EDI）是按照协议的标准结构格式，将标准信息通过电子数据通信网络，在商业伙伴的电子计算机系统之间进行交换和自动处理。EDI 的基础是信息，这些信息可以由人工输入计算机，但更好的方法是通过 BC、RFID 系统采集获取数据，速度快、准确性高。

2. 特点

物流领域使用 EDI 的目的主要是通过 EDI 共同分享信息、提高物流效率、降低物流成本。EDI 主要具有以下特点。

（1）降低纸张的消费量，提高经济性和环保度。根据联合国组织的调查，开展一次进出口贸易，平均需交换近 200 份文件和表格，其纸张、行文、打印及差错可能引起的总开支大约为货物价格的 7%，使用 EDI 后，可以显著降低纸张的使用成本，同时提高环保度。

（2）提高工作效率，减少人工操作的差错和延误。如果没有 EDI 系统，即使是高度计算机化的企业，也需要经常将外来的资料重新输入本公司的电脑。调查表明，从一部电脑输出的资料有多达 70%的数据需要再输入其他的电脑，既费时又容易出错；EDI 改善了物流过程大量纸上作业的不便，由 EDI 终端机代劳，大大缩短物流过程与时间，显著提高物流效率，减少人工操作的差错和延误。

（3）增强传输资料的保密性。EDI 系统有严格的保密措施，传输信息采用密码系统，各用户掌握自己的密码，只有本人才能打开自己的"邮箱"取出信息。一些重要信息在传递时还要进一步加密，转换成他人无法识别的代码，接收方计算机按特定程序译码后还原成可识别信息。为防止信息在传递过程中被篡改，或防止有人传递假信息，还可以使用证实手段，即将普通信息与转变成代码的信息同时传递给接收方，接收方把代码翻译成普通信息进行比较，如二者完全一致，可知信息未被篡改，亦非被伪造信息。

3. 工作原理

EDI 通过电子方式，采用标准化格式，利用计算机网络进行结构化数据的传输和交换。构成 EDI 系统的三要素是 EDI 软件和硬件、通信网络以及数据标准化。EDI 工作原理如图 8–5 所示。

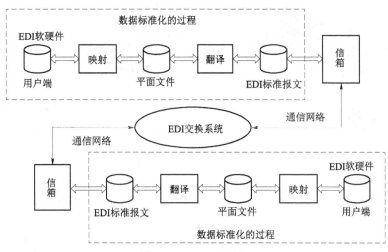

图 8–5 EDI 工作原理

EDI 工作原理大致如下。

（1）映射。发送方用户在计算机上编辑处理原始资料（单证票据等），通过 EDI 软件（mapper）将原始资料映射为 EDI 平面文件（flat file），即标准的中间文件。

（2）翻译。通过翻译软件（translator）将平面文件变成 EDI 报文。EDI 报文是 EDI 的标准格式文件，就是所谓的 EDI 电子单证或 EDI 电子票据，它是 EDI 用户之间进行业务往来的依据，是只有计算机才能阅读的 ASCII 文件，是按照 EDI 数据交换标准的要求，将平面文件中的目录项加上特定的分割符、控制符和其他信息而生成的。

（3）通信。这一步由计算机通信软件完成，用户通过通信网络，接入 EDI 信箱系统，将 EDI 电子单证投递到对方的信箱中，EDI 信箱系统自动完成投递和转接，并为电子单证加上信封、信头、信尾、投送地址、安全要求及其他辅助信息。

（4）接收和处理。接收和处理过程是发送过程的逆过程，首先需要接收方用户通过通信网络接入 EDI 信箱系统，打开自己的信箱，将 EDI 电子单证接收到自己的计算机中，经格式校验、翻译、映射还原成应用文件，最后对应用文件进行编辑、处理和回复。

在实际操作过程中，EDI 系统为用户提供 EDI 应用软件包，包括了应用系统、映射、翻译、格式校验和通信连接等全部功能，用户可将其看作是一个"黑匣子"，完全不必关心里面具体的过程。

4. 技术应用

近年 EDI 在物流中广泛应用，被称为 EDI 物流。所谓 EDI 物流，是指收发货人、物流企业以及其他相关单位之间，通过 EDI 系统进行物流数据交换，并以此为基础实施作业活动的物流模式。国际航空物流的 EDI 参与成员通常可包括国际航空物流企业（业务范围可包含地面与航空运输、仓储配送、报关报检等）、收发货人、航空公司、关检机构、保险公司等组织，可能还包括第三方仓储配送企业、报关报检企业等成员，EDI 在国际航空物流业务中的应用如图 8-6 所示。

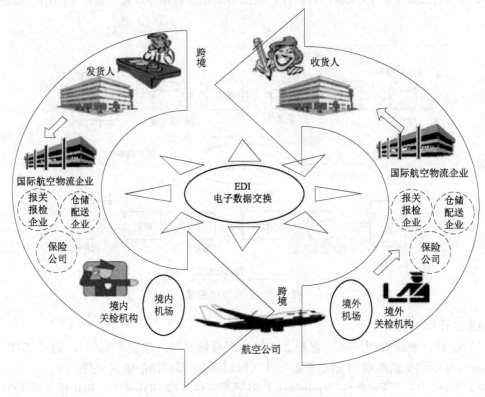

图 8-6 EDI 在国际航空物流业务中的应用

过去，物流领域应用 EDI 的成本较高，一是因为通过 VAN 进行通信的成本高，二是制定和满足 EDI 标准较为困难，因此仅仅大型物流企业因得益于规模经济能从应用 EDI 当中得到利益。近年来，随着互联网与 EDI 的迅速普及、使用成本降低，为物流信息活动提供了快速、简便、廉价的通信方式，使 EDI 的应用领域日益广泛。

8.1.4 跟踪技术之 GPS

货物跟踪的基本原理就是利用现代信息技术，采集物流全过程的信息，经过处理和传输，向有关业务机构和客户提供货物位置和状态的信息。

（1）静态货物跟踪。静态货物信息的跟踪利用过程，所采用的技术主要是信息识别与采集技术，如条码技术、射频识别技术等。

（2）在途货物跟踪。对在途货物的跟踪主要是利用全球定位系统（GPS）、地理信息系统

（GIS）以及移动通信（GSM）技术，通过对运输工具（地面车辆、飞机、船舶等）的跟踪管理来实现的。具体方法是在装载作业时，绑定货物与运输工具（通过装载清单），通过对运输工具的跟踪，就能查询货物位置。

1. 定义

全球定位系统（Global Positioning System，GPS）是由卫星以及相应的地面设施设备组成的全球定位、导航及授时系统。它可满足全球任何地方或近地空间连续地、精确地确定三维位置和三维运动及时间的需要。美国从20世纪70年代开始最早研制，历时20余年耗资200亿美元，于1994年全面建成。现阶段的卫星导航定位系统除了美国GPS，还有俄罗斯GLONASS，以及中国北斗卫星导航系统、欧洲伽利略等。

2. 特点

（1）全球地面连续覆盖。由于GPS卫星的数目较多且分布合理，所以地球上任何地点均可连续同步观察到4颗以上卫星，从而保证了全球、全天候连续的实时定位和导航。

（2）功能多，精度高。GPS可为各类用户连续地提供动态目标三维位置、三维速度和时间等信息，随着GPS测量技术和数据处理技术的发展，其定位、测速和时间精度在进一步提高。

（3）实时定位，速度快。利用GPS一次定位和测速任务可在1秒至数秒内完成，这对快速移动的物体测速很有意义。

（4）抗干扰性能好，保密性强。由于GPS系统采用了数字通信中的伪码扩频技术，因而所发送的信号具有良好的抗干扰性和保密性。

3. 工作原理

GPS由空间卫星系统、地面监控系统、用户接收系统三大子系统组成。

GPS可满足位于全球各个地方或近地空间的用户连续地准确地确定三维位置和三维运动及时间的需要。它是一个中距离圆形轨道卫星导航系统，可以为地球表面绝大部分地区（98%）提供准确定位、测速和高精度的时间标准。

该系统的组成包括太空中的24颗GPS卫星，地面上的1个主控站、3个数据注入站和5个监测站及作为用户端的GPS接收机，最多只需其中的4颗卫星，就能迅速确定用户端在地球上所处的位置及海拔高度，所能连接到的卫星数越多，解码出来的位置就越精确，使用者只需拥有GPS接收机，无须另外收费。

GPS信号分为民用的标准定位服务和军规的精密定位服务两类。民用信号中加有误差，其最终定位精确度大概在100 m，军规的精度在10 m以下。2000年以后，美国政府决定取消对民用信号所加的误差，现在民用GPS也可以达到10 m左右的定位精度。

4. 技术应用

GPS利用导航卫星进行测时和测距，具有在海、陆、空进行全方位实时三维导航与定位能力，在物流领域广泛应用于航空、航海、铁路、公路的运输工具跟踪，并通过货物与运输工具的绑定，实现货物位置的查询与跟踪；同时应用于运输工具调度，提供出行路线的规划和导航、话务指挥等。在其他众多领域，GPS以全天候、高精度、自动化、高效益等特点，成功地应用于航空摄影、大地测量、工程测量、地壳运动测量、工程变形测量、资源勘察、地球动力学等多种学科，取得了好的经济效益和社会效益。

8.1.5 跟踪技术之 GIS

1. 定义

地理信息系统（Geographical Information System，GIS），通俗地讲，是整个地球或部分区域的资源、环境在计算机中的缩影。GIS 是多种学科交叉的产物，它以地理空间数据为基础，采用地理模型分析方法，适时地提供多种空间动态地理信息的计算机技术系统。

GIS 是支持空间定位信息数字化获取、管理和应用的技术系统；在物流领域的货物跟踪与运输工具导航中，GPS 提供的是经纬度格式的大地坐标，还需要 GIS 确定平面坐标及其在地图上的相对位置，因此 GIS 和 GPS 结合应用在各种运输工具上的跟踪导航系统中，GIS 自动接收和处理 GPS 信息，显示载体在电子地图上的精确位置。

2. 特点

（1）具有采集、管理、分析和输出多种地理实间信息的能力，具有空间性和动态性。

（2）以地理研究和地理决策为目的，以地理模型方法为手段，具有区域空间分析、多要素综合分析和动态预测能力，产生高层次的地理信息。

（3）由计算机系统支持进行空间地理数据管理，并由计算机程序模拟常规的或专门的地理分析方法，作用于空间数据，产生有用信息，完成手工难以完成的任务。

3. 工作原理

GIS 作为一个功能强大的空间信息管理系统，只有通过各个组成部分的有机结合，才能使 GIS 按照预定的目标，完成空间地理信息分析与数据管理任务。

（1）计算机硬件设备，用于存储、处理、输入、输出数字地图及数据。

（2）计算机软件系统，负责执行系统的各项操作与分析的功能。

（3）地理空间数据，反映 GIS 的管理内容，是系统的操作对象和原料。

（4）系统的组织管理人员，包括系统的设计人员、管理人员和用户，它决定了系统的工作方式和信息的表示方式，是 GIS 最活跃、最重要的部分。

4. 技术应用

GIS 系统同样广泛应用于物流领域。GIS 物流分析软件包中除包括为交通运输分析所提供的扩展数据分析结构、分析建模工具和二次开发工具外，还集成多种物流分析模型，可实现的功能包括设计车辆路线、规划最短路径、优化物流网络、物流节点设施选址等，这些功能可以单独利用，解决某些实际问题，也可以作为基础，进一步开发适合不同需要的应用程序，进一步提高 GIS 系统在物流信息管理中的应用水平。GIS 还广泛应用于科研调查、资源管理、财产管理、发展规划、绘图等多个领域。

8.1.6 新一代信息技术

近年来，包括区块链、物联网、大数据、云计算等新一代信息技术与物流信息系统的融合应用日益发展。

1. 区块链

区块链（blockchain），从本质上讲是一个共享数据库，存储于其中的数据或信息，具有不可伪造、全程留痕、可以追溯、公开透明、集体维护等技术特征；基于这些特征，区块链技术奠定了坚实的信任基础，创造了可靠的合作机制，在物流业诸多领域尤其是物流跟踪与商品溯源、电子存证、物流金融、流程优化等方面具有广阔的应用前景。

2. 物联网

物联网（internet of things，IoT），指融合应用射频识别技术、信息传感器、全球定位系统、红外感应器、激光扫描器等各种装置与技术，实时采集任何需要监控、连接、互动的物体或过程，采集其声、光、热、电、力学、化学、生物、位置等各种需要的信息，通过各类可能的网络接入，实现物与物、物与人的泛在连接，实现对物品和过程的智能化感知、识别和管理。物联网与物流网络的相互渗透、融合应用是一个重要的发展方向。

3. 大数据与云计算

大数据（big data）与云计算（cloud computing）。大数据是一种规模大到在获取、存储、管理、分析方面大大超出了传统数据库软件工具能力范围的数据集合；云计算是分布式计算的一种，指的是通过网络"云"将巨大的数据计算处理程序分解成无数个小程序，然后通过多部服务器组成的系统进行处理和分析这些小程序得到结果并返回给用户。从技术上看，大数据与云计算的关系就像一枚硬币的正反面一样密不可分，大数据的特色在于对海量数据进行分布式数据挖掘，必然无法用单台的计算机进行处理，它必须依托云计算的分布式处理、分布式数据库和云存储、虚拟化技术。

当前，物流行业仍然面临诸如数据流量大、信息化程度不高等问题，应用大数据与云计算技术构建物流信息管理系统的探索日益活跃，目的是有效分析、高效处理海量的物流数据，通过高效、快速的云计算平台与之相互匹配、协同运作，在仓储管理、配送管理、订单管理、客户管理等层面的应用已见成效，可提高物流信息处理效率，使系统功能更好地满足用户需求，促进信息化与智慧化物流可持续发展。

任务 8.2　物流信息管理

8.2.1　国际航空物流信息管理概述

国际航空物流信息管理，指在国际航空物流全过程中广泛采用现代信息技术和互联网技术，通过集成、分析、控制信息流以更高效地管理物流，在服务运作上提高物流自动化程度、效率与服务水平，在管理上提升物流决策水平，更合理地配置物流资源。

国际航空物流信息管理的主要活动包括以下几个方面。

（1）物流运作全信息化。应用信息识别、采集、加工、存储和信息传输等技术，对国际航空物流整个业务流程链条上的物流对象信息与物流运作信息进行收集和处理，实现国际航空物流管理的信息化。

（2）服务功能一体化。借助于信息系统，最大限度地将国际航空物流过程中的运输、仓储、包装、搬运装卸、加工以及配送等多个环节集成在一起，并整合商流与资金流，实现功能一体化，以一个整体平台满足各方用户的需求。

（3）跨境信息系统整合。在服务功能一体化的基础上，进行跨境信息系统整合，实现整个物流链条上物流信息的跨境共享，为全方位的国际航空物流解决方案提供信息数据支持。

在国际航空物流信息管理过程中，信息技术是实现现代化信息管理的工具，信息管理系统则是指挥、控制各种信息工具发挥作用的神经中枢系统。

8.2.2 国际航空物流信息管理系统

1. 系统组成

国际航空物流信息管理系统是一个复杂的人机系统，一般由硬件、软件、信息资源、人力资源及管理思想与制度等共同组成。

（1）硬件层。包括计算机系统、通信、安全等设施与设备，如计算机主机、外存、打印机、服务器、通信电缆、通信设施。它们是国际航空物流信息系统的物流设备、硬件资源，是构建国际航空物流信息系统的基础，形成系统的硬件平台。

（2）软件层。国际航空物流信息管理系统的软件层包括操作系统、通信协议、业务处理系统等，运行于底层的网络硬件设施与各种物流工具之上。信息管理系统的软件层把大量的事务性工作交由计算机来完成，使员工从烦琐的事务中解放出来，显著提高了管理效率和管理水平。

（3）信息资源。数字、信息、知识、模型是国际航空物流企业运作与管理的无形资源。数据、信息存放在数据库与数据仓库中，它们是实现辅助企业管理和支持决策的数据基础。随着国际互联网的深入应用和计算机安全技术、网络技术、通信技术等的发展，以及市场专业化分工与协作的深入，物流企业封闭式的经营模式将不断被打破，企业与其客户之间将更加密切地共享信息，因此企业数据库的设计将面临集中、部分集中、分布式管理的决策。国际航空物流知识存储于知识库中，而大量用于辅助决策的定量模型，如运输路径的优化模型、库存模型、配载模型等则储存在模型库中。

（4）人力资源。国际航空物流信息管理系统的开发涉及多方面的人员，有管理人员、技术人员，还有终端用户，如企业高层管理人员、信息管理人员、业务部门主管、基层员工，而系统分析员、系统设计员、程序设计员、系统维护人员等是从事物流信息管理的专业人员。对一个国际航空物流企业来说，配备什么样的人员队伍，最终决定了信息管理系统的设计高度、宽度和应用价值。随着物流信息管理系统重要地位日益提升，为满足物流企业决策的需要，物流信息管理系统专业人员将成为企业急需的人才。

（5）管理思想与制度。在国际航空物流行业，新的管理思想和理念不断产生和付诸实践，如物流联盟、第四方物流、供应链管理等理论。管理思想和理念是国际航空物流企业的灵魂，物流企业自身以及客户对新管理思想接受贯彻的程度，决定信息管理系统的结构与功能。制度与规范通常包括组织机构、部门职责、业务规范和流程、岗位制度等，它们是国际航空物流信息管理系统成功开发和运行的基础和保障，是构建信息管理系统模型的主要参考依据，决定了系统硬件平台的结构、系统的计算模式、应用软件的功能。

2. 系统功能

国际航空物流信息管理系统的宏观功能是，一方面提高整体物流效率、提升服务水平、改善经营效益；另一方面降低各环节物流成本、降低经营风险、减少决策失误。国际航空物流信息管理系统的微观功能具体包括以下几点。

（1）数据实时输入。借助条码、无线射频识别、GIS、GPS等现代物流信息技术进行准确信息采集。用户通过友好界面（如EDI系统客户端提供的表单）进行元素值的选择和填写，可方便地完成物流活动中各种单证的输入和调用。

（2）数据高效传输。信息管理系统利用EDI系统将数据从一地传输到境内外的另一地，使得业务流程上下游企业有效开展协同工作和各种业务活动；同时可通过EDI传输结构化的标准信息（EDI 报文），使信息在物流企业内外部子系统之间进行高效传输并得到自动处理而无须人为干预，显著提高数据传输效率。

（3）数据高能处理与存储。一方面，系统对物流业务数据进行高能处理，从中发现物流活动的业务规律和关联，从而对物流活动进行统计分析、预测和决策；系统将数据仓库、数据挖掘、联机分析、专家系统等各种最新的信息技术进行集成，实现功能整合。另一方面，数据高能存储不但决定系统的输出内容和形式，还打破时间阻隔，使用户方便地对历史数据进行查询，并为用户提供未来预测信息。

（4）数据高质输出。系统为用户提供友好的数据输出界面，如文字、表格、图形、声音等，随着多媒体技术的进一步发展，数据输出的形式将更加丰富、直观和形象。

（5）实现有效管控。系统的管控功能体现在两个方面：一是对构成系统的各要素（如硬件、软件、人力资源、管理思想等）进行管理控制；二是对业务数据输入、存储、处理、输出、传输等环节进行管控。为保证管控有效性，系统能时刻掌握预期目标和实际运行状态的差距，并通过反馈来调整相应的参数和程序，保证系统处于最佳运行状态。

3. 系统构建

国际航空物流信息管理系统是一个信息互联互通的统一平台，它不仅面向国际航空物流企业，还面向各联盟企业或合作伙伴，平台的用户通常可包括国际航空物流企业（业务范围可包含地面与航空运输、仓储配送、报关报检等）、收发货人、航空公司、机场、关检机构、保险金融企业等组织，可能还包括其他第三方仓储配送企业、报关报检企业等成员。

国际航空物流信息管理系统的构建如图 8-7 所示。

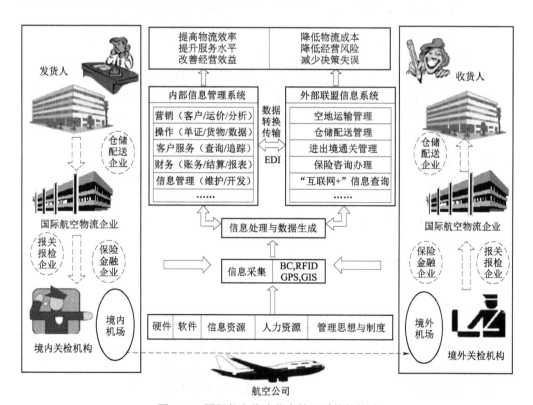

图 8-7 国际航空物流信息管理系统的构建

国际航空物流信息管理系统运用 BC、RFID、GPS、GIS 等信息技术采集物流信息，进行信息处理与数据生成，满足物流企业内外各部分的信息管理需求；一方面为满足国际航空物流企业内部各业务部门的信息管理需求，构建营销子系统（客户管理/运价制定/市场营销业务分析与决策）、操作子系统（单证制作/货物处理/数据分析）、客户服务子系统（货物状态查询/货物跟踪/理赔）、财务管理子系统（账务账单管理/费用结算/分析报表制定）、信息管理子系统（信息系统维护/功能升级/新模块开发）等；另一方面为满足物流企业外部各联盟企业或合作伙伴的信息管理需求，构建空地运输管理子系统（空中运输信息管理/机场货站信息管理/地面运输信息管理）、仓储配送子系统（货物仓储管理/库存控制/配送管理）、关务管理子系统（报关/报检/税务）、保险业务子系统（保险咨询/投保/索理赔）、"互联网+"信息查询系统（PC端/移动端/微信平台等物流信息查询）。

国际航空物流企业作为核心主体，通过构建信息管理系统，一方面提高物流效率、提升服务水平、改善经营效益；另一方面降低各环节物流成本、降低经营风险、减少决策失误。

任务 8.3 思考与练习

（一）单选题

1. 关于接收方用户操作 EDI 电子单证的过程，顺序正确的是（　　）。
 A. 接收、映射、校验、翻译　　　　B. 接收、翻译、校验、映射
 C. 接收、校验、翻译、映射　　　　D. 接收、校验、映射、翻译
2. 关于 EDI 工作原理的过程，顺序正确的是（　　）。
 A. 标签发回信息，天线发送信号，读写器解码，计算机系统处理信息
 B. 天线发送信号，读写器解码，标签发回信息，计算机系统处理信息
 C. 标签发回信息，读写器解码，天线发送信号，计算机系统处理信息
 D. 天线发送信号，标签发回信息，读写器解码，计算机系统处理信息
3. 静态货物信息的跟踪利用过程，所采用的技术主要是（　　）。
 A. 条码技术、射频识别技术　　　　B. 电子数据交换技术
 C. 全球定位系统技术　　　　　　　D. 地理信息系统技术
4. 国际航空物流信息管理系统是一个信息互联互通的统一平台，关于平台的用户描述错误的是（　　）。
 A. 包括国际航空物流企业
 B. 包括航空公司
 C. 不包括收、发货人
 D. 包括第三方仓储配送企业、报关报检企业
5. 国际航空物流信息管理系统运用物流信息技术采集信息，以下错误的是（　　）。
 A. 包括 BC　　　　　　　　　　　B. 不包括 EDI
 C. 包括 RFID　　　　　　　　　　D. 不包括 GPS 与 GIS

（二）多选题

1. 关于物流信息技术的名称，下面哪些描述是错误的？（　　）
   A. RFID 的中文全称是无线射频识别
   B. EDI 的英文全称是 electronic data internet
   C. GPS 的中文全称是地理信息系统
   D. 全球定位系统的英文简称是 GIS
2. 对一维码和二维码进行比较，描述正确的是（　　）。
   A. 一维码信息容量与编码范围较小
   B. 二维码可引入加密措施、译码可靠性更高
   C. 一维码应用领域更广泛
   D. 二维码具有更高级的条码格式
3. 条码技术在国际航空物流信息管理中的应用领域主要有（　　）。
   A. 物流节点操作管理　　　　　　B. 物流节点仓储管理
   C. 单证资料传输　　　　　　　　D. 在途货物的跟踪
4. RFID 系统主要特点包括（　　）。
   A. 识别速度快　　　　　　　　　B. 使用寿命长
   C. 标签数据可动态更改　　　　　D. 动态实时通信
5. RFID 技术在国际航空物流信息管理中的应用主要包括以下领域（　　）。
   A. 空运集装器识别系统　　　　　B. 地面运输督导
   C. 国际航空快递与邮递信息系统　D. RFID 库存跟踪系统

（三）判断题

1. 一维码只能在一个方向（通常是水平方向）上表达信息，只能由数字和字母组成。（　　）
2. BC 技术无须识别系统与特定目标进行光学接触，RFID 需要进行光学接触。（　　）
3. EDI 是一项易操作、简单实用且特别适合于自动化控制的识别技术。（　　）
4. 在物流领域，GPS 与 GIS 技术主要应用于在途货物（而非静态货物）的跟踪。（　　）
5. 在国际航空物流信息管理中，信息技术是工具，信息管理系统是神经中枢系统。（　　）

（四）简答题

1. 请简述 RFID 工作原理及其在国际航空物流信息管理中的应用领域。
2. 请简述 EDI 工作原理。
3. 请简述国际航空物流信息管理系统的组成、功能和构建。

参 考 文 献

[1] 李旭东，安立仁. 跨境电商物流企业综合服务体系及其实证研究［J］. 中国流通经济，2015（11）：49-57.
[2] 李旭东，王耀球. 跨境电商多元模式下跨境物流企业服务功能整合优化［J］. 商业经济研究，2016（5）：78-80.
[3] 李旭东. 航空物流企业货机A类航材库存管理订货模型［J］. 物流技术，2013（2）：110-114.
[4] 李旭东. 低碳经济下航空物流企业作业立体化减排对策研究［J］. 交通企业管理，2011（11）：1-3.
[5] 李旭东，王耀球. 金融危机下跨国快递企业在华对策分析及启示［J］. 物流技术，2009（8）：23-25.
[6] International Air Cargo Training Programme，IATA/FIATA Cargo Introductory Course. International Air Transport Association，International Federation of Freight Forwarders Association.
[7] The Air Cargo Tarriff，International Air Publishing（IAP），International Air Transport Association.
[8] SHIAO G C, HWANG C C. Analyzing competition of international air cargo carriers in the Asian General Air Cargo Markets［J］. Transport Policy，2013，27：164-170.
[9] SHEN D Y. Study on supply chain cooperative games between airport and cargo airways within International Air-Transport Hub［J］. Journal of Service Science and Management，2012，5（1）：51-58.
[10] DANG Y R, PENG L. Hierarchy of air freight transportation network based on centrality measure of complex networks［J］. Journal of Transportation Systems Engineering and Information Technology，2012，12（3）：109-114.
[11] TSAI M C, YANG C W, CHENG C Y. Examining satisfaction paradox of industrial behavior：case of high-tech firms using air express［C］. Proceedings of 2012 IEEE 19th International Conference on Industrial Engineering and Engineering Management，2012.
[12] SRIBOONCHITTA S. Modeling air cargo volume and volatility in China's airway transportation［A］. Computer Science and Logistics Engineering［C］. 2011.
[13] LIANG X. An air freight service quality evaluation model based on the AHP［C］. Proceedings of the 2011 International Conference on Education Science and Management Engineering（part 1），2011.
[14] 王益友. 航空危险品运输［M］. 北京：化学工业出版社，2013.
[15] 张晗. 民航安全检查［M］. 北京：机械工业出版社，2013.
[16] 郭俭. 国际航空货运代理纠纷疑难案例评析［M］. 北京：法律出版社，2013.
[17] 张耀平. 国际物流与货运代理［M］. 北京：清华大学出版社，2013.

[18] 蔡蕊. 国际货运与保险 [M]. 北京：北京大学出版社，2013.
[19] 张建奇. 国际货运代理实务 [M]. 北京：北京大学出版社，2013.
[20] 陈林. 航空运输经济理论与实践 [M]. 北京：经济科学出版社，2012.
[21] 董玉鹏. 国际航空运输法律适用研究 [M]. 杭州：浙江大学出版社，2012.
[22] 刘元洪. 航空物流管理 [M]. 北京：北京大学出版社，2012.
[23] 陈红霞. 国际航空货物运输实务 [M]. 北京：国防工业出版社，2012.
[24] 夏洪山. 现代航空运输管理 [M]. 北京：科学出版社，2012.
[25] 肖瑞萍. 国际航空货物运输 [M]. 北京：科学出版社，2011.
[26] 洪晔. 航空货物运输知识与技能 [M]. 北京：中国人民大学出版社，2011.
[27] 王春. 民航货物运输 [M]. 北京：国防工业出版社，2011.
[28] 林彦，郝勇，林苗. 民航配载与平衡 [M]. 北京：清华大学出版社，2011.
[29] 郑兴无. 国际航空运输服务贸易的理论、政策与实证研究 [M]. 北京：中国经济出版社，2010.
[30] 白杨，李卫红. 航空运输市场营销学 [M]. 北京：科学出版社，2010.
[31] 中国国际货运代理协会. 国际航空货运代理理论与实务 [M]. 北京：中国商务出版社，2010.
[32] 章健. 民航概论 [M]. 北京：国防工业出版社，2010.
[33] 江太利. 国际航空货物运输知识问答 [M]. 北京：人民交通出版社，2010.
[34] 谢春讯. 航空货运代理实务 [M]. 北京：清华大学出版社，2008.
[35] 马丽珠，吴卫锋. 民航危险品货物运输 [M]. 北京：中国民航出版社，2008.
[36] 顾丽亚. 航空货运业务 [M]. 上海：华东师范大学出版社，2007.
[37] 黄力华. 国际航空运输法律制度研究 [M]. 北京：法律出版社，2007.
[38] 谢春讯. 航空货运管理概论 [M]. 南京：东南大学出版社，2006.
[39] 盛勇强. 国际航空货运纠纷法律适用与案例精析 [M]. 北京：法律出版社，2004.
[40] 沈志韬. 国际航空货物运输承运人责任制度研究 [D]. 上海：华东政法大学，2011.
[41] 朱子勤. 国际航空运输关系法律适用问题研究 [D]. 北京：中国政法大学，2006.
[42] 桂云苗. 航空货运收益管理与流程优化问题研究 [D]. 南京：南京航空航天大学，2006.
[43] 陈卫. 航空运输业演化研究 [D]. 北京：北京交通大学，2012.
[44] 白杨. 航空物流系统分析及优化 [D]. 南京：南京航空航天大学，2010.
[45] 郑兴无. 国际航空运输服务贸易的理论、政策与实证研究 [D]. 天津：南开大学，2010.
[46] 王永. 中国航空运输企业战略风险识别与评价研究 [D]. 上海：上海大学，2011.
[47] 宋石磊. 中外运敦豪国际航空快件有限公司发展战略研究 [D]. 成都：西南交通大学，2012.
[48] 林琳. 敦豪全球货运在中国的服务保障与服务创新研究 [D]. 成都：电子科技大学，2011.
[49] 王勤红. 中外运敦豪上海口岸出口清关系统的设计与实现 [D]. 北京：北京邮电大学，2011.
[50] 黄宝民. 敦豪NOKIA配送中心仓储管理研究 [D]. 北京：北京交通大学，2010.
[51] 吴晨. 提升DHL的竞争优势和顾客价值 [D]. 上海：上海交通大学，2009.
[52] 杨庆红. 德迅（中国）货运代理有限公司发展战略研究 [D]. 上海：复旦大学，2011.

[53] 周腾. 国际航空运费到付法律问题研究 [D]. 上海：华东政法大学，2012.
[54] 闫芳. 试论国际航空货物运输代理人的法律地位及其法律适用 [D]. 兰州：兰州大学，2010.
[55] 王艳，李作聚. 国际货运代理业务流程设计 [M]. 北京：清华大学出版社，2013.
[56] 陈晔. 国际货运代理实务 [M]. 北京：北京大学出版社，2013.
[57] 陈璐璐. 国际货运单证操作 [M]. 北京：机械工业出版社，2013.
[58] 王丽燕. 国际货运代理 [M]. 厦门：厦门大学出版社，2013.
[59] 朱华兵，陈罡. 国际货运代理实务 [M]. 杭州：浙江大学出版社，2013.
[60] 陈鑫. 报关与国际货运操作实务 [M]. 天津：天津大学出版社，2013.